WELT INTERPRETATION BILDUNG
世界、诠释与教化

鲍永玲 —————— 著

上海社会科学院出版社
SHANGHAI ACADEMY OF SOCIAL SCIENCES PRESS

——献给给予我世界的家人

目　录

下篇　教　　化

序

　　在这个世界共同体真正形成的时代,人类总会寻求着相互理解。相互理解是一种生命过程(Lebensvorgang),在这样的生命过程中活着生命的共同整体。然而,人们不管在何种语言中活动,他们总是只趋向一种不断扩展的方面,趋向一种世界"观"(Ansicht)。衡量这种世界观的扩展和开放,其标准并不是处于一切语言性之外的"自在世界"(Welt an sich)。相反,人类世界经验无限的完善性恰恰是指:既然是"观",那就是我们从自己的视角出发,所感知、体验到的一切。由此出发,世界也成为这样一种共同性的东西,它不代表任何一方,只代表大家接受的共同基地,这种共同基地把所有相互说话的人联结在一起。世界作为一种融合的共同基地,不仅仅跟我们的语言、言谈有关,更重要的是,还跟我们的意义经验有关。正是在这一进程里,产生了不同民族基于经典的多样诠释传统以及相应的教化活动。在这种语境下,可以借助对中西一些关键概念嬗变的历史分析,对一些核心概念史及其隐喻史的发展进行多元性考察,以双重建构的方式使东西方哲学达致融合,从而引向一种整体通观的"世界"哲学之境界。

　　实际上,无论西语"world""Welt"还是汉语"世界"概念在日常语言里都不具有完全的自明性。而对"世界"概念的重新定位和周密阐释,对任何抱负远大的思想体系的内在建构都具有根本的奠基作用。人类"宇宙"意识和"世界"视野之孕育萌芽和发展的阶段,也是各个文明之古代经典体系蓬勃形成的时期。古代经典体系的融合和形成,同时也给以人为本位、重新理性地思考和建构大全存有之二度和谐提供了契机。多样的经典类似不同民族精神文化汹涌流淌的"河床",在建构人类精神世界的过程中起到了强烈的典范性功能。正是经典诠释之理解与应用相融合的这一实践维度,使我们从事解释活动的目的成为丰富自身、使自身变得更为丰满;它不是把"认识",而是"修养""教化"和"自我形成"作为理解、诠释的目的。最终所形成的这种个体人格,其根本不外乎是珍贵的生命本身,却又体现了被教化了的伦理精神。

综观东西,西方诠释学之源头的解经学与中国传统经学之产生,都是为应对原始秩序碎裂、变局和挑战而应运而生。在中国经典传统里,对"心""物""德""世界"等概念的发问,不仅凸显出重新探索人类古老智慧的必要性,也是一种面对时代断层的重新理解与精神凝结。而在西方源远流长的教化传统里,不同时期的教化理论也是伴随着人对自身、上帝和自然关系不断变化的理解为基础而形成的。在公元前 3 世纪,当《旧约》的希伯来文本被译成希腊文七十贤士译本时,"παιδεία"一词取代"musar"就开启了教化的理智化进程。中世纪的爱克哈特大师通过教化观念引导着一种时代精神的转变,架起了中世纪基督教神秘主义到德国古典观念论之间的桥梁。而在 18 世纪,通过莱布尼茨、斯帕尔丁和厄廷格尔等人的评介和翻译,沙夫茨伯里的自然神论又激发和引导了德国教化观念早期思辨历史的部分流向,从而造就了富有人文精神和德意志民族特色的古典教化(Bildung)理论。

通过这种具体而丰富的细节流变的分析可知,在人类精神的历史长河之中,任何关键的概念确实如同一个河道,民族的精神"在其流经的河道里借由那些它所挟带的'堆积物'而冲刷出一条又一条的刻痕"。恰恰是这些关键概念,最深而直接地塑造了古代中西方的社会、文化、思想、宗教地貌,又通过 15 世纪以来的中西文化交流极大地影响了近代世界整体的文化景观,铺垫下了现代化世界里潜在的问题与悖论。因此,这里的追索之旅从千年流变的"世界"概念的诠释开始,尝试较为深入地触及汉语哲学史开端的"心""物""德""经典"概念以及相关喻象的诠释分析,也同样尝试切入西方源远流长的经典诠释和教化传统的梳理分析,以此而为抛砖引玉。

写于庚子 仲秋

上篇　世　界

第一章 "世界"概念的缘起

"世界"这个双音节词语,看似简单,其前世今生却耐人寻味。《康熙字典》将"大千世界"注为:"世谓同居天地之间,界谓各有彼此之别。"这里的诠注带有鲜明的先秦话语气息:"同居"乃是共在,"天地之间"①乃是"中"与"际","各有彼此之别"的阐释,亦使"世界"与"世间"区分开来。现代汉语里的"世界"则已基本成为一个偏义复词。

"世界"在汉语概念史上的缘起、滥觞和流变,其实正反映着古代中国人是如何借助古印度佛教文化的冲击而更加深入地认识自我和宇宙的:一方面,"世界"是一个颇有佛教渊源的词语,在公元 2—3 世纪的佛经翻译里,它与"世""世间""世上"等一起,常常对应着梵语和巴利语②的 loka,loka-dhātu 和 laukika 等印度小乘和大乘佛教的术语;另一方面,从近代到现代,"世界"又被直接对译于英语 world、德语词 Welt、拉丁语 mundus 等,而后者往往又被赋予了具有西方特性的客观的或主观的、科学的或宗教的、形而上学的种种内涵。这使得"世界"的涵义在现代汉语语境里不再单一,而是具有一种内在的张力和混合性,呈现出"旧瓶

---

① 《庄子·知北游》云:"人生天地之间,若白驹之过郤,忽然而已。"引自郭庆藩:《庄子集释》,中华书局 1961 年版,第 746 页。

② 梵语(Sanskrit)原是 Saṃskṛta,有"完成的语言""纯正的语言"之义,相对俗语(Prākrit)而言为"雅语",印度人信梵语为梵天(Brahman)所造,故称"梵语(文)";"巴利"一词,本非指语言,而是为区分巴利"佛典"与"注释",将前者称为"巴利"。印度的亚利安语可分三阶段:古时期(吠陀语、古典梵语等)、中时期(公元前 6 世纪到公元 11 世纪)、现代(公元 11 世纪后)。巴利语(Pāli)属中时期印度俗语(Prākṛta),"Prākṛta"意为"先有的",当时是地方方言,不只一种。

装新酒",或者更消极些,如陈嘉映所说"鸠占鹊巢"①的现象。

通过追溯源头可以发现,汉语"世界"概念之独特时空相融的构词,巧妙暗示过去、现在、未来三世迁流以及欲界、色界、无色界三界相迭②的构造,蕴涵着独特的古代印度佛教价值观、世界观和宇宙观,又在其汉文诠解里渐融老庄气息。这使得"世界"作为一个新概念既在"世俗""人世间""尘世"等熟语基础上水到渠成地流布,又内含一种全新的佛教世界——宇宙观而在中土顺利生根发芽、开花结果,并东传朝鲜半岛、日本列岛,从而深刻影响着范围广泛的东亚汉译(传)佛教文化圈。如今,"世界"这一汉语词实际上融合了古印度、古中国和近代西方多种宇宙观和世界观,正是在跨越 2 000 年的欧亚文化交流里,"世界"逐渐沉淀出今天我们日常所用的诸层意义。

在探究汉语"世界"概念的缘起时,不妨借重历史哲学家埃里克·沃格林(Eric Voegelin,1901—1985 年)的"人居领地"(ecumenic)概念,铺垫出人之"宇宙"意识和"世界"视野的孕育萌芽和发展的过程。沃格林所谓"人居领地"时代,即从公元前 6 世纪到公元 5 世纪,从大西洋到太平洋此起彼伏涌现众多帝国,它们各自通过征服或权力建立起有秩序的地域;与这种帝国扩张相伴随的,则是精神视域的突破和智性的开放,中国、印度、波斯、以色列和古希腊等都涌现出先知、圣哲,如孔子、老子、佛陀、琐罗亚德斯、耶稣、柏拉图等。沃格林将这种平行现象以及稍迟的帝国秩序、精神运动间的联合,称为"历史型构"(configuration of history)③,这段时期亦是柏格森所概括为"灵魂的开放"或雅斯贝尔斯的"轴心时代"。《德国哲学历史辞典》(*Historisches Wörterbuch der Philosophie*)曾指出:

---

① "它们是汉语里原有的词,但用它来翻译某个外文词后,我们逐渐不再在它们原有的意义上使用它们,而主要在它们用来对译的外文词的意义上来使用它们,这些词原有的意义反而被掩盖了……这类词既似新词又似旧词,无以名之,暂时借用鹊巢鸠占的成语把它们称作鹊巢词。"在鹊巢词大量泛滥、又缺乏概念考察的情况下,凸显出对日常概念和论理概念进行"词源"考察的必要,因为这是一项正本清源的工作。参见陈嘉映:《从移植词看当代中国哲学》,《同济大学学报》(社会科学版)2005 年第 4 期。

② "三界"之"界"指有差别而无混淆,分明而不含糊,佛教引为指称诸法种族性别,而非简单意指空间疆域分别界划。在以须弥山为中轴的微尘世界里,本有着从上到下的空间依次排列的结构,但佛教划分"三界",即欲界、色界、无色界,其依据却不是简单空间层次的分割法,而是居于各层生类的生、性、情、趣等不同特性而分界,或不同生类享受果报之不同的处所而分类。

③ 参见"Configuration of History"(1968)一文,见 *The Collected Works of Eric Voegelin: Published Essays*,*1966 - 1985*,Columbia and London:University of Missouri Press,Volume 12,1990,p. 97。

"起初希腊人并没有可指'世界'的词语。只是到了公元前5世纪才形成万有之整体的概念'Kosmos'。"①正如沃格林5卷本巨著《秩序与历史》(*Order and History*)之"秩序"一词所彰显的,人们在此时开始寻求一种"秩序"的实在,既包括政治秩序,亦包括自我解释、生命意义和真理秩序。故有秩序的"宇宙"意识以及与万有之整体相关联的概念,由此涌现在各个古文明话语和相似的帝国语境里,如古希腊语 kosmos、拉丁语 mundus 都显示了相似的意义链,从装饰和装修到宇宙、天体、地球、人的世界、人类和世人意见的和谐秩序②;梵语 loka,中文的"天下""宇宙",乃至后起的"世界"一词亦都试图把握相似的实在结构和秩序。

回到本文语境里,古代中国在所谓"人居领地"时代,为了指示一切存在者的整体或大全,已经产生了较为丰富的词汇,如时间向性的"世"或者"亘古",空间向性的"四海""八荒""八极"和"六合"等,亦有更偏重道性论的"天地""万物"和偏重文化政治意义的"天下"等词。此外,至迟在战国末期已有一个颇为形象化的新词汇来表示存在物的整体,即"宇宙"——现代常用它来对译德语 Universum 或英语 universe 等。"宇",其字形是屋檐,"于屋,则檐边为宇;于国,则四垂为宇"(孔颖达《五经正义》),"上栋下宇,以蔽风雨"(《易·系辞》),"宇"由此引申出"整体的生活空间"的涵义;"宙"指栋梁,暗示天空的穹顶,"舟舆所极覆也,下覆为宇,上奠为宙"(《说文解字》)。《庄子·让王》已出现该词:"余立于宇宙之中……日出而作,日入而息,逍遥于天地之间。"《玉篇》释"宙"为"居也",引徐铉云"凡天地之居万物,犹居室之迁贸而不觉"。"天地"乃是万物的居所,在这种开敞性的住屋体验里,原指屋檐和梁柱的"宇—宙"已被立体推衍成了无限空间、时间融合之大全整体,亦是人神相通于内外秩序的生命体验③。

---

① J. Ritter, K. Gründer, G. Gabriel, *Historisches Wörterbuch der Philosophie*(HWPh), Basel: Schwabe Verlag, 2005, Bd. 12, S. 407 - 408.

② 参见[美]沃格林:《世界—帝国与人类一体》(*World Empire and the Unity of Mankind*)(译者手稿),徐志跃译,收录于近期出版的《中国儒家》辑刊。该文系"第11期斯蒂文森纪念讲座"文稿,讲座时间是1961年3月3日,地点在伦敦经济学院,最初发表于 *International Affairs*, Vol. 38, No. 2(Apr., 1962),pp. 170 - 188.

③ 参见宗白华:《美学与意境》,人民出版社2009年版;尤见《中西画法所表现的空间意识》和《中西诗画中所表现的空间意识》两文。

西汉时,《吕氏春秋》里"宇宙"只两三见,如"精通乎天地,神覆乎宇宙"①,"宇宙"与"天地"常并提,但并未详加阐释;《淮南子》里"宇宙"一词十数见,并常与天、地、天下、万物、六合等词区分使用,显示"宇宙"似有独特的内涵、所指。《淮南子·要略》曾点明其作文宗旨为描述"至精之通九天,至微之沦无形,纯粹之人至清,昭昭之通冥冥","以明物类之感,同气之应,阴阳之合,形埒之朕,所以令人远观博见"。也许正是这种更为精微的对生命宇宙秩序把握的渴求,使《淮南子》舍而不多谈"天地""天下"等词,而是提纲挈领地专注于"宇宙"这个颇为新鲜的词,对其作了更系统、精妙而富有美感的阐释,从而构建起一种独到而新鲜的形上宇宙模式。如《俶真训》描绘了一幅新的气化宇宙景象:"道始于虚,虚生宇宙,宇宙生气。气有涯垠,清阳者薄靡而为天,重浊者凝滞而为地。"这里,"宇宙"显然是"道"生"天地"的一环,由"虚"所生,以"气"生天地,这种思路颇为独特②;《齐俗训》着重点出"宇宙"的时空一体性:"往古来今谓之宙,四方上下谓之宇",值得一提的是,"宇宙"一词其构成乃是强调空间、时间融合之大全整体,这种构词倾向在后起的"世界"概念内涵里得到了强化,并从此愈加强调此世、世上、世间的内涵指向。这里对"宇宙"一词缘起多费笔墨,正因这种时空一体的构词法所蕴涵的人类智性发展的背景对探究"世界"一词的缘起亦有启发。

让我们追溯"世""界"的源头:"世",其形式是生长的枝芽,指示着时代和生命;"界",描绘着人与田地,意味着"分画""界线"等。无论这个新合成词始源于何时,"世—界"一词的构造很可能受到了"宇—宙"的启发,二者拥有完全相似的"时—空"相融的构词结构,这显示出一种在当时新鲜而独到的眼光。在构造上,"世—界"二字比较精确地对应于梵语词组 loka-dhātu,这个译法同时兼顾了梵文原词所具有的时间、空间二重性:loka 有"人世间""众生""空间""(林中)无木之处""空地"等义;dhātu 则是"界"的意思——它本是佛教用语,指"生命轮回的空间",同时也是指"佛于此弘教的空间"。值得注意的是,中土佛家"世界"概念诠

---

① 另有:"精充天地而不竭,神覆宇宙而无穷""圣人之事,广之则极宇宙、穷日月,约之则无出乎身者也"等用法。

② 而《淮南子》里另一些与"三光"等日月相联的用法,则凸显出"宇宙"在此还具有一种原始宇宙论意义上的考量,如"横四维而含阴阳,纮宇宙而章三光"(《原道训》),"扶桑受谢,日照宇宙,昭昭之光,辉烛四海"(《道应训》)等。

释的两个基础范本,无论般刺蜜帝大师于705年汉译的《楞严经》里对"何为众生世界"的回答——"世为迁流,界为方位",还是后起的"世谓同居天地之间,界谓各有彼此之别",都与梵语语境里的loka-dhātu原意有很大差异,而带有中文本有的独特韵味和更多的入世情趣。

我们现在难以精确地追溯到"世界"这个汉语新词究竟是在何种语境诞生的,而只能去寻获其曾隐现的蛛丝马迹。查考相传最早的汉译佛经,如汉明帝时译、收在《大正藏》第17册的《四十二章经》,汉灵帝时由安玄、严佛调译,收在《大正藏》第12册的《法镜经》,只有"天地""世间""世俗"和"三界"等词,皆无"世界"踪影。公元2、3世纪是佛经汉译的一个小高峰,更多富有深厚义理和形上内涵的佛教经典被大量译成中文。汉桓帝建和元年(147年),支娄迦谶从大月氏来到洛阳。当时佛法来华总是先经西域,尤其是大月氏、安息、康居三国。此时与支谶同在洛阳译经的,有稍早来自安息的安世高,传弘小乘佛教一切有部之毗昙学和禅定理论;稍迟还有同来自安息的安玄和汉族沙门严佛调等。支谶通晓汉语,除独自翻译,有时还和早来的竺朔佛(一称竺佛朔)合作,主要传播大乘般若理论。在他所译介的文本里,如《般舟三昧经》《佛说无量清净平等觉经》已多次出现这个新词汇"世界",形容"流沙之世界,复倍不可计","如一佛国尘世界,皆破坏碎以为尘","设令满世界火","众世界诸菩萨"等。由支谶对"世界"的成熟用法及其译经的实际过程来看,亦有可能"世界"来源于洛阳俗语而被翻译所化用,或者支谶受到了前人译经的影响[1]。此后,白延、支谦、竺法护等皆用"三千大千世界"来译梵文 tri-sāhasra-mahā-sāhasra-loka-dhātu。等到弘始八年(406年),鸠摩罗什重译大乘佛教经典《维摩诘所说经》[2],以及其弟子僧肇在《维摩经所说经注》里对"世界"进行更为本土、融合老庄的阐释时,"世界"早已在众多佛教译典里出现过5 000余次,成为呈现佛教宇宙—世界观一个非常核心而贴切的概念。

在此必须先行指出两点:第一,《德国哲学历史辞典》曾指出:"作为一切存在

---

[1] 洛阳乃是当时的译经中心,据《祐录》载,《般舟三昧经》乃由稍早来到洛阳的天竺沙门竺朔佛宣读梵文原本,由支娄迦谶译为汉语,由洛阳孟福、南阳张莲笔录为文。另外倘若详考,当时很多佛典亦可能译自西域胡语,故"世界"概念之溯源倘若能追根到此当更善。

[2] 参见释果朴:《罗什前〈维摩经〉之流行与文献再探》,《正观杂志》1997年第1期。

者大全的这个(*die*)世界,区分于每次作为有意义整体的某一个(*eine*)世界。"①而对后者的理解、乃至采用某一个概念进行精确而思辨地表达,显然是人类对自身认识更为深入的结果。前引"世"或者"亘古""四海""八荒""八极"或者"六合""天地""万物""天下"乃至"宇宙",指涉的实际上都仅仅是时间性、空间性,或偏重政治文化意义的"一切存在者之大全"的"此世界"。"世界这个词……指一种以不同的方式自我包含的领域,它是自我独立和自我立法的。"②佛教精妙的以几何架构无限展开的"大千世界"观,正好凸显了这种为数众多的"自我独立性和自我立法性""自我结构性和自我包含性"。如此,我们才可以谈论每个人自己独有的世界,谈论如流沙般复倍不可计的"众世界""尘世界",乃至如"华严法界"之"一一尘沙草叶,则有佛刹微尘数诸佛世界",或者《地藏菩萨本愿经》所云:"譬如三千大千世界,所有草木丛林、稻麻竹苇、山石微尘,一物一数,作一恒河,一恒河沙,一沙一界,一界之内,一尘一劫,一劫之内,所积尘数,尽充为劫。"这是一种非常恢弘、精密而奇妙的世界境界。在此意义上,"世界"这个词的缘起、滥觞和流变,反映着古代中国思想界认识自我、宇宙更加深入的进程,即更为强调内在的结构整体性、秩序性以及多元性。这也呼应着前述人类在此时代正寻求一种秩序的实在,这种实在的结构、秩序虽源于对"充满诸神"之宇宙的源初时空相融的体验,却也渐渐下落于人类此世的历史,即有限时间、个体流逝的维度开始凸显。在生命历史中,人们向着"之上的世界"秩序调适着自身生存,试图把握生存的真理并将历史体验最大限度地普世化。

中文词"世界"是从梵语(以及巴利语)的 loka、loka-dhātu 和 laukika 等概念翻译而来,它最重要的核心涵义就存在于古印度—梵语(巴利语)到古中国—汉语佛典基本概念的转译里。这里人们首先必须回顾其源始涵义,以便更好地理解"世界"和 loka 词簇间的内在关联;其次须注意到梵语(巴利语)—汉语本身在语言结构方面的差异,这使译词簇"世界"和源词簇 loka 在内涵上渐渐迁移而产生差别。

---

① J. Ritter, K. Gründer, G. Gabriel, *Historisches Wörterbuch der Philosophie*, Basel: Schwabe Verlag, 2005, Bd. 12, S. 407 - 408.

② J. Ritter, K. Gründer, G. Gabriel, *Historisches Wörterbuch der Philosophie*, Basel: Schwabe Verlag, 2005, Bd. 12, S. 407 - 408.

根据 N. 达默迪纳的考察，loka 词簇乃是印度佛教思想的根基和核心。loka 本身是个词根，具有不同的词干并延伸出相当丰富的意义，最重要的乃是"看""明""光""人世间""众生""世俗""天地""世界""破坏"等①。在对《长尼迦耶》②细密的文本分析里，达默迪纳发现 loka 作为词根产生了 9 种"词干"。(1) 6 个词干是名词性的，loka 指"人世间""众生""天地""世界"和"明/光"义，ullokaka 表示"看者"。(2) 2 个词干是形容词性的，loka 含"世俗"义，paloka 含"破坏"义。(3) 1 个是动词性的，词根 loka 加上 vi/ā/apa/ava/o/vo 等前缀表示多种"看"的方式。著作中最常用的词义为"人世间"，其次为"世界"。在全部 1 106 个词形中，946 个词与"世界"有关(其中"人世间"518 次、"世界"345 次、"众生"80 次、"天地"60 次、"世俗"23 次)，占全部词数的 85.53%；跟"看"有关系的词形共有 52 个，占全部词形数量的 4.7%。从这个统计数字可以确定词干 loka 的常用词义为与"世"有关的内容，但其本义"看""明"等在著作中也未消失③。对 loka 词簇里"人世间"用法显著多于"世界"用法的分析，也符合笔者对《荻原云来〈汉译对照梵和大字典〉汉译词索引》和平川彰《佛教汉梵大辞典》④的检索结果，即发现"(人)世间"所衍生出的词簇群远远高于"世界"词簇群。这或许是因为在巴利语佛经里"世界"已具有两个涵义，一是佛陀所解释的抽象哲学涵义，二是指人们所生活的尘俗之"人世间"。在佛教介入现实生活和实际运用时，"(人)世间""世俗"的实践涵义要远远重要、广泛于具有抽象思辨性的"世界"涵义，例如鸠摩罗什译经里"世界"出现次数近 3 000 次，但其对"世界"一词的使用多依循旧义并无

---

① 参见达默迪纳(N. Dhammadinna)：《老庄著作和巴利语佛经若干词的比较研究》(华东师范大学博士论文,2007 年),第六章第二节。

② 佛陀涅槃之后第四个月,大迦叶、阿难和优波离等长老举行第一次结集。之后,长老们分别给阿难长老及其弟子口传《长尼迦耶》(Dīghanikāya),或汉译为《长阿含经》,为 5 部经书之首,叙述有关佛陀、教行、与外道论难及世界成败之说。Digha 是"长"的意思,意译;nikāyo 是阳性 nikāya 词干的主格单数词形,意为"全面收集",收集对象即是相对较长的佛经。《长尼迦耶》共有 34 部佛经,分别是《戒蕴品》13 部,《大品》10 部,《波梨品》11 部。

③ 巴利语 lok 和 loc、梵语 lok、古英语 locian 和现代英语 look、古德语 lokjan、古撒克逊语 lokon 和中时期荷兰语 loeken 都明显具有"看"。达默迪纳因此推论 lok 本义作"看",后引申为"光",因为被看到的对象就是"光";又从"看"引申出"人世间""众生""世俗""天地"等涵义。参见达默迪纳：《老庄著作和巴利语佛经若干词的比较研究》第六章第二节。

④ 朱庆之、梅维恒编：《荻原云来〈汉译对照梵和大字典〉汉译词索引》,巴蜀书社 2004 年版,第 257 页;平川彰编：《佛教汉梵大辞典》,东京灵友会 1997 年版,第 67—70 页。

详解,并常与"世间""世上"混用。

在此我们还须指出第二点,"世界"一词的产生并非突兀。"世""(人)世间""世俗"等词在印度佛教传入中土之前就已是汉语熟词,并且其负面、消极、救赎的指向与佛教义理多有沟通之处。我们虽无法发现"世界""三界"等与老庄思想的直接联系,但"世俗""世间""尘世"等在《庄子》中早有踪迹。崔大华认为:"佛学初传时,在佛经翻译、佛理解释的'格义'、'连类'中,即在对一种异质的思想体系的观念认同中,《庄子》提供的名词、概念、思想起了重要的作用。"[①]他在比较佛教中国化的过程中,指出受庄子影响的"空""无""色""心""物""理""道""气"等佛教概念。实际上,倘若详考,"世"亦可算作这些概念之一。究其方法,颜洽茂曾点出佛化汉词的重要手段之一乃是"灌注",即用现成中土语词将古印度佛教教义灌注其中使之成为佛教术语,例如早期译师"格义法"即将佛教内涵"强行移栽"、灌注于流行玄学、儒学词汇里[②]。但如此做来,佛教典籍虽从外观上看似乎是完全"汉语化",其实却留下太多汉语根本无法加以驯服的成素[③]。究其原因,如宋代郑樵在《通志·六书略》"论华梵"条里所述:"梵人长于音,所得从闻入;华人长于文,所得从见入。""闻"与"见"之异,让人们运用表音文字和字符文字时在意义理解途径上存在着较大分野,汉—梵词汇即使对译成功,仍无法避免一个同源词在不同文化语境里产生意义迁移和差异。

回到本土概念"世"的语源上,许慎《说文解字》"世"字篆书为"世",《金文编》里为"世",《六书通》里"世"。因"世"像嫩枝生长之形,故有"生,生长"义,如《逸周书·本典》:"帝乡在地,曰本,本生万物,曰世",《列子·天瑞》则云:"损盈成亏,随世随死"。查考先秦经典,《老子》无"世"一词,只有"天下""天地""万物"等语;《庄子》对"人间世""世俗""世道"的用法却已显得分外成熟、贴切,似乎颇为蹊跷。在文本语境里详考之,《庄子》里"世"的用法主要如下几种:

1. 时间性(三十岁)代际义,如上世、下世、今世、来世、往世、后世、一世、世世、千世、万世、没世等。

---

① 崔大华:《庄学研究》,人民出版社1992年版,第500页。

② 颜洽茂:《佛教语言阐释:中古佛经词汇研究》,杭州大学出版社1997年版,第253页。

③ 万金川:《宗教传播与语文变迁:汉译佛典研究的语言学转向所显示的意义(之二)》,《正观杂志》2002年第20期。

2. 亦扩展到对整个人间世界的代指,如举世、世俗、(尘)世①、人间世、世主、世人(世之人、世俗之人)、世之爵禄。

3. 视线下落于人间世界后必然具有的价值评价,如至德之世、治世、乱世。

4. 积极与消极的实践取向,前者如经世、平世、抚世、济世、与俗化世、至人有世、遇世、希世而行,后者如厌世、弃世、避世、骇世、游世等。

5. 最重要的还有"世"与"道"关系的探讨,在《缮性》里辩证地批评了"世""道"交相丧的结果:"由是观之,世丧道矣,道丧世矣。世与道交相丧也,道之人何由兴乎世,世亦何由兴乎道哉!道无以兴乎世,世无以兴乎道,虽圣人不在山林之中,其德隐矣。"

"世"之衍生词簇的复杂用法在《淮南子》《吕氏春秋》《太平经》里得到进一步的发展和丰富。《太平经》继续阐释了"世""道"问题,表现出对"世间""世俗"更为悲观和严厉的价值评判,警醒人类可能的"无世",提出个人拯救、得道的保全方法为"度世"②。"世"在其中的突出用法如:(1)"世之极—物之极""无极之世""世学""时世"等新义;(2)对"世间""世俗"更为悲观和严厉的价值评判,如世间但为尘垢、人居世间(唯人居世之间、恐不能自出俗世之间)、俗世之人(世俗之人、今世俗人)、世俗大营财物、今世人积愚暗甚剧等;(3)对"世""道"关系更深入的阐释,如道乃主生、道绝万物不生,万物不生则无世类、得道去世、灭世亡道、上中下得道度世者;(4)对人类"无世"的警醒,如中世灭绝无后、绝其世类、绝灭无后世、绝世无续、减年灭人世、绝人世类、无续世之人、灭杀人世、无世等;(5)提出个人拯救、得道的保全方法为"度世",如度世之术、长生度世、度世长存等;(6)还有(弃俗)救世、救世得失、出世、居世尊荣、避世等具有实践取向的用法。

《庄子》提出"游世"观③,《太平经》鼓吹"度世"论。可见,在佛教传入中土和发展之前,"世"已是一个引人注目的概念;"界"则对"世"的清晰性、完整性和界限性做了进一步界定。人类视线下落在尘垢纷扰的人间世界、世俗群体上,在价

---

① 如《庄子·大宗师》借孔子语:"芒然彷徨乎尘埃之外,逍遥乎无为之业。彼又恶能愤愤然为世俗之礼,以观众人之耳目哉?"

② 王明编:《太平经合校》,中华书局1960年版。此经可能直接受到西汉成帝时齐人甘忠可《包元太平经》的影响,此后不免有增益或变动。

③ 如"虚己以游世"(《山木》)、"唯至人乃能游于世而不僻"(《外物》)、"游世俗之间"(《天地》)。

值评判、实践取向上对"世"进行聚焦式的深刻探讨、阐释,已经足以沟通古代印度佛教思想的核心词汇之一,即 loka——其基本涵义和用法正是"人间世""世界""众生""天地""世俗"等一系列重要理念。在这样的历史背景和文本语境里,对"世"的重视,显现出从"天地""天下"到"人世间"之聚焦的视角变化,呼应周初"德"内化于"心"及"德"之人文化、伦理化的趋势,表现出一种人类智性聚焦点的内在深化、转移和反省,即已完全下落、深入了人类社会自身的秩序、价值批判与保存上①。只是,如汉译《楞严经》谓"一切众生织妄相成,身中贸迁,世界相涉",一个"妄"字点出一切存在者虽然彼此极其紧密地相互作用,所有众生的躯体以及整个世界却是不真实和虚幻的。对"世界"的这一疏解,显示出古印度佛教消极看待人类世界的倾向性,亦强化《庄子》《淮南子》和《太平经》等汉籍对"世间""俗世"批判、否定的倾向。

此外,loka 从梵语词根始源处带来的涵义分殊,在汉语语境里通过"世界""世间"之不同译法、指向的强化,变得更加清晰。"世界"与"世间"二词内涵虽近似而同源,却在汉语具体语境里渐渐分野。中华电子佛典协会(CBETA)《电子大藏经》跨语词汇对照资料库检索,可得"世界"衍生词组约 40 个②,它们作为汉语语境里的佛学专有译名,往往不能改译为"世间""世上""世俗"等语。尽管《名义集》卷三将"间"与"界"等同云:"间之与界,名异义同。间是隔别间差,界是界畔分齐。"但《楞严经》卷四释"界"为"方位",《康熙字典》释"界"为"各有彼此之别",这些都使"世界"涵义的指向从"世"逐渐强化为"界"。但若详细追溯汉语"世界"概念的缘起,就会发现其时一空相融的独特构词正好巧妙暗示了"过去、

---

① 周初"敬德保民"思想的强化与周公"制礼作乐",标志着"德"观念之人文化、伦理化趋势的真正确立。《康诰》引入内省的"心",不断延伸扩展,产生"以天为宗,以德为本"的观念,把"德"融入"帝""天"体系中,强化了对"人事"的关注。"天生德于予"(《论语·述而》),"德"内化于"心"可使西周的个体性问题逐渐成长。春秋时期,"君王之德"渐渐演变为普遍的社会道德行为规范,人人皆可有德,于是有"君德"有"民德",有"君子之德"也有"小人之德"。"明德"本只是帝王、圣人之德,在《大学》里"明明德"却成为君子修身功夫的三纲之一。这种变化,与当时人们将视线下落到"世间"是分不开的。

② 该跨语词汇对照资料库列举"世界"簇群有:世界、十方世界、三世界、千世界、小千世界、中千世界(中千界)、大千世界、三千世界、三千大千世界、量等三千大千世界、娑婆世界、一切世界、无边世界、无量世界、世界无量、莲华藏世界、华藏世界、离垢世界、器世界、恶世界、忍世界、安养世界、清净世界、大庄严世界、天上乐世界、西方极乐世界、极乐世界、乐世界、佛世界、一佛世界、诸佛世界、世界悉檀、世界主、奥那世界国、阿维罗提世界、妙喜世界、净琉璃世界、世界海等。参见中华电子佛典协会(CBETA):《电子大正藏》,2002 年版,http://tripitaka.cbeta.org/。

现在、未来三世迁流"以及"欲界、色界、无色界三界相迭"的佛教想象。

综上可知,"世界"概念在汉朝随着佛教东传而在译经里涌现,其内涵逐渐深化,并带入古代印度佛教精微完整、时空一体的世界图像,可谓是水到渠成、应时而生。单举"世界"作为一个新名词而在古汉语语境里成立,确非短时期所能做到。但幸运的是,"世界"的根本涵义建基于当时已经成熟使用的汉字"世""世间",而佛教义理的总逻辑是状世间之苦,颂佛国之乐,论出世之法。宋刘谧《三教平议》一言以蔽之:"佛教则始于世间法而终之于出世间法也"。在对"世界"漫长的汉译诠解里,"三世""三界""十方"等佛教义理等在其内涵里被逐步发掘出来,"世界"开始代表一种大圆立体、时空融合的多元形上宇宙结构,这不同于中国"天圆地方""天地平行"、天地人三才、人应抚育万物的传统天下观。此外,传统"天下"观的视角实质乃是俯视,而来自佛教思想近似莲花形、以几何级数增长而构建的"大千世界",却并无绝对固定的视角和绝对中心。

《华严经》云:"若人欲了知,三世一切佛。应观法界性,一切唯心造。"这是极为开放又执着精微,时空广袤、含蕴丰富,又精致博大的人生本体有情世界观。也许正是这个原因,"世界"没有像"天下"概念那样蕴涵着强烈的帝国气息和政治涵义,而是更偏于思辨性和强调多元性。不过,在汉、唐到明清之漫长的历史进程里,"世界"概念虽不再仅仅限定于佛教教义里,而是在日常社会文化如诗歌、白话作品里逐步泛化其内涵和所指,但其内蕴的多元文化观却始终未能丝毫撼动或影响中国根深蒂固的"天下"观。但无论如何,佛教"世界"概念里内蕴的须弥山、四大部洲的想象,在近代曾给中国人、日本人提供了改变世界观的资源,并在近代传教士将其与 world 等词对译的过程里,成为最终摧毁东亚古典天下观的一柄利器。

第二章 "世界"概念的诠释：早期 佛教与玄学合流之情势

　　"世界"概念在我们的日常语言里早已是耳熟能详,在形而上学讨论中它也始终扮演着至关重要的角色。可以说,对"世界"概念的重新定位和周密阐释,对任何抱负远大的思想体系的内在建构都具有根本的奠基作用。实际上,无论西语 world、Welt 还是汉语"世界"概念在日常语言里都不具有完全的自明性。若追溯"世界"及其相关概念群的来龙去脉,会发现它们在人类历史上呈现非常复杂的流变性——这一点既体现在西方的世界概念群,如从古希腊语 kosmos、拉丁语 mundus 直到现代英语铺天盖地运用的 world;也体现在汉语的世界概念群,如从"天地""天下""宇宙"到"世界"这些语词复杂的嬗变过程里。

　　沃格林在其巨著《秩序与历史》里提出"ecumenic age"(人居领地时代)的历史哲学理论建构,认为某个文明的秩序观念总是伴随着对这种秩序在人类意义上的自我解释。在此时期,无论东方还是西方,随着人类帝国政治上的扩张和历史意识的觉醒,人类逐渐建构形成一种弥漫所有存在层面与作为整体之大全的古典"世界"秩序观念。各个文明反映实在的整体与大全结构的秩序观念随着人类宇宙意识的孕育而萌生,而人类世界视野本身的扩展也进一步催生了对人类此世和内在秩序的深入体察、观照。古代汉语里的"世界"概念,正是在这一时期形成与滥觞:它既借助中土思想资源,从形式结构和内涵维度上脱胎于上古汉语词汇"宇宙",同时又借助古印度佛教汉初传入中土的时机而强化其时空相融的意指,逐渐成为一个在汉语文化圈里盛行并具有深厚佛教渊源的词语。在此架构背景下，古汉语里的“世界”概念既脱胎于本土“宇宙”之时空相融的内涵结构，又借机印度佛教传入中土而成为一个颇为新鲜且具佛教渊源的词语。

在公元 2—3 世纪的佛经翻译里，“世界”与其他先秦熟词如“世”“世间”“世上”等一起，共同对应古梵语和巴利语的 loka、loka-dhātu 和 laukika 等印度小乘和大乘佛教术语。它逐渐被灌注 loka、loka-dhātu 和 laukika 等的蕴涵，它最重要的涵义就存在于古印度—梵语（巴利语）到古中国—汉语佛典基本概念的转译里。通过这种对统一与整体、秩序和意义、开端和结束之宇宙想象的基本关联，进而涵括人类认知和行为之大全整体性的关联，汉语“世界”概念的复杂历史深刻反映着古代东南亚诸种宗教、文化传统的碰撞与流变。在这样思考的背景下，古汉语里的“世界”概念也犹如一个地质标本，它沉积着一层一层的涵义：一方面，“世界”概念从构词结构上脱胎于先秦时空相融的“宇宙”观念，另一方面，它从内涵上又必然是古印度佛教冲击、融合中土文化的产物。

在此，“世界”概念可被看作是历史的产物之一，它在发展的长河里产生各种流变，并自然堆积起人类文化现象和社会生活的点点滴滴，如台湾地区学者万金川先生所指出的：“在其流经的河道里借由那些它所挟带的‘堆积物’而冲刷出一条又一条的刻痕，甚至有时会因为‘堆积物’的数量过于庞大而改变它原先的流向。”[①]由此，对“世界”在汉语概念史上缘起、滥觞和流变过程进行复原和追溯，尤其是关注那些留下刻痕的“堆积物”，可探索出古代中国人是如何借助古印度佛教文化的冲击而更加深入地认识自我和宇宙的。

第一节　loka 的源始涵义

汉语“世界”概念最重要的核心蕴涵，深深隐藏在古印度—梵语/巴利语到古

---

① 万金川：《宗教传播与语文变迁：汉译佛典研究的语言学转向所显示的意义（之一）》，《正观杂志》2001 年第 19 期。这种具有比喻性的说法，即以 drift（流向、堆积或漂流物）如此生动而双关的字眼来描述作为历史现象的语言，其实出自语言学家爱德华·萨丕尔（Edward Sapir）的著作《语言论：言语研究导论》（*Language: An Introduction to the Study of Speech*）第七、八两章，商务印书馆 1985 年版，第 132—172 页。

中国—汉语佛典基本概念的转译里。为了破译这种核心蕴涵的形成，首先必须回顾古印度 loka 词簇源始具有的涵义，以理解汉语"世界"概念与它在意义上存在的紧密内在关联；然后分析梵汉词簇在结构体系上的重要差异，分析为何汉语"世界"词簇在此基础上产生内涵差异和迁移。郑樵在《通志·六书略》"论华梵"条里曾言："梵人长于音，所得从闻入；华人长于文，所得从见入。"①这里指出表音文字和字符文字在意义理解途径上存在分野。如其所言，古印度佛典东来虽为汉语翻译所化，但这些外观上看来似乎已经完全"汉语化"的典籍，其实却留下了太多汉语根本无法加以驯服的成素，这也是汉—梵术语即使对译较好，但仍然无法从深处避免其意义迁移的原因。

　　中古汉译佛典里浩如烟海的"世界"及其词簇，其梵语、巴利语来源及其不同语境里的汉语译法，都具有交互而错综的复杂性：第一，loka、loka-dhātu、deśa、dhātu、jagat、kṣetra、kṣetra-prasara 和 prajā 等都可被译成"世界"，loka 是汉语"世界"词簇最核心和根本的来源，此外 deśa 强调分、国土、方所，jagat 强调三界、有情、众生，kṣetra 强调一刹、尘刹、处，prajā 强调人、大众、有情。这些不同的梵语（巴利语）来源及其殊异指向实际上丰富了"世界"作为一个汉语新词的涵义、维度和包容性。第二，loka 可意译为世、世俗、世界、世间、世间事业、人、处、众生，亦可被音译为嚧迦、路伽；dhātu 可被意译为世界、佛性、四大、境、境界、大、大种、如来藏、心、性、持、根、法性、法界、法身、界、种、种性、缘、舍利、藏、身、身界，亦可被音译为驮都②。汉语"世界"词簇的梵语来源，即 loka-dhātu 这同一梵语词的不同汉语译法，作为背景彼此相互支撑映射，使汉语"世界"概念不仅饱满，而且内在地沟通了汉译佛经语境里的众多核心理念。

---

① 郑樵：《通志》，中华书局 1987 年影印本，第 511 页。
② deśa 的译法有世界、分、国土、境、教导、方、方所、处；jagat 的译法有三界、世、世界、世间、人、有情、物、众、众生、诸世间、社间；kṣetra 的译法有一刹、世界、世间、佛国土、佛土、国土、地、田、界、福田、刹、刹海、尘刹、挚多罗；kṣetra-prasara 的译法有世界、国土；buddha-kṣetra 的译法有佛国土、佛土、刹土、本土、诸佛世界；prajā 的译法有世、世界、世间、人、大众、有情、民、众生、众生类；bhājana 的译法有器、器世、器世界、器世间、外器、妙器；bhājana-loka 的译法有世间、器世间、器世界；svarga-loka 的译法有天上、天界、乐世界；sukhāvatī 的译法有安乐、安乐国、赡养世界、赡养净土、极乐世界、极乐国土、极乐净土、净土、苏诃嚩帝、西方净土、须摩提、须阿提；prajā-pati 的译法有世主、世界主、梵天、梵天王等。这是由中华电子佛典协会《电子大藏经》跨语词汇对照数据库搜索结果所整理出来的，其梵汉词汇皆来自查尔斯·穆勒（Charles Müller）教授的"CJKV 英文辞典：关于东方亚洲文化、政治与思想史的中日韩文字体与复合字句辞典数据库"，整体辞条超过 5 万字。

我们先整理出 loka 在梵语和巴利语原始语境里的几个基本义项，然后在此基础上分析"世界"在中古汉译佛经里的涵义流变以及早期本土高僧对其富有新意的诠释。

第一，巴利文法家曾根据佛教哲学指出 loka 从词根 luja（坏灭）产生，并因此始终关涉着一个"可以朽坏的场所"，从属的还有除（lopo）、破坏（lutti）、破灭（lujjanam）、破坏（lutto）等词。佛陀把 loka 解释为"'lujjatī'ti kho bhikkhu, tasmā lokoti vuccati"（比丘，破坏故名世间），佛陀认为一切有情以六根接触缘所生之受，但它所接触之一切都不断变化，或云"坏"（lujjati）[1]。因此 loka 从"人世间"引申出"破坏"义，为了更加清楚，词根 loka 加 pa 前缀强化"毁坏"义；此外又引申出"世俗"义，此世实在即"世俗"处于不断变化即"坏"之中，不应贪图世俗事物而应远离它[2]。

第二，里斯·戴维斯（T.W. Rhys Davids）等认为吠陀著作中 loka 的最早词义为"空间，敞开的空间"[3]，有些人将其解释为"（林中）无木之处""空地"等，亦指包括"天""地"在内的整个生存空间。其中天神所居住界为"天"，人和其他动物的生存界为"地"，二者都无法超越"无常""苦"和"无我"这"三法印"。虽然 loka 在具体语境里常意指"地"，但广义上佛教哲学所指 loka 是以"天""地"为一体，而且常加上各种形容词如 sadevamanussam（诸天、世人）等。巴利语佛经中佛陀称 lokavidū 即"世间解"，这里 loka（世间）有"天地"义，泛指众生及天神。此外，loka 还指一切光亮里所能看到的"尘世""众生"，亦常作"这个世界""那个世界"或"天界"等义。

第三，黛博拉·A.索瓦（Deborah A. Soiver）认为 loka 包含宇宙论上的三层

---

① 巴利语佛经记载，佛陀把 loka 解释为："比丘，破坏，是故称之为世间。是何物之破坏？诸比丘！眼是破坏，色是破坏，眼识是破坏，眼触是破坏，耳是……鼻是……舌是……身是……以意触为缘所生之受，或乐、或苦、或非苦非乐，此亦是破坏。比丘！破坏，其故称之为世间。"此按达默迪纳译文，亦可参另译《汉译南传大藏经相应部经二》"第五 家主品 四四 世间"，高雄元亨寺妙林出版社 1993 年版，第 88—89 页。

② 参达默迪纳：《老庄著作和巴利语佛经若干词的比较研究》（华东师范大学博士论文），第六章第二节"巴利佛经《长尼迦耶》中'loka'及其同源词的词义调查"；亦参《汉译南传大藏经相应部经二》"第五家主品四四世间"，高雄元亨寺妙林出版社 1993 年版，第 88—89 页。

③ Thomas William Rhys Davids and William Stede, *The Pali-English Dictionary*，New Delhi：Asian Educational Services，2004，p. 586.

世界即地、天空和天国①。除这种宇宙论的构想外，loka 作为"世间"还包含着 sankharaloka（行法世间）、sattloka（有情世间）和 okasaloka（空间/物质世间）；lokattara 则以 uttara 指示对世间的超越。"有一世间，一切有情皆依食而住"谓行世间，如泥土、森林、火、气、水、躯体等②；"我、世间有常"等有知觉的根身谓有情世间；"日月之运行，光明所照之处，到一千个世界，你有生存之处"，即无知觉的山河土地、房屋廊舍，谓空间世间。又可分为贪、有、根等三界。因贪等染污多，"欲界"有情称"贪界"；有禅定智慧的"色界"有情称"有界"；因深修禅纯根，"无色界"有情称"根界"。

由此，梵/巴利语簇 loka 与 loka-dhātu 作为古汉语"世界"词簇最核心、根本的来源，在汉传佛典里实际上有着众多不同的译法，譬如可将其意译为"世""世俗""世界""世间""世间事业""人""处""众生"，也可将其音译为"嚧迦""路伽"。同时，另一些存在紧密内涵关联的语簇，如 deśa、dhātu、jagat、kṣetra、kṣetra-prasara 和 prajā 等，也都可被统一译成汉语的"世界"。其中，deśa 强调"分""国土""方所"，jagat 强调"三界""有情""众生"，kṣetra 强调"一刹""尘刹""处"，prajā 强调"人""大众""有情"。"世界"本是一个汉语新词，但众多不同的梵/巴利语源极大地丰富了它的涵义、维度和包容性。这些语源所具有的殊异的意义指向彼此支撑映射，最终交织成汉语"世界"概念的广大背景域，使"世界"概念不仅内涵饱满，而且也使众多其他汉译佛典里的核心理念有着内在沟通的可能性。

第二节 三千大千世界的佛教宇宙观

东汉明帝永平十年（67 年）伊存授卢景佛经之后 68 年，开始有汉译本佛经出现，即中印度人竺法兰所译《四十二章经》。他在永平初和另一高僧迦叶摩腾相偕来中国。经凡 42 章，故以之为名，乃连缀大小乘佛法而成，虽不精微，但确是

---

① Deborah A. Soiver, *The Myths of Narasimha and Vamana: Two Avatars in Cosmological Perspective*, State University of New York Press, 1991, p. 51.

② 上座部注释有所不同，"行世间"不仅是"一切有情依食而住而行的地方"，又包括"一切有情"本身，每个人或动物也可称"行世间"。

佛经汉译的伊始。日本《大正新修大藏经》(简称《大正藏》)所收经本,乃出自北宋初蜀版丽本(即高丽藏),令人奇怪的是,经文毫无"世界"踪影,只谓:"佛言:睹天地念非常,睹山川念非常,睹万物形体丰炽念非常。"而世俗流行的宋守遂注本,却有异文:"佛言:观天地念非常,观世界念非常。"又增添数语:"佛言:吾视王侯之位,如过隙尘。视金玉之宝,如瓦砾。……视大千界,如一诃子。""世界"在此与"天地"并举,"大千(世)界"亦已出现。汤用彤认为,这些异语、增语是唐之后时人根据流行旨趣而窜入[①],但从侧面亦可说明"世界"一语在唐之后的确是泛滥大行,已取代"天地""万物"等熟语而成为汉传佛教的核心概念。

公元 2—3 世纪是印度佛经东传汉译的第一个小高峰。在这一时期,富有深厚义理、形上内涵的佛教经典被大量译成汉语,"世界"随着更多具有玄妙义理和深厚内涵的经本翻译而在古汉语里大量涌现。揆诸中古最早期的汉译佛经,如后汉支娄迦谶译《般舟三昧经》《佛说无量清净平等觉经》,曹魏康僧铠译《佛说无量寿经》《佛说无量寿佛名号利益大事因缘经》,白延译《佛说须赖经》,菩提流支译《佛说阿弥陀佛根本秘密神咒经》,吴竺律炎、支谦共译《摩登伽经》,康僧会译《旧杂譬喻经》,西晋竺法护译《佛说方等般泥洹经》《正法华经》等,其中频频出现"世界"踪影,如"众世界""一切世界""十方世界""诸佛世界""三千大千世界""无量世界"等。直到弘始八年(406 年)鸠摩罗什重译大乘佛教经典《维摩诘所说经》,"世界"一词早已滥觞于众多佛教译典,成为呈现精妙而恢弘的古印度佛教宇宙—世界观的核心概念。

佛教"世界"原指日月照临的范围,有文本可据的是白延、支谦、竺法护已统一使用"三千大千世界"来译梵文 tri-sāhasra-mahā-sāhasra-loka-dhātu。早期佛教经典都倾力渲染佛教世界想象之恢弘辽阔、精妙难言。这种数亿流沙、不可尽数、光明彻照的无极、无量世界,其核心表现词汇乃是"三千大千世界"。例如康僧铠所译《佛说无量寿经》对佛教世界图景有着典范性的表述:"光明普照无量佛土,一切世界六种震动""譬如恒沙,诸佛世界,复不可计;无数刹土,光明悉照,遍此诸国""国中声闻有能计量,乃至三千大千世界众生缘觉""十方世界无量诸佛"

---

① 汤用彤:《汉魏两晋南北朝佛教史》第三章《〈四十二章经〉考证》,武汉大学出版社 2008 年版,第23—32 页。

"其香普熏十方世界""无量世界""十万亿刹其佛世界""清净庄严超踰十方一切世界""行业果报不可思议诸佛世界""佛光照百佛世界或千佛世界""清畅哀亮微妙和雅十方世界音声之中最为第一""众宝莲华周满世界""威神光明普照三千大千世界""一食之顷往诣十方无量世界""烦恼薪故犹如大风行诸世界无障阂""譬如劫水弥满世界""设有大火充满三千大千世界"等①。另有《佛说不思议功德诸佛所护念经》从"东方百千万亿江河沙诸佛土解君世界"之"宝光月殿妙尊音王如来"开始,到"未来留油如来"结束②,足足描绘了十方三世八百余世界及其如来。作为呈现印度佛教宇宙—世界观非常核心的概念,"三千大千世界"在汉译佛典里的集中出现,亦可说明佛教世界观在古汉语文化体系里已深深地生根绽叶。

从早期汉译佛经开始,"三千大千世界"就凸显成为佛教世界观的代名词,但实际上它有二义,或通指三种"千世界"或指"娑婆世界"。"娑婆世界",梵语为sahā-lokadhātu,sahā 指能忍受。佛教认为三界众生能忍受十恶三毒及诸种烦恼,不肯断绝一切烦恼以超出三界、脱离轮回,此性即谓"娑婆";以"娑婆"名土,三千大千世界便可称为"忍土"或"堪忍世界",以此专指释迦牟尼所教化的世界。"三千大千世界"又叫"三千大千佛刹",又叫一佛报刹,即一佛出现以三千大千世界为所教化果报的领土。如果在严格意义上追溯,古印度佛教构拟的完整宇宙模式乃是从"小世界(须弥山四大洲)""微尘世界(三界六道)""娑婆世界(三千大千世界)"逐级扩展到"二十佛刹微尘数世界(二十重华藏世界,或二十刹尘)"和"十方微尘数种世界(华藏玄门毗卢性海)"③的无穷模式,逐级扩展、宏化而至于无极。

首先,"小世界"指初禅天并地轮上下所合者,包括了日月、六欲天以及初禅天,其中轴是由四宝即金、银、琉璃、玻璃构成的须弥山,环绕着九山八海四大洲;七香水海和七金山依次交替排列为须弥山内围,其外是大咸海和铁围山。"小世界"坐落在五轮之上,其下是十方起风的无尽虚空。值得一提的是,以须弥山为中心的"小世界"图式以及四大天王的构想并不都是佛教的发明,在佛教产生之前它们就已存在于印度神话中,不过是原始佛教取而用之记载于《阿含经》,后期

---

① 检索自中华电子佛典协会(CBETA):《电子大正藏》,2002 年版,http://tripitaka.cbeta.org/。

② 大正新修大藏经刊行会:《大正新修大藏经》(以下简称《大正藏》),东京:大藏出版株式会社 1988 年版,第 14 册 No.445《佛说不思议功德诸佛所护念经》。

③ 王海林:《三千大千世界:关于佛教宇宙观的对话》,今日中国出版社 1992 年版,第 68 页。

佛教又对其进行了改造和丰富。

其次，"微尘世界"有齐全的三道六界安立的结构，上覆四禅天、无色天。在二十重华藏世界之第十三重微尘数世界即"娑婆界毗卢遮那如来世界"里，容有恒河沙数一样的"尘世界"，每个尘世界其实皆为"三千大千世界"，其中的小世界才称为"微尘世界"。同时，"三千大千世界"实质上含有"小千世界""中千世界"和"大千世界"三种千世界——"小千世界"由一千个"小世界"构成，由一千个初禅天覆盖并环绕一个总轮围山；"中千世界"由一千个"小千世界"亦即一百万个"小世界"构成，由一千个二禅天覆盖并环绕一个大总轮围山；"大千世界"由一千个"中千世界"亦即十亿个"小世界"构成，由一千个三禅天覆盖并环绕巨总轮围山。"三千大千世界"又叫"三千大千佛刹"，又叫"一佛报刹"，即一佛出现以三千大千世界为所教化果报的领土。

其三，佛教设想的较高一级时空场域即"二十重华藏世界"，汉文佛典通过翻译定名对印度佛教宇宙观的内涵进行了非常精妙的阐释。例如第十三重"娑婆界毗卢遮那如来世界"，指娑婆界三千大千世界为代表的恒河沙数三千大千世界以毗卢遮那为教主。"如来"的梵语为 tathāgata，《成实论》云："乘如实道，来成正觉，故曰如来。"[1]即乘真如之道来三界弘化，其法身原本虚空清静无物，无去无来；一光照周遍，而湛寂常然，两者无二；至于众生虽见有佛的应身报身之像，而实如来法身本无形相。在此世界中佛有三身，一是应身，即释迦牟尼佛；二是投身（卢舍那，locane），梵语意"发亮"，佛光明遍照，证得绝对真理自受法乐的智慧身；三是法身（毗卢遮那，vairocana），梵语为灵光遍照、遍一切处佛本身如即绝对真理。在此微尘数世界里，"三千大千世界"也不过是一粒微尘。佛家常用"恒河沙数""微尘数""不可说"等模糊数概念状数量之极多，来描述这种幻妙的世界图景。如《佛说方等般泥洹经》云：

> 譬如是三千大千世界，更有如是比亿百千三千大千世界满其中尘，有如此尘数东方佛国[2]。

---

① 《大正藏》第三十二册 No. 1646 诃梨跋摩《成实论》242a26(10)。
② 《大正藏》第十二册 No. 378 竺法护《佛说方等般泥洹经》卷二，924c03(13)。

《梵网经》云：

> 我今卢舍那，方坐莲花台。周匝千花上，复现千释迦。一花百亿国，一国一释迦。各坐菩提树，一时成佛道。如是千百亿，卢舍那本身。千百亿释迦，各接微尘众①。

一佛出现，化作百亿身同时出现在一大千世界的每个世界中，以百亿佛的化身去化度百亿世界里的一切有情生类。《正法华经》则接连使用"不可思议，无数亿劫，如江河沙，不可限量""无数亿佛，讲说经法""其数譬如，稻麻丛林，在诸世界，滋茂不损"来形容这种"超越智慧"②的境界。

其四，作为佛教设想的最高一级时空场域，"华藏玄门毗卢性海"乃是十方微尘数种世界。"华藏"指莲花藏含之世界；"玄"即玄妙莫测，非有伸无量极智不能通达；"门"即通佛之门；"毗卢"即如来报身，"毗卢性海"即佛性海，因成佛无非一心真如，故又称"毗卢心海"。若此华藏世界为一国土，每一国土都有一佛为该国土教主，上下为二十重国土叠累而呈上大下小的几何形结构，实际上呈现莲花状的宇宙构造模式。佛家将托载二十重国土的一株王莲花称为一杆幢（梵语 ketu，即旗子），这杆莲花幢（华幢）又深深植入一个极为辽阔的香水海里，这样的巨海在同一空间层次上又有微尘数，如此形成更高层次的十方微尘数种世界系统，即"华藏玄门毗卢性海"。

如此，按照同一无限扩张的宇宙模式，佛教可扩延描述出无数梯级纵深的世界图景。整个华藏不仅佛佛遍照遍应，法法可通、尘尘可达，而且芸芸众生皆可入玄门而成佛，故华藏世界之多、满，犹如无边大海。《华严经》云："若人欲了知，三世一切佛。应观法界性，一切唯心造。"③古庭善坚《华严大意》解"华严法界"道，"一一尘沙草叶，则有佛刹微尘数诸佛世界。一一尘，一一沙，一一草，一一叶，佛刹微尘数诸佛世界，一一经历诸佛世界三昧，一一诸佛三昧佛刹微尘数世

---

① ［日］河村照孝：《卍新纂大日本续藏经》，东京：株式会社国书刊行会，1975—1989 年，第三十八册 No. 682 传奥《梵网经记》247c13(00)-248a09(00)。

② 《大正藏》第九册 No. 263 竺法护《正法华经》68b20-68b21、68b16、68b17-18。

③ 《大正藏》第十册 No. 279 实叉难陀《大方广佛华严经》101a10-102b01。

界，了不可得……一切佛刹微尘诸三昧海，种种庄严，种种世界，种种差别，种种供养，诸佛幻化，我亦无念，以兹无念诸佛幻化。"亦即说，一切归于一心真如无差别虚空，这一心虚空、通向此心的玄门本具于有情；只要修行圆觉，便可显出与诸佛平等住之心而成佛。佛教所描摹的这一宇宙观极为开放又执着精微，时空广袤、含蕴丰富，却又是精致博大的人生本体有情宇宙。

第三节 大道而察：佛玄合流的世界图景

细究之，玄学对汉译佛典里"世界"概念的深入发挥功不可没。从历史上看，后秦时受东晋风气的影响，姚兴(366—416 年)崇佛而重佛教义理。佛教被作为"政化风俗"之"玄教"来提倡，究其实质却是"崇玄"。鸠摩罗什的弟子道恒在《释驳论》里写道："佛法冲邃，非名教所议；道风玄远，非器象所拟；清虚简胜，非近识所关；妙绝群有，非常情所测。"①这正是描写了一种更为本土、佛玄合融交织的思想形势。将此佛老玄义融合情势前追，最杰出的代表乃是姚秦时影响极为深远的高僧鸠摩罗什(344—413 年)。值得指出的是，鸠摩罗什的佛经翻译仍受制于玄学术语，但佛学义理毕竟已慢慢摆脱玄学的附庸地位而独立发展。此时，大量精妙汉译佛典渐渐取代"三玄"，高僧大德和知识僧侣成为新鲜玄谈的创制者，译场更是成为新理论的策源地。

齐、梁年间，僧祐凭借定林寺丰富的经藏，在道安《综理众经目录》(又称《道安录》《安录》)的基础上"订正经译"，撰成现存最早佛典目录《出三藏记集》(简称《僧祐录》或《祐录》)。《祐录》第十二卷"杂录"收录了陆澄《法论》、齐竟陵王萧子良《法集》、僧祐《释迦谱》《世界记》等书的序文和篇目——除《弘明集》外，其他著作虽已佚失，但根据《祐录》所载书的篇目仍能略知其内容。僧祐《世界记》之"序"评论道：

> 窃惟方等大典，多说深空，唯《长含》、《楼炭》，辩章世界，而文博偈广，难

---

① 《大正藏》第五十二册 No. 2102《弘明集》35a15(01)-35a17(03)。

卒检究。且名师法匠,职竟玄义,事源委积,未必曲尽①。

故僧祐"抄集两经,以立根本,兼附杂典,互出同异"②,撰成5卷《世界记》。其内容为:卷一载《三千大千世界名数记第》(《长阿含》)、《诸世界海形体记》(《华严经》)、《大小劫名譬喻记》(《楼炭经》)、《劫初世界始成记》(《长阿含》)、《大海须弥日月记》(《长阿含》)、《四天下地形人物记》(《长阿含》)、《劫初四姓种缘记》(《长阿含》);卷二载《转轮圣王记》(《长阿含》)、《欲界六天记》(《长阿含》)、《色界十八天记》(《长阿含》)、《无色界四天记》(《长阿含》)、《干闼婆甄那罗记》(《长阿含》);卷三载《阿须轮斗战记》(《长阿含》)、《世界诸神及饿鬼记》(《长阿含》)、《龙金翅象师子十二兽记》(《大集经》);卷四载《大小地狱阎罗官属记》(《长阿含》);卷五载《世界云雨雷电记》(《长阿含》)、《世界树王华药记》(《长阿含》)、《小劫饥兵疫三灵记》(《长阿含》)、《大劫火水风三灾记》(《长阿含》)③。

《世界记》依次系统、周详地转录早期汉译佛典关于佛教恢弘宇宙构成相状、模式的阐释,尤重于《长阿含经》《楼炭经》《大集经》和《华严经》,为后来的研究者提供了宝贵的线索指引。而僧祐自撰之"序"对佛教世界观做出系统评述,亦是一篇珍贵的文献——它既有对佛家传统宇宙观的勾勒,"大千为法王所统,小千为梵主所领,须弥为帝释所居,铁围为藩墙之域,大海为八维之浸,日月为四方之烛""寻世界立体,四大所成,业和缘合,与时而兴,数盈灾起,复归乎灭。所谓寿短者谓其长,寿长者见其短矣。夫虚空不有,故厥量无边,世界无穷,故其状不一""三界定位,六道区分,粗妙异容,苦乐殊迹"④;亦同时指出,倘若从沉俗的角度来看,这些世界图景听起来完全像是"迂诞之奢言",但若从"大道而察",这却是"掌握之近事耳",只有"圣人超悟,息驾反源,拔出三有",然后才能"为道"⑤。所谓"圣人""大道",这些话语里难免嗅到儒道的气息,亦可浅瞻齐梁之时佛教与玄学合流之情势。

　①　释僧祐:《出三藏记集》卷十二《杂录序·世界记目录序第五》,中华书局1995年版,第463页。
　②　释僧祐:《出三藏记集》卷十二《杂录序·世界记目录序第五》,中华书局1995年版,第463页。
　③　释僧祐:《出三藏记集》卷十二《杂录序·世界记目录序第五》,中华书局1995年版,第464—465页。
　④　释僧祐:《出三藏记集》卷十二《杂录序·世界记目录序第五》,中华书局1995年版,第464—465页。
　⑤　释僧祐:《出三藏记集》卷十二《杂录序·世界记目录序第五》,中华书局1995年版,第464—465页。

一、鸠摩罗什：世界悉昙

　　鸠摩罗什兼通胡、汉语文，精通般若理论亦熟谙老庄文本，故"其文约而诣，其旨婉而彰，微远之言，于兹显然"①，"表发挥翰，克明经奥，大乘微言，于斯炳焕"②。鸠摩罗什的新译基本取代了以前的旧译，从此亦开始了中国佛教内部酝酿的宗派分化。罗什的译籍偏重于大乘空宗即龙树、提婆创始的中观学派，通过糅合玄学，其译典大多成为中国各个宗派立宗之经典依据，如大、小品《般若经》《维摩诘经》等为当时玄学、般若学所重视；《阿弥陀》《弥勒》等为东晋起始的净土家供奉；《成实论》为南北朝时期佛教入门手册；《中论》《百论》《十二门论》为隋唐时期三论宗的理论基础；《法华经》为唐代天台宗所宗；《十住毗婆沙》为华严宗所看重；《金刚经》几乎家喻户晓，成为唐中期禅宗的主要经典；其他诸如对大小乘禅法和戒律的介绍，也都很有影响。

　　鸠摩罗什在长安译经十数年，吸引各地求学义僧达三千人，其门众弟子将全国理论风气带到长安译场，又将其译典思想传播到全国。他的门徒基本都是"学该内外"："内"指佛典，"外"指俗书（如《庄》《老》《易》《论》），或兼通六经。他们不像南北朝时期的僧侣那样专弘一经一论，甚至亦不受鸠摩罗什译籍的限制，而是远涉支谶、竺法护，近通阿含、毗昙。检索《电子大藏经》，可发现罗什译经"世界"出现次数近三千次，大大超过竺法护的近一千二百次。但其对"世界"一词的使用，多依循旧义并无详解，或常与"世间""世上"混用。在《大智度论》卷一里罗什介绍四种"悉檀"（Siddhānta，即成就、宗、理等）。第一种为"世界悉檀"，"有世界者，有法从因缘和合故有，无别性。……佛云何言'我天眼见众生？'是故当知，有人者，世界悉檀"③。在此，"世界"即是"世间"。罗什《成实论·论门品》继续发展了竺法护译籍里的"二谛"（世俗谛和第一义谛，或俗谛和真谛），"论有二门：一世界门，二第一义门。以世界门故说我……第一义门者，皆说空无。又有二种论门：一世俗门，二圣贤门"④。"世界"在此亦是"世间""世俗"义。罗什融合老庄

---

①　释僧祐：《出三藏记集》卷八《维摩诘经序第十二》，中华书局1995年版，第310页。

②　释僧祐：《出三藏记集》卷一《胡汉译经文字音义同异记第四》，中华书局1995年版，第14页。

③　《大正藏》第二十五册 No. 1509《大智度论》，59b24(06)-59c09(00)。

④　《大正藏》第三十二册 No. 1646《成实论》，248a159(00)-248a24(02)。

的佛典译本给中国本土的佛教流派奠定了基础,这些流派的义理被其众多学生,其中最有天赋者当属僧肇(384—414 年)做了极具才华的注解阐释和发扬光大。

二、僧肇:不与物迁

僧肇在《注维摩诘经》里对虽未对"世界"进行更为本土的定义,但其已开启释老融合的新倾向。据《高僧传》,僧肇"志好玄微,每以《庄》、《老》为心要","后见旧《维摩经》,欢喜顶受,披寻玩味,乃言:'始知所归矣。'因此出家"①。当时就全国看,玄学由贵无派推崇《老子》转向崇有派发挥《庄子》,故僧肇首先学习庄老,后接受《维摩经》并以其会通其他经论。《维摩经》又名《不可思议解脱法门》,在南北朝士人中十分盛行,经中塑造了独一无二的菩萨维摩诘,来自阿閦佛的妙喜世界,来此娑婆世界"为化众生故,不与愚暗而共合也,但灭众生烦恼耳。"②但维摩诘亦"博弈作乐""入诸淫种""入诸酒会",亦入"君子种""入人臣中""入帝王子""入贵人中""入庶人中",秽行和烦恼之事无所不沾。因所度之地不在彼岸佛国,而在娑婆世界凡俗住土,"跂行喘息人物之土,则是菩萨佛国"③。虽凡俗住土秽恶杂糅、梵圣共居,但世界本此一个,即佛所教化的世界,有人以为净、有人以为不净,乃是各人意不同:"贤者以闻杂恶之意,不犹净慧视佛国耳。当如菩萨等意清净,犹佛智慧,是以见佛国清净。"④如此,与其他大乘经典一致,《维摩诘经》将佛国从界外拉到界内世俗地,"土即佛即心"。在这里对"世"的理解尤显重要,不仅呼应庄子"游世"观和《太平经》"度世"论,这里亦可察见日本后世兴起"浮世绘"之渊源。

《维摩经》在东晋备受欢迎,因玄学从西晋末到东晋清谈风气愈演愈盛,此经除与老、庄互通,维摩诘与诸声闻、菩萨和文殊菩萨问难、答辩的风采,亦可说合乎当时清谈名士的典范。这亦说明,僧肇是在将庄、老同《维摩经》相沟通,推动玄学新发展的思潮里崭露头角的。他对《维摩经》特别看重亦是当时风气使然,因此对此经注解汪洋恣肆、发挥极多,其中庄老烙印也清晰可辨。《世说新语·

---

① 释慧皎:《高僧传》,中华书局 1992 年版,第 249 页。
② 《大正藏》第十四册 No. 475《维摩诘所说经》,555b13(00)- 555b14(02)。
③ 《大正藏》第十四册 No. 474《佛说维摩诘经》,0520a09。
④ 《大正藏》第十四册 No. 474《佛说维摩诘经》,520c05 - 520c07。

文学》曾记载阮孚读郭璞诗句"林无静树，川无停流"后，感慨道："泓峥萧瑟，实不可言。每读此文，辄觉形超神越。"①亦即是说，"世"为"迁流""流变"，被魏晋时期普遍情绪映射为一幅纯净悲观的时间画面，即郭璞所叹"林无静树，川无停流"。但僧肇却借机《庄子·德充符》里的"不与物迁，命物之化，而守其宗也"②，作《物不迁论》断言："夫生死交谢，寒暑迭迁，有物流动，人之常情。余则谓之不然。"③为何谓之不然？乃因真谛、俗谛之辨。

真谛、俗谛与对时间的思考交融在一起，使僧肇首先明确提出"渐悟"而反对"顿悟"。如《注维摩诘经》："群生封累深厚不可顿舍，故阶级渐遣，以至无遣也。"④"有物流动"，本是"人之常情"，在佛教里叫作"诸行无我"，是小乘借以确立悲观主义人生观的基石之一。鸠摩罗什称之为"般若初门"，僧肇所谓"声闻悟非常以成道，缘觉觉缘离以即真"⑤，即指此"无常"之理对佛教实践的重要意义。如僧祐《世界记·序》所云："观其源始，不离色心；检其会归，莫非生灭。生灭轮回，是曰无常；色心影幻，斯谓苦本。故《涅盘》喻之于大河，《法华》方之于火宅。"⑥喻"世界"或"世间"为大河，凸显其变易之流动性；喻"世界"或"世间"为火宅，凸显其幻苦之险恶性。

僧肇判佛典里所讲"无常"皆乃"微隐难测"之言，"若动而静，似去而留"⑦，其意旨在于"谈真有不迁之称，导俗有流动之说。虽复千途异唱，会归同致矣"⑧。郭象曾疏《大宗师》"圣人将游于物之所不得遁而皆存"，"万物之所系，而一化之所待"，认为形、生、老、死"四者虽变，未始非我"，只要像圣人那样"游于变化之途，放于日新之流，万物万化，亦与之万化，化者无极，亦与之无极"，"则何时而非存哉"⑨！僧肇化用庄、老思想，故判"世为迁流""身中贸迁"等乃是为导俗而用假说，属"俗谛"；"不迁"才是真谛，是圣人达到的境界。"旋岚偃岳而常静，江河竞

① 徐震堮：《世说新语校笺》，中华书局 1984 年版，第 140 页。
② 郭庆藩：《庄子集释》，中华书局 1961 年版，第 189 页。
③ 僧肇：《肇论校释》，中华书局 2010 年版，第 11 页。
④ 《大正藏》第三十八册 No. 1775《注维摩诘经·问疾品》，377a15 - 377a16。
⑤ 《大正藏》第三十八册 No. 1775《注维摩诘经·问疾品》，第 19 页。
⑥ 释僧祐：《出三藏记集》卷十二《杂录序·世界记目录序第五》，中华书局 1995 年版，第 463 页。
⑦ 僧肇：《肇论校释》，中华书局 2010 年版，第 20 页。
⑧ 僧肇：《肇论校释》，中华书局 2010 年版，第 24 页。
⑨ 郭象注，成玄英疏：《南华真经注疏》，中华书局 1998 年版，第 144—145 页。

注而不流,野马飘鼓而不动,日月历天而不周"①,都说明流动乃是世人假象,是圣人用以开导世人的手段。如此,"是以如来功流万世而常存,道通百劫而弥固"②,佛的功德以迁流不息的形式出现,而本质始终不变。

三、般剌蜜帝:流变三迭

汉语"世界"概念之独特时空相融的构词,巧妙暗示过去、现在、未来三世迁流以及欲界、色界、无色界三界相叠的构造。"三界"梵语为"trayo dhātavaḥ",巴利语为"tisso dhātuyo",本指众生所居之欲界、色界、无色界。在以须弥山为中轴的微尘世界里,本有从上到下的空间依次排列的结构。但佛教划分"三界"即欲界、色界、无色界,"界"的梵语原义指有差别而无混淆、分明而不含糊,佛教引为指称诸法种族性别,并非简单意指空间疆域分别界划。在此划界依据不是简单空间层次分割,而是以居于各层生类的生、性、情、趣等不同特性而分界,或不同生类享受果报之不同的处所而分类。例如《摩登伽经》驳斥婆罗门教"自在天""造世"的教义为妄说,指出"世界"是:"自在天者,造于世界。头以为天,足成为地,目为日月,腹为虚空,发为草木,流泪成河,众骨为山,大小便利,尽成于海,斯等皆是。汝婆罗门,妄为此说。夫世界者,由众生业,而得成立。"③尊者瞿沙造的《阿毗昙甘露味论》由此描述了"三界"和观食想"忆念生老病死等怖畏种种烦恼满世界"的方法④。东汉顺帝时于吉《太平清领书》(即后世道教《太平经》)里,也发现一些与汉译佛经用语相同的词汇,如"本起""三界":"超凌三界之外,游浪六合之中。"⑤但从全书内容来看,"三界"应为天地人三者,而无佛教"欲界色界无色界"的意思。

在汉译佛教经典和疏解里,"世界"涵义的指向从"世"逐渐强化为"界"。天竺僧般剌蜜帝大师于705年(唐神龙元年)从灌顶部将《楞严经》译成中文,载佛陀问阿难:"云何名为众生世界? 世为迁流,界为方位。汝今当知东、西、南、北、

---

① 郭象注,成玄英疏:《南华真经注疏》,中华书局 1998 年版,第 17 页。
② 郭象注,成玄英疏:《南华真经注疏》,中华书局 1998 年版,第 28 页。
③ 《大正藏》第二十一册 No. 1300 竺律炎、支谦《摩登伽经》卷一,402c25。
④ 《大正藏》第二十八册 No. 1553 瞿沙造《阿毗昙甘露味论》卷二,975b24(01)。
⑤ 王明编:《太平经合校》卷一一四《为父母不易诀》,中华书局 1960 年版。

东南、西南、东北、西北、上、下为界，过去、未来、现在为世。方位有十，流数有三。一切众生织妄相成，身中贸迁，世界相涉。"又云："而此界性，设虽十方，定位可明。世间只目东西南北，上下无位，中无定方，四数必明。与世相涉，三四四三，宛转十二。流变三迭，一十百千，总括始终，六根之中，各各功德有千二百。"①

此段疏解颇为简易明了，对"世界"所释虽与僧肇不同，但二者都成为后世探讨佛家"世界"思想的基础范本。佛陀自问首先是"何名为众生世界"？自答曰"世为迁流，界为方位"。"界"指向"方位"，立即让人想起来"四方上下谓之宇"，后文补充说"界"的方位设立虽有"十方"，但"上""下""中"皆无固定所处，故只取东、南、西、北四个数字，世间人便可明了应用②；"世为迁流""身中贸迁""流变三迭"的表述似乎颇显新异，其实亦可追溯到老庄源头，因"物化"乃是庄子的典型议题，"风""野马""蝴蝶""梦"和"蒸菌"等都是庄子的典型喻象。

佛陀对"世界"疏解又云："一切众生织妄相成。"众生相互牵涉、业果相续，妄织在一起而不能解脱。"与世相涉，三四四三，宛转十二"，即以四方之数与过去、未来、现在三世相互涉入宛转相乘，三四四三都是十二；"流变三迭，一十百千，总括始终，六根之中，各各功德有千二百"，从一迭迁流演变至三迭——第一迭以世涉方，三世四方，三四演变为十二；第二迭以方涉世，每方各有十世，十个十二就成一百二十；第三迭以世涉方，每世各有十方，十个一百二十就成一千二百的数目。众生之六种根性既然都是周遍身心，而身心已和世界相互牵涉，那么六种根性从始至终亦就具有一千二百功能。即使如此，一个"妄"字仍指示出一切存在者虽然彼此极其紧密地相互作用，一切众生的躯体以及整个世界却是不真实和虚幻的。

这里显示出一种来自古印度 loka 消极世界观的影响，也强化了《庄子》《淮南子》和《太平经》等汉籍对"世间""俗世"批判、否定的倾向。先秦时，人类视线下落于尘垢纷扰的人间世界、世俗群体上，在价值评判、实践取向上对"世"曾进行

---

① 《大正藏》第十九册 No. 945《大佛顶如来密因修证了义诸菩萨万行首楞严经》，122c13（07）- 122c20（04）。

② 如《卍新纂续藏经》第 62 册净土宗类著作《报恩论》就依《楞严经》所说，详细阐释并绘制出佛教世界想象结构图、数量图。但其强调的的确是"东西南北"之"四界"，而非十方。

聚焦式的深刻探讨、阐释①。《庄子》提出"游世"观,《太平经》鼓吹"度世"论,这些已足以沟通古代印度佛教关于 loka 的核心思想——其基本涵义和用法正是"人间世""世界""众生""天地""世俗"等一系列重要理念。汉传佛教义理的总逻辑,仍是状世间之苦、颂佛国之乐、论出世之法。宋刘谧《三教平心论》一言以蔽之:"佛教则始于世间法而终之于出世间法也。"但正如芬格莱特所点出上古中国思想家的一个突出特点,"即凡而圣(the Secular as Sacred)"和"内在超越"——不仅仅是推崇入世的儒家,即使是推崇出世的道家在批判、否定"世间""俗世"之时,仍然凸显出"逍遥""游世"和"度世"的重要性。

在空宗和道家结合之顶点的最为本土化的禅宗里,重新回归到肯定"世间"的倾向,故有著名禅语:"担水砍柴,无非妙道。"②庄子曾在拒绝楚王的邀请时,回答其使者说:"往矣,吾将曳尾于涂中。"③这是在白驹之过郤、忽然而已的天地之间,最为悠然而珍视人生的态度。不仅是入世的儒家,即使是出世的道家,如《庄子》《太平经》等批判、否定"世间""俗世"时,也着重提出"游世"观和"度世"论。正是有这样深厚的中国文化底蕴,汉传佛教流派禅宗故才会产生"担水砍柴,无非妙道"这样充满乐观精神的著名禅语。禅宗所展现的世界景观和悟道方法,已不再如尊者瞿沙造《阿毗昙甘露味论》里描述的"忆念生老病死等怖畏种种烦恼满世界"这般苦恼费力,而是充溢着老庄式的清和灵动与美感。它所特有的印度"世界"观之消极烙印,在深厚的汉文化底蕴里也被慢慢磨灭,而重新归化到肯定"世间"的倾向。

由此可总结出,佛教在中国的传播基本上与佛教经典汉译同时进行:最初的经典翻译者和研究者大多是西域各国出身的僧侣,如汉代译部派经典的安世高、大乘经典的支娄迦谶,三国时先后入吴的支谦、康僧会,西晋的竺法护、稍迟的龟兹僧佛图澄及其门下道安,鸠摩罗什传播龙树系大乘佛学,培养僧肇、僧叡、道生、道融等杰出弟子。但随后佛教很快由"单向东渐"转为"双向并进",即中国僧侣为巡礼佛迹、寻求经典,不远万里西行天竺、西域诸国:如学成归来的玄奘

---

① 详参《"世界"概念的缘起》一章对《庄子》《太平经》里"世"之用法的考察。

② 此语化自《景德传灯录》卷八《南岳怀让禅师法嗣(之三)·襄州居士庞蕴》中的话语"神通并妙用,运水及般柴",引自道原:《景德传灯录译注》,上海书店出版社 2009 年版,第 549 页。

③ 郭庆藩:《庄子集释》,中华书局 1961 年版,第 604 页。

(600—664)传播、弘扬无着、世亲的新大乘教宗,其译本被称为"新译"(与鸠摩罗什"旧译"对应)。如此而至唐代,汉传佛教本土宗派天台、三论、法相(或称慈恩、唯识宗)、律、华严(或称贤首宗)、密、净土、禅等八宗相继大成、鼎盛一世。这里运用概念史研究方法,查索《电子大藏经》①各集部文献"世界"概念的出现次数,亦可作为真实历史的旁证:如禅宗部类 2 875 次,净土宗部类 4 925 次,般若部类 7 438 次,密教部类 7 464 次,法华部类 6 487 次,经集部类 8 796 次,华严部类达到惊人的 18 528 次;查考"世界"在各朝代汉译佛经里的使用次数,东汉仅 8 次,西晋、东晋已达 1 278、2 905 次,唐代达到惊人的 24 082 次,明清分别是 7 923、6 792 次。这几个高峰期都与佛教译经大兴,如竺法护、鸠摩罗什和玄奘译场,或与某种本土宗派兴起之潮流有关,如华严宗兴盛、明朝三教融合的现实趋势等。

在此意义上,深究汉传佛教译典里"世界"概念的起源与变迁,正如打磨一面反映人类历史纷繁变化世界图景的时代之镜,可管窥中古中国佛玄思潮之交映兴衰,亦可管窥中印古代文化交流之宏伟。对"世界"概念的追根溯源,就犹如开启与古代先哲的对话,正是他们的思考、智慧和经验照亮人类对自身处境的反思,亦照亮了当今世界在激烈的文化冲突中仍然能够共存、融合的思想基础。

---

① 2002 年由中华电子佛典协会(CBETA)出版的《电子大正藏》,改日本《大正新修大藏经》的 24 部(若含第八十五册的古逸部、疑似部 2 部,则是 26 部)为 20 部,并对各经典的分类做了小幅度整理。新的经录将中国佛教宗派的作品只留下净土与禅,独立出来各成一部类,另天台放在法华部类下,华严放在华严部类下,律宗放在律部,原事汇、外教、目录三部全并成事汇部类等。中华电子佛典协会《电子大正藏》对佛典集部分类的清晰准确性未做出特别改善,但上引对"世界"的检索结果仍有一定的启发意义。参周伯戡:《评 CBETA 电子大正藏》,《佛学研究中心学报》2002 年第 7 期。

第三章　天下—世界：从概念变迁看近代东亚世界图景之变更

　　"世界"这一汉语词实际上融合和沉淀了古印度、古中国和近代西方多种宇宙观和世界观。借用颜洽茂的佛教语言研究方法论，可说汉语"世界"概念的历史，既有1 000多年的佛教教义"灌注"行为，亦有近500年来的西方近代基督教教义"灌注"行为①。甚至《德国哲学历史词典》就"世界（Welt）"概念也同样指出，这个词的历史反映着西方文化界的进程，它尤其指示着"古希腊kosmos观念和基督教创世观念是如何逐渐向现代自然科学和世界观概念退让的"②，它最重要的涵义就存在于从古希腊的哲学基本概念到基督教的神学基本概念的转译里。由此回溯，"世界"一词千年河道里显眼丰富的"堆积物"，当然不仅仅来自印度佛教，其表层却多数来自西方近代基督教，并最终导致了"世界"河道流向之更改。这些使"世界"概念谱系的完整内涵发生"断变"，或谓之"鸠占鹊巢"，这正是本章旨趣所在。

　　若追溯"世界"概念之缘起，可知其在汉朝随着佛教东传而在译经里涌现，其内涵逐渐深化，并带入了古代印度佛教精微完整、时空一体的多元多重世界图像。然而在近代，"世界"概念最重要的核心涵义不仅存在于古印度—梵语（巴利语）到古中国—汉语佛典基本概念的转译里，亦存在于从古中国—汉语佛典概念

---

　　①　颜洽茂：《佛教语言阐释：中古佛经词汇研究》，杭州大学出版社1997年版，第253页。

　　②　J. Ritter, K. Gründer, G. Gabriel, *Historisches Wörterbuch der Philosophie* (*HWPh*), Basel: Schwabe Verlag, 2005, Bd. 12, S. 407 - 408.

到近代拉丁—葡萄牙语—英语之基督教概念的转译里，而日语又从中居有斡旋作用。在近代中西文化撞击的背景下，"世界"的古典涵义——尤其是佛教的"三世""三界"之时空相融维度、如恒河沙数的"大千世界"观已经开始退隐，而由日本重新传入对译 world 之"世界"所蕴涵的西方近代客观、物理的世界图像却渐渐占了上风。

第一节　中国古代"天圆地方"的"天下"图景

在中国传统里占据核心意义的"天下"观，具有中国独特的古典文化、政治和宇宙论的内涵。"天下"或"普天之下"观，发源自上古中国直到西周的古老宗教意识里，随后它逐渐清晰地影响着前现代时期东亚的文化和政治秩序。例如，在日本古代社会中，"天下"也作为国家的称呼而被频繁使用。这使得明确"天下"的涵义，在思考东亚古代社会的国家样态时具有非常重要的意义[1]。从整体性而言，"天下"关联着一种和谐的世界秩序，强调天、地、人和万物之间的内在联系。这种宇宙论的"天下"概念，可以使用德语的 Reich 或者英语的 empire（帝国）来翻译，因为它在古代中国始终关联着陆地的边缘和界线[2]；然而按照冯友兰的观点，Reich 仅仅是"天下"的外延之一，而其思想内涵才是真正更为重要而值得深究的[3]。所谓

---

[1]　与朝鲜古代《三国史记》对"天下"一词的谨慎回避而言，日本"六国史"毫无顾忌而频繁地将自己支配下的国土称为"天下"，将唐定位为邻国，新罗、渤海定位为藩国。渡边氏认为，这包含着极为大胆的政治意图，也近似于一种宣言，日本虽然贫弱，却要宣示日本律令国家是与唐对等的政治权力，同时也拥有对藩国行使优越权力的资格。这种自我独特定位的雄心和意图，也反映在近代日本先放弃东亚"天下"观而转向群雄并逐的"世界"观的思想、实践里。详参［日］渡边信一郎：《中国古代的王权与天下秩序》，徐冲译，中华书局 2008 年版，第 31—37 页。

[2]　渡边信一郎指出，日本学者对"天下"观大致抱有两种看法：（1）"天下"乃是超越了民族、地域并呈同心圆状扩展的世界，为世界秩序和帝国概念；（2）"天下"乃中国＝九州，为处于强力统治权下的"国民国家"概念。他自己则认为，若像《周礼》《尚书》古文经学那样，将"天下"区别为九州与四海，且将四海固定为夷狄所居住的领域，那么"天下"就显示出所谓帝国型的面貌；若像《吕氏春秋·慎势》那样，将其固定为在同一语言圈、文化圈、交通圈以内的领域，那么"天下"就显示出所谓国民国家型的面貌。参［日］渡边信一郎：《中国古代的王权与天下秩序》，中华书局 2008 年版，第 9—10、65 页。

[3]　冯友兰：《中国哲学简史》，天津社会科学院出版社 2007 年版，第 296 页。

"天下",在某种程度上区别于"天地""万物"这样对世界整体的称呼:后者往往与"道"的讨论相互交融,而前者却体现了一种视角,即"观天地"到"临天下"的转换,此按《正字通》所解:"远视、上视曰观,近视、下视曰临。"

"天下"这一词语登场于战国时代,但词语的登场并不直接意味着具有古典内容的国家观和宇宙观之成立。如渡边信一郎所言,最初产生的"天下"观念仅仅涵摄战国中期时九州=方三千里的领域,主要体现在《孟子》《吕氏春秋·慎势》《礼记·王制》;战国后期至汉代,"天下"观扩张为九州=方五千里的领域,如《禹贡》《论衡》等著述所记;从汉初至前汉末年"天下"观又进一步扩张,《周礼·职方氏》将其理解为由"九州"(战国)和"四海"(夷狄)所构成的方万里的领域。如此,从战国中期到后汉末年,"天下"观念既扩张了自己的领域,亦逐渐丰富其内容,它呈现为不断展开的世界图景的想象视域①。但细究之,超越"天下"并在其外部延展的世界想象也形成于同一时期,其代表性的乃是两种基本构想,即源自古文经学和今文经学的"天下"观念,以下分殊之。

首先,如《山海经》这样的战国汉初的非儒家文献,构想出四海、四极、四荒这些超越九州—中国的诸外围领域;进入汉代后期,儒家系统的古文经学文献则试图对这些超越天下的诸领域进行重编。如《说苑·辨物》展现中州→九州→四海→八荒这样依次延展的世界,即在"九州四海"的外延中构想了一个巨大的环形世界;《尔雅·释地》则描述了九州→四海→四荒→四极这样依次延展的重层式世界观。二者都是以王城为中心渐次扩张、以中国为中心的世界观,并形成了未来中华思想根源的胚胎。其次,后汉前期与今文经学关系密切的张衡则延续另一传统,他构想出以昆仑山为世界中心并将方五千里的九州(中国)定位于其东南的世界图景②。赤县神州(中国)乃位于大九州东南全世界八十一分之一的领域,此想法本自阴阳学派的代表邹衍(前324—前250年)③;但更为详密的将中国中心相对化的世界图景之构想,则记载于张衡《灵宪》和谶纬之书《河图括地

---

① 详参[日]渡边信一郎:《中国古代的王权与天下秩序》,徐冲译,中华书局2008年版,第60页。

② "昆仑东南有赤县之州。风雨有时,寒暑有节。苟非此土,南则多暑,北则多寒,东则多风,西则多阴。故圣王不处焉。"《艺文类聚》卷六《州部》,引张衡《灵宪图》。

③ 邹衍强调说,儒家所称的中国仅仅是整个世界的八十一分之一,"中国外如赤县神州者九,乃所谓九州也。于是有裨海环之,人民禽兽莫能相通者,如一区中者,乃为一州。如此者九,乃有大瀛海环其外,天地之际焉",参司马迁:《史记》卷七四《孟子荀卿列传》。

象》《地统书括地象》等。亦即是说，即使是古代中国"天下"观形成的初期，就已经存在将中国中心的世界观作相对化的设想了。

日本学者平势隆郎氏认为，古代中国基于"天圆地方"的盖天说世界观，乃是源于公元前 4 世纪初的宇宙观转换，即"仰视天穹"而为"向下俯视"的视角[①]。这种"天圆地方"的特殊空间感觉，确实形成得相当早。近些年来考古发现的濮阳蚌堆龙虎、曾侯乙墓漆箱盖上的二十八宿、北斗和龙虎图案，各种墓室顶部接二连三地出现的天文图像，加上古代仿效天圆地方用来占验的"式盘"、指示方向的司南，以及如《禹贡》《周礼》里想象的五服、九服、九州等方形的大地，都显现出古代中国"天圆地方""天圆地平"观念的普遍存在。而这种"盖天说"观念（如西汉《周髀算经》），又使古代中国产生自居天地中央的想象。这幅世界图景的主要画面乃是：第一，自己所在的地方是世界的中心，也是文明的中心；第二，大地仿佛是一个棋盘，或者像一个回字形，四边由中心向外不断延伸，第一圈是王所在的京城，第二圈是华夏或者诸夏，第三圈是夷狄；第三，地理空间越靠外缘，就越荒芜，住在那里的民族就越野蛮，文明的等级就越低，围绕着的乃是南蛮北狄西戎东夷[②]。这也就是说，"天下"并非无限扩展的世界，而是有限领域；在其外部，乃是被称为四荒、八极的广大领域。这种"临天下"的世界图景一旦落实为真实的政治、文化图景，即为"地图"。"地图"不同于时空一体的立体世界，它表述的乃是平面的空间，如物理空间、政治空间和社会空间等。但这个空间绝不是对空间和具体空间物象的客观描述，其距离、颜色都取决于"我"—描述者的位置、距离、方位、立场和感觉，甚至关涉到描述者在历史里形成的观看方式。"地图"实际即是"我"之"世界观"（Weltanschauung）投影而成的平面的"世界图景"（Weltbild）。

宋代石介《中国论》很能代表中国长期形成的"天下观"："天处乎上，地处乎下，居天地之中者曰中国，居天地之偏者曰四夷，四夷外也，中国内也。"从汉代到明朝郑和下西洋 1 300 多年间，中国人的世界地理认识进展缓慢，使"四海之内"

---

① 参[日]渡辺信一郎：《中国古代的王权与天下秩序》，徐冲译，中华书局 2008 年版，第 61 页。
② 葛兆光：《思想史研究课堂讲录》，三联书店 2005 年版，第 175—176、169 页。与这种古代中国回字形外展的世界结构不同，西方中世纪的基督教以自我为中心想象了一个世界，标志就是 T.O 形地图。在 T 形世界的中心，是耶路撒冷；上方是亚洲；左下是欧洲；右下是非洲。

以中国为中心的"天下"意识,不断强化为一种"虚幻环境",这也表现在中国历代刻印的"华夷图""广舆图"。从北宋神宗《华夷图》碑到罗洪先《广舆图》,周边的国家总是标示得模糊不清,中国的区域颇大,而汪洋大海却很小;但同时亦会发现,古代中国的华夷、舆地、禹迹图等无论是纸本、绢本或者刻石的,都与绘画作品相似,很少设边框、很少有空白,也没有在空白处的点缀装饰①。这似乎暗示着中国人的"天下"并非一个封闭的结构和场域,即使有四海的环绕,也仍然保持着空间上相对的敞开性。而欧洲的地图则习惯在空白处(尤其是大洋)画上各种点缀图像、见闻和奇物。这些图像可能一方面象征着对大海的跨越和对世界的认知,另一方面象征着对大海中众多物怪的想象和畏惧②。

万历十二年利玛窦在广东印《山海舆地图》(1584 年),万历三十年印《山海舆地全图》,使中国人看到了真正现实的"世界"图景,在思想上带来隐性的、巨大的危机,亦出现了"天崩地裂"的预兆,这体现在三方面:(1)"地球说"瓦解了"天圆地方"的古老观念(如《四库全书·图书编》之"地球图说");(2)中国不是世界全部,其只居亚细亚十分之一,亚细亚又居世界五分之一;(3)京城—诸夏—四夷的想象被冲击,中国亦可能是西人眼里的四夷。传统中华帝国乃是天下的中心、中国优于四夷的想象基石,在利玛窦系地图里被颠覆了③。这不仅对中国传统的天下观造成了强有力的打击,也促使日本将目光转向西方,使整个东亚的政治文化统一体从内在产生了裂隙。汉传佛教"世界"一词的新用,在这里起到了排头兵的作用。日本人率先用其指代利玛窦系世界地图,而非使用"天下""万国""寰宇"这样的古典词汇,一方面可以说是日本知识学界在反思转换着自身看世界的视角,另一方面则是因为"世界"本身就近乎外来

---

① 葛兆光:《思想史研究课堂讲录》,三联书店 2005 年版,第 162 页。
② 葛兆光:《思想史研究课堂讲录》,三联书店 2005 年版,第 164 页。
③ 如魏源、宋应星、王夫之、顾炎武等大儒都不能接受利玛窦"地球说"。邹振环指出,明末清初大部分学者对欧洲的存在将信将疑,因为对西方地理学的认可,有可能导致从物质技术到社会规范一系列的认同,进而会对中国传统的心理认知系统产生挑战。而且,清初满族入主中原,汉族士大夫的华夷观念随着抗清运动进一步强化,原来尚未形成的"世界"意识被异族入侵后兴起的强烈民族意识彻底挤压掉了。这样,直到 19 世纪中期中国面对着西方的坚船利炮,西方传教士传入的异质知识点在"天下"语境里根本无法有序地联成知识线,亦无法形成"地理台阶"而使传统知识结构发生变动。参邹振环:《晚清西方地理学在中国:以 1815 至 1911 年西方地理学译著的传播与影响为中心》,上海古籍出版社 2000 年版,第 49、52—54 页。

词,其中蕴涵着古代印度的佛教世界想象,而且可以与利玛窦系的世界地图居然相互勾连和运通。

第二节　汉传佛教"多元多重"的
"世界"图景

原始印度佛教对宇宙的构想,吸收了印度神话中以须弥山为宇宙中心的观念;《长阿含经》取而用之[①],大乘阿毗达摩经又发展出"禅天"思想,即禅定修习者因其静息心虑之深浅不同而所居天处高下不同、所受果报相异。由此,印度佛教建构起多元、多重的世界结构模式。此宇宙图景最基本的结构单位乃是"一小世界",其指初禅天并地轮上下、一日一月所合者,其中心、中轴乃是须弥山(或称妙光、妙高、安明、善高、善积山),由四宝即金、银、琉璃、玻璃构成;环绕须弥山者统称九山八海四大洲,七香水海和七金山为须弥山的内围,依次交替排列,其外为大咸海和铁围山。这种世界图景也涉及人类居住的现实世界及其地理,如释迦牟尼佛化摄的婆娑世界的四大部洲——东胜身洲、西牛贺州、北俱芦洲、南瞻部洲,即是众生居住的世界,由金银铜铁四大转轮王统治。其中瞻部州一般译作阎浮提,被认为是人类现在居住的地球,广长各 28 万里,北广南狭、状如车轮、地像人面。佛教认为,阎浮提大地的中心是阿耨达池,意译无热池,其所在之山称为阿耨达山,意译无热丘。

以阿耨达池或阿耨达山为阎浮提地理中心的观念,随着佛教的广泛传播,逐渐融入了中国古代神话传说里的昆仑中心说,人们认定佛教的阿耨达池山就是昆仑山,并认为黄河源自阿耨达池[②]。西晋竺法护译《佛五百弟子自说本起经》前载:"盖阿耨达龙王者晋名无焚,佛在世时受别菩萨也。有神猛之德,据于昆仑之

---

① 僧祐《出三藏记集》所载录序。实际上最早系统、周密地描写佛教宇宙观的佛典,可能是《长阿含经·世纪经》,别译为《大楼炭经》《起世经》《起世因本经》。但更早的佛经巴利文《三藏》(*Tipitaka*)的长部(Dighanikaya)却没有这些内容。

② 前秦王嘉《拾遗记》卷一〇昆仑山条载:"昆仑山有昆凌之地。……昆仑山者,西方曰须弥山"。可见在 4 世纪后半期昆仑山与须弥山已经被视为同一了。

墟。斯龙所居宫馆宝殿,五河之源,则典览焉。有八味水池,华殖七色,服此水者即识宿命",这是明确以昆仑山指阿耨达山。北魏郦道元注释《水经》,集印度、西域与中国两系地理观念及其学说之大成,他在结合中国传统地理学的基础上,总结并采纳阿耨达山即昆仑山、黄河从此发源的说法,清理了昆仑说的神话,提出河水多源并论证黄河发源于西塞之外而流出于积石山。尽管郦道元河源说后经唐、元、清以及现代学者的一再考察证实确属错误,但其论为后世僧俗两界尊为定论,佛教的世界观及其地理中心说就此普遍为人们所接受,传统昆仑山神话则为佛教世界观消化而渐趋消沉①。与此种地理中心观有关,佛教传入后亦相应引发中印何为文化中心的争论。这种"天下"和"世界"概念所内涵的政治文化图景的争执,使古代中国人的文化观、民族观及其心理结构亦发生了一些深刻变化。

　　佛教对世界图景精妙而复杂的构想,不仅使古代中国人在内在深度上更加深入地认识自我和宇宙,而且亦在文化地理意义上冲击、暗暗更新着以华夏为中心、天圆地方的传统"天下"观念。本来,中国和印度都有"中土""中国"的观念。印度人分其地为五天竺,以中天竺为中心亦称中国。"中国"被认为是一国一地的中心,也被认为是四方万国乃至世界天地的中心。随着佛教外传,印度人的地理中心观也向外扩展,自然地视中国为边地荒夷。汉土学人《牟子理惑论》最早质疑华夏中心论,也最早提出天竺中心论,文赞佛"所以生天竺者,天地之中,处其中和也"②;十六国时慧远著《法性论》,鸠摩罗什见后慨叹:"边国人未见经,便暗与理合,岂不妙哉"③;唐道宣《释迦方志》云:"佛之神威不生边地"④……这些都可证明在印度佛教文化的冲击下,中国人自视为遐荒边夷。其实这种文化边缘的观念在一般中国佛教徒中普遍存在,只是儒道之士所受影响较小或主要在历

---

　　① 如宋代朱熹接受佛教的地理观念最具代表性,他认为阿耨达池在昆仑山顶,为天地中心、黄河所出,但却以儒家的中正、和气之说以及盖天说来加以解释。详参吕建福:《佛教世界观对中国古代地理中心观念的影响》,《陕西师范大学学报》(哲学社会科学版)2005年第4期。

　　② 《大正藏》第52册《弘明集》卷1。

　　③ 僧祐:《出三藏记集》卷15。

　　④ 道宣还从名、里、时、水、人五个方面对中天竺为世界中心的观念作了论证:佛所化摄的娑婆世界以赡部洲为都所,赡部洲则以佛所生国迦毗罗城为中心,即佛经所说四重铁围之内,三千日月所照一万二千天地之中央。但由于地理之倾斜,佛于中天竺国菩提树下以金刚座成道,天地之中心遂在中天竺国,金刚座亦成为成圣通天的阶梯和途径。

史地理观上受到一些影响。

这样导致的结果是，佛教从印度经中亚、南亚传来，或明或暗都反对中国作为唯一的世界中心之想象，而倾向于强调印度和中国两个中心。《佛祖统记》《东震旦地理图》《汉西域诸国图》《西土五印之图》等，都是罕见的描绘多中心世界图景的中国古代地图。这些使一些中国人不得不承认"华夏文明不是唯一""天下不是中国正中"，这是宋代以前极为罕见的多元世界观①。其次，佛教认为，世界并不是以中国为中心的一大块，而是四大洲，中国只是在其中的南瞻部洲上。佛教以须弥山为中心、四大部洲环绕的世界想象能被中土接受，乃因为在此之前已有邹衍"大九州"说与张衡"昆仑山"中心说。这些将中国的中心地位进行相对化的世界图景构想，虽未像古文经学以中国为中心、环形扩展的天下观那样成为其后中国世界观的主流，但随着纬书的流传应该也在相当程度上被接受了。而佛教也恰恰是在这一时期东传，这正好构成了古代中国接受佛教以须弥山为中心之世界观的观念性基础。

第三节 "世界"还是"天下"：
近代东亚世界图景之变更

古印度佛教教义在大规模汉译过程中发展为具有鲜明汉文化特色的中国佛教，传入朝鲜半岛，又经其或直接东流日本，从而构成范围广泛的汉传（译）佛教文化圈②。日语中"世界"一词，即是源于印度，中间经过中国的汉语而辗转传至日本。崇佛的圣德太子（574—622 年）撰《三经义疏》，融合鸠摩罗什译、北朝系佛教的《法华经》《维摩经》以及求那跋陀罗译、南朝系佛教的《胜鬘经》，此时"世界""大千世界"等词已滥觞于当时日本佛学界。而在中国本土从汉、唐到明、清之漫长的汉化进程里，"世界"概念已不仅仅限于佛教教义，而是在日常社会文化里逐步泛化其内涵和所指。在某些诗歌、小说、俗语领域里，"世界"

---

① 葛兆光：《思想史研究课堂讲录》，三联书店 2005 年版，第 180—183 页。
② 刘建：《佛教东渐》，社会科学文献出版社 1997 年版，第 3—4 页。

被等同于"世上""世间""时世""世道",亦有指"天下""江山",或泛指"某一领域"和"情况"等①。

这一复杂的历史积淀状态影响到日本,如 10 世纪初的《竹取物语》就有以"世界"意指"世上""世间"等的用例;但一个更令人瞩目的现象发生在江户时代,当时以利玛窦《坤舆万国全图》为蓝本,绘有世界地图的所谓"《世界图》屏风"在日本国土内广为流传。此称谓里的"世界"一词已基本脱离佛教涵义,而与今天的用法一样指"地球"或"万国"。亦即是说,日语"世界"概念从江户时代"《世界图》屏风"广泛传播后,主要对译于英语 world、葡萄牙语 monde 等词,指"地球上所有地方"或"自然界、人类社会活动的总和"。此后,詹姆斯·黑本(James Curtis Hepburn,1815—1911 年)1867 年初版《和英语林集成》亦袭用此义,将"世界"释为"地球""万国";1912 年井上哲次郎等人编纂的《哲学字汇》中,"宇宙""世界"等词都作为 world、cosmos 的译名,这是一种强烈空间化、中性化、也是极其具有近代西方文化特色的定义。

在这样的文化交流和历史嬗变里,汉语"世界"一词由对译梵语和巴利语的 loka、loka-dhātu 等,转而对译西方语言的 world、Welt 或者 mundus、kosmos 等,其内在深层所蕴涵丰富精妙的印度佛教世界观、时空相融的定向性渐渐被表层物理性、技术性和客观性的近代西方"世界"观所挤占②。与此同时,"世界"概念在近代学术语言和日常语言的运用里也异军突起,传统"天下"观念则渐渐崩塌而被废弃。"普天之下"这样一幅天圆地方的古典中国在社会、政治和文化上的世界图景,亦被近代西方科技化、扁平化、客观化的世界图景所动摇,并逐渐丧失了它在近代东亚文化圈的影响力。

值得注意的是,在"世界"概念的这第二波波澜壮阔的变迁里,从 16 世纪开始来自西班牙、意大利、葡萄牙、荷兰和美国等国抵达中国、日本等地的耶稣会和新教传教士,如罗明坚(Michele Ruggleri)、龙华民(Niccolò Longobardi)、利玛窦(Matteo Ricci)、汤若望(Johann Adam Schall von Bell)、南怀仁(Ferdinand

---

① 高文达主编《近代汉语词典》举《老学庵笔记》《水浒传》《荡寇志》《儒林外史》《金瓶梅词话》里"世界"数例。参高文达主编《近代汉语词典》,知识出版社 1992 年版,第 715 页。

② 今日,当我们查考《现代汉语词典》里的"世界"词条,就会发现它与德国杜登词典的 Welt,英国牛津词典 world 词条的释义大致相似。

Verbiest)、马礼逊(Robert Morrison)、卫三畏(Samuel Wells Williams)和麦都思(Walter Henry Medhurst)等人扮演着非常重要而显著的角色①。1543 年刚刚创立、抱持基督教普世精神的耶稣会已经开始向日本进发，如 1549 年抵达日本鹿儿岛的葡萄牙耶稣会士沙勿略(Francisco de Xavier，1506—1552)。他们作为第一批踏上日本土地的欧洲知识分子，自抵达之日起就开始认真研习日本语言和汉语、汉文。此外，1590 年，日本已派遣少年赴欧学习天主教，带回铜版书、天球仪、地球仪、钟表和算术工具等，并以西方印刷术出版翻译了一批天主教书籍，有《教理问答书》《伊索寓言》《拉丁文典》(1594 年)、《拉葡日对译辞典》(1595 年)、《日本语小文典》(1608 年)和《日本大文典》等近百种。

如此，基督教在日本的开教，肇始于日语与葡语、拉丁语等欧洲语言的接触，并同时成为汉语与欧洲语言接触之发轫。"若欲宣扬天理，熟悉该国风俗，精通该国语言当为要务"(1592 年天草版《平家物语·序》)，为了给旧瓶新酒式的天主教汉字概念词尽快营造一个天主教的"语境"，此时在日本的耶稣会传教士已经不再像开始那样回避使用佛教词汇、格言、掌故等，而是利用活字印刷之便，大量编印《金句集》《倭汉朗咏集》《日葡辞书》和《落叶集》等作为神学校教材，使渗透天主教新意的汉字词汇潜移默化进入日本信徒的语言生活②。如茆海就在《基督教文字播道事业之重要》里指出，"中国文字界，似尚未有与基督教有把臂入林之雅，故作一文字，引用佛教之经典，非但不为芜累，而且更觉词藻之佳妙；至涉及基督教经典之字样，便有异常刺目之嫌……"从中亦可观，传教士为何转用佛教词汇表达基督思想之用意与背景③。这实际上乃是对佛化汉词又进行了一次基督教教义的强行灌注。因为如颜洽茂所点出，早期中土译师"格义"法即是将佛教内涵"强行移栽"并灌注于流行的玄学、儒学词汇里，也就是用现成中土语词而将古印度佛教教义灌注其中使之成为佛教术语④。这时倘若耶稣会士们已将汉语"世界"概念与拉丁语 mundus、葡萄牙语 monde 对译，即已有将带有基督教

① 据清朝王韬《泰西著述考》，1552—1674 年来华的"著名"传教士就有 92 人，他们多数埋骨中国，用汉文介绍西洋知识的著作则达 211 种之多。

② 参陈辉：《论早期东亚与欧洲的语言接触》，中国社会科学出版社 2007 年版，第 26 页。

③ 参茆海：《广学会三十六周年纪念册·基督教文字播道事业之重要》(1923)，引自张静庐辑注：《中国近代出版史料二编》，中华书局 1957 年版，第 333 页。

④ 颜洽茂：《佛教语言阐释：中古佛经词汇研究》，杭州大学出版社 1997 年版，第 253 页。

教义色彩的西语内涵灌注入汉语"世界"概念的尝试,就可解释利玛窦《万国坤舆地图》为何会在日本被定译为"世界图"并被当时的上层人士接受而广泛流传。

当时欧洲正处于思想的激荡和理性的启蒙中,为了将《圣经》译成本民族语言,编写字典成为当时的潮流。耶稣会士和新教传教士们在中国、日本等地也编写、出版了大量双语字典。例如 1584—1588 年间利玛窦和罗明坚合编《葡华字典》(*Dicionario Portugues-Chinese*),这是西方人用罗马字母拼读汉语的初次尝试;1595—1602 年间,耶稣会士奇罗诺编写闽南语字典《汉西字典》,用罗马字母拼读闽南方言;1640 年,多明我会传教士迪亚士编撰《汉西字汇》(*Vocabulario de letra China*)。19 世纪来华的新教传教士们则编纂出版了一系列高质量的字典。例如 1815—1823 年间,基督新教传教士马礼逊在澳门出版了《华英字典》(*A Dictionary of the Chinese Language in Three Parts*),这是中外历史上第一部公开出版的英汉对照字典,对此后中日英汉字典的编纂影响深远。1844 年美国传教士卫三畏的《英华韵府历阶》、1848 年英国传教士麦都思的《英汉字典》,都以《华英字典》为参照基础。此外,1866 年德国传教士罗存德(Wilhelm Lobscheid,1822—1893 年)编纂《英华字典》,1872 年美国传教士卢公明(Justus Doolittlel,1824—1880 年)编纂《华英萃林韵府》。

在这方面,尽管开初葡萄牙人和西班牙人的商船都首先抵达中国,然后再漂流到日本,但日本人对西方近代文化的吸取态度却比尊崇传统"天下"观的中国更为积极①。这些字典迅速东流日本,被日本各种英和双语辞书的编纂所借鉴,也为日本学习西方近代思想科技和创造新词汇提供了坚实基础。例如 1862 年日本人堀达之助出版《英和对译袖珍辞书》(1869 年堀越井之助印行"改正增补"版),1867 年美国人詹姆斯·黑本在上海印刷出版《和英语林集成》(1872 年再刊行于日本横滨),1869 年高桥新吉等在上海刊印《和译英辞书》,1872 年荒井郁之助编《英和对译辞书》,1873 年东京新制活版所出版《和译英辞书》。

---

① 在近代相似的历史背景下,东亚诸国里日本率先放弃"天下"观而转向"世界"观实质上有其独特的语境、诱因及实践成果。

　　考虑到 16 世纪以来中日基督教传教士在文化、生活、语言上交流频繁,汉日西词汇对译也日趋成熟、普遍,新教传教士马礼逊 1823 年在澳门出版《华英字典》时将 world 一词定译为"地球""普天下""通天下""天下""世界""红尘""尘世""世上""世俗""阳世"等诸多义项,其对汉语语境理解之深刻、运用基督教义灌注方法之成熟,此种现象似乎就不足为奇了①。但仔细查考马礼逊筹办、米怜编辑(William Milne)《察世俗每月统纪传》(*Chinese Monthly Magazine*)和德国传教士郭实猎(K.F.A. Gutzlaff)以"爱汉者"署名主编《东西洋考每月统计传》,可发现米怜、郭实猎等人撰述的文章里,"新世界"或"新地"、乃至"万国""天下"等仍然有着极不稳定的用法。可见西方传教士们仍在为 world 摸索一个合适、准确并易被中国人接受的对译词而犹豫不定②。这种犹豫实质上渊源于利玛窦时代所采取的妥协传教政策:利玛窦在中国写作《乾坤体义》《圜容较义》《经天盖》等著作,都"遵循"而非违逆中国古典"天下"观,所采用指涉世界的词汇乃是中国传统的"天下""万国""坤舆""寰宇""四海"等;金尼阁(Nicolas Trigault)在《西儒耳目资》里,亦是煞费苦心地区分了所谓"万国"音韵和"中原音韵",前者指世界其他各国,后者指政治民族文化概念上的"中华"之意。

　　被称为"沟通中西第一人""地球上出现的第一位'世界公民'(homo universale)"③的利玛窦,是一位意大利耶稣会士,他 1583 年进入中国,克服重重困难学习中国语言、风俗和经典。他将中国经典译为拉丁语带往欧洲,同时将欧洲近代科技的成果,如天体仪、地球仪,甚至早期欧几里得《几何原本》,而不只是《圣经》等教义书带往中国。他的著述不仅对中西文化交流做出了重要贡献,对日本列岛、朝鲜半岛的国家认识西方近代文明也产生了重要影响。利玛窦在明万历三十年(1602 年)由李之藻刻印的《坤舆万国全图》,是中国历史上第一幅世界地图,在中国先后被 12 次刻印而流传最广,并在问世后不久,即江户时代早期

---

　　①　R. Morrison: *A Dictionary of the Chinese Language*, Part III, Macao,1822, p. 475.

　　②　马礼逊筹办、米怜编辑的《察世俗每月统纪传》1815 年在马六甲正式创刊,8—9 月刊的长文《天文地理论》着力宣传基督教"神创论",多用"大地万物""天地""宇宙"等词;连载文章《全地万国纪略》卷六《论亚默利加列国》里,米怜介绍美洲并谈到哥伦布发现新大陆,"此亚默利加分称得*新世界*,因为古人总不知有此地……夫戈龙布士之名,与其所遇着*新地*之事……"德国传教士郭实猎以"爱汉者"署名主编《东西洋考每月统计传》中《欧罗巴列国之民寻新地》谈到了英国探险家库克的事迹,则多用"*新地*"一词。

　　③　[日]平川弘:《利玛窦传》,刘岸伟等译,光明日报出版社 1999 年版,中文版序言。

（1603年左右）就传入日本并被称为《世界图》①。为迎合抱持传统天下观的中国士人，利玛窦刻意变更欧洲新式世界地图的布局，让亚洲东部（即中国）、而非欧洲居于画面中央。但利玛窦地图将当时最新、最高水准的地理知识"五大洲"引入了东亚②，而深受佛教影响的日本人既接受西洋新的地理知识，亦回忆起佛教里的图景。利氏《世界图》所内蕴的"地球说"和近代西方"世界观"，对日本人根深蒂固的传统"慕夏"观产生了巨大冲击，并逐渐导致从根本上废弃"慕夏"观。

近代日本人开始向往具有博物色彩《世界图》里展现的广阔图景，开始怀疑东亚文化圈之天圆地方的传统"天下"观，并试图给自己在新世界图景和秩序里进行定位。如1709年日本制作的《南瞻部洲万国图》即混合了西方的地理知识和佛教的世界想象，这里不再是只有一个中心（中国），而是确立了东洋（中国）对西洋（欧洲）以及自身（日本）的万国图像③。如同率先用"世界图"来指涉利玛窦的"山海舆地全图"那样，日本人的视野已经在超越"车舆图"的车马行程、超越传统中国"天圆地方"的"天下观"，力图在新的世界图景和秩序里确立日本的独特位置。在此后的400年里，日本渐用带有贬义的"支那"一词来称呼中国，而不再是具有尊崇义的"中国"或"汉土""唐土"④。因此，"世界"一词，这时在中国和日本已经具有了不同的内涵和遭遇。例如，日本根据利玛窦《山海舆地全图》绘制的多幅世界图都以"世界"名之，如收藏在神户市立南蛮美术馆的《世界地图》、宝永五年（1708年）稻垣光朗《世界万国地球图》等；而在中国，即使是1708年康熙令白晋主持的全国实地勘测、中西学者历时11年合作完成的《皇舆全览图》以及1763年绘制《天下全舆总图》，都可从其名而见传统"天下"观的根深蒂固。

此外，从历史背景来看，日本从江户到明治初期（1639—1720年）、中国从康

<hr />

① 南京博物院藏《坤舆万国全图》为明万历三十六年（1608年）宫廷彩色摹绘本，是国内现存最早和唯一据刻本摹绘的世界地图。据该图利玛窦序所述制图之历史，该世界地图"显具十六世纪比利时地图学派之影响"。1648、1674、1767年耶稣会士毕方济、南怀仁、蒋友仁等人则根据更新版本的欧洲世界地图重新绘制了《坤舆全图》，但其名称几乎未变。参洪业：《考利玛窦的〈世界地图〉》，《禹贡》1936年第5卷，第3、4期合刊。

② 1602年利玛窦为《坤舆万国全图》撰写总论和各部说明，厘定了"地球""南北二极""北极圈""南极圈""五大洲""赤道""经线""纬线"等一批地理术语。利玛窦的世界地图对日本地理学的发展有着很重要的影响，至今日本仍称17世纪至18世纪的地图为利玛窦系地图。

③ 葛兆光：《思想史研究课堂讲录》，三联书店2005年版，第183页。

④ 参[日]实藤惠秀：《中国人留学日本史》，谭汝谦、林启彦译，三联书店1983年版，第185—203页。

熙禁教到道光开禁(1720—1844 年),都曾经历过一段漫长的禁教和闭关锁国时期,但二者在严厉程度上截然不同,在时间段上也相互错差,这造成了近代东亚文化发展史上带有戏剧性的不同结果。日本被迫对基督教等解禁开国之时,正是中国长达 120 年的禁教开始之时,在这漫长时期里西洋新文化在中国的传播枝叶凋敝,几乎毫无进展。从利玛窦入华到耶稣会解散(1583—1773 年),"至少有八十名不同国籍的耶稣会士参与翻译西书为中文的工作,先后译书四百多种,所涉及的范围,对中国人而言,都是新的知识领域"①,其含纳范围包括宗教、地理、哲学、语言、自然科学等,从而创造了数量巨大的新汉语词汇。但明清两代西洋人所作汉译及其创造的大量汉语新词,此时却风行、泛滥于日本。

在此期间,明末清初西人在中国译著的文献传播不广,几近丧佚,却借助西方印刷术在日本飞快地广泛传播,甚至一年内即可翻印十余版。日本在这段时间出版了大量汉译洋书的训点本或日文译本,汉文"西学新书在日本的利用不仅是通过中国渠道吸收西洋知识的一条途径,而且给日语语汇里灌输了近代概念的新鲜血液"②。幕府末期与明治维新时日本除了通过中国学习西洋文化外,还设立了"洋学所"以直接从荷兰、英国、法国和德国等地努力输入新文化,并借汉字造出更多的新词汇。以荷兰语为例,幕府儒官青木昆阳(1698—1769 年)和野吕元丈(1693—1761 年)受八代将军吉宗的命令学习荷兰语,分别撰写翻译了《和兰话译》和《阿兰陀本草和解》等。此后越来越多的人开始学习荷兰语:1783 年大规玄泽著《兰学门路》极大地普及了兰学,1785 年前野良泽编《兰日辞典》,1798年稻村三伯等编《兰日对译辞书》,1855—1858 年更出版了《和兰字汇》。

回顾汉语"世界"概念的千年流传史,印度佛教对以须弥山为中心、四大部洲的世界想象,在近代曾同等地给中国人、日本人提供了从内在改变世界观的资源,只是中国人错失了这样的机会。这或许是因为可以拿来对译 world 的"世界"和"天下"二词,恰恰代表着两种相互严重撞击的世界观。尽管马礼逊、卫三畏等传教士编撰的字典,已将新的欧洲世界观和世界图像引入了中国和日本。只是可惜它们没有在中国生根,而是在日本成长。实藤惠秀曾指出:"16 世纪以

---

① 参钱存训:《近世译书对中国现代化的影响》,香港《明报月刊》1974 年第 9 卷第 8 期。
② 陈力卫:《语词的漂移:近代以来中日之间的知识互动与共有》,《21 世纪经济报道》2007 年 5 月28 日。

来,传教士虽然不断引进近代西方文化,但当时的中国人却无接受之意。传教士煞费苦心用汉文写成的东西,大多数中国人亦不加理睬……西洋人出版各种洋书的汉译本,目的是向中国人灌输近代文化。但是,新文化的种子在中国被埋葬了,到了日本才发芽、开花。"①因此,将"世界"对译于 world 的创造性译法,在当时的时代背景下,很可能根本没有得到中国人的重视。

直到中日甲午战争失败之后,中国人才不能不接受这样一幅新的万国世界图像和"天下"帝国即将崩塌的现实。鸦片战争以后,"新世界"事实上已取代"旧天下",昔日中央上国成为世界"万国"之一。但直至 19 世纪末即甲午战争后列强瓜分中国之际,传统"天下观"才被"世界竞争进化观"所取代。20 世纪初第一次世界大战爆发,国人又迅速摒弃人类竞争进化论,重新憧憬"天下大同"理想,直至 40 年代"天下大同"思想仍时隐时现存活于国人观念中,对中国处理对外关系产生着不同的影响②。2 000 年后的今天,汉传佛教概念"世界"终在近 500 年西典汉译的过程里,经西方传教士的努力和近代西方科技文明的冲击而逐渐载入 world 等词的内涵及其世界观。"世界"一词最终取代了逐渐式微的中国传统"天下"观及"天下图景",成为我们耳熟能详、描绘唯一现实世界和众多可能世界缺一不可的词汇,遗憾的是"世界"亦被物质化、空间化、主客分离化,原初的佛教涵义和时空融合的图景也渐渐失落。与此同时,对"天下"的理解也在被"世界化"。例如岩波《中国语辞典》将"天下"解为"世界,世间";角川《新字源》解释为"天之下。国家全体,或者世界。天下之人";《现代汉语词典(修订本)》解"天下"为"中国或者世界;国家的统治权"。这些解释已经近似于现代"世界"概念的客观化和知识化了,而原本"天下"是个具有丰富"价值"涵义的词语③。

"从起源中了解事物,就是从本质上理解事物",如伽达默尔所言,词语乃是人类传统的蓄水池,而它的源头乃是一切概念涌现的至深源泉。在基本概念复杂的历史流变里,人们不仅能读到风俗和价值的变迁,也能扩展和提升自己的洞

---

① ［日］实藤惠秀:《中国人留学日本史》,生活·读书·新知三联书店 1983 年版,第4—5页。
② 参陈廷湘、周鼎:《天下·世界·国家:近代中国对外观念演变史论》,上海三联出版社 2008 年版,前言第1—2页。
③ 也正基于此,赵汀阳重提"天下体系"而批评西方的"世界"观念,参赵汀阳:《没有世界观的世界》,中国人民大学出版社 2003 年版,第 10 页;陈赟:《困境中的中国现代性意识》第一章《科学主义与现代世界观》,华东师范大学出版社 2004 年版。

见。"世界"概念和"天下"概念作为汉语最古老的语词，可以看作是一些映照过去、现在和未来的活的镜子。而被它所反射的古老的生命共同体和语言共同体更是犹如整体永恒的活力之镜，它们相互影响和相互映射，在历史的长河里始终彼此开放而又处于内在关联之中。

第四章　共在、同居和世界

　　更早的中国先民们习惯使用"四海""八荒"这些词语,或者"天下"这个被赋予了广泛文化、伦理和政治内涵的词。"宇宙"是稍稍后起的,如同"体"和"用"这对词一样,"世"和"界"也被人们习惯上总是单独使用。因此,第一个将"世界"连用,并用来翻译佛经的人是具有创造性的,并展示了一种新的生命认知的维度。"世—界",与"宇—宙"一词的构思相似,指向"时",又指向"境(空)"遇①。这里"时""境"维度的交融,如同陈子昂的《登幽州台歌》所吟的:"前不见古人,后不见来者。念天地之悠悠,独怆然而涕下。"陈子昂在幽州台上纵目远望,俯仰之间,一片苍苍莽莽、雄浑辽阔的天地,裹挟着历史的洪流,在此与他猝然"相遇"。情之所动,不禁陷入最深而孤独的个人境遇之中。所谓"前不见古人,后不见来者",正是对连"空谷之音都难闻"的寂叹吧!

　　《维摩经》语:"大千世界。"《维摩诘所说经注》云:"世谓同居天地之间,界谓

---

　　① 这里如何能用"时间"和"空间"对举着来称呢? 时间,如果这样来称呼的话,就已经是空间化了的"时"了。"时,逝者如斯夫……"它是流动而又凝结的,每一个当下,都独特地凝结着生命的经验、感受,使每一个当下都不可重来。如同水钟、沙漏或者燃香来计时,这里似乎体现了一种对生命的感悟、智慧,是静默的,感受着生命时间的流逝。然而,在物理的时空里,西式的钟表用一格格来度量和分割着时间,每一次钟表的走动似乎都在敲打着我们的生命,时间单调、线性循环地前进,似乎永远可以重来。又如何能用"空间"来表达"境遇"呢? 空间似乎是空荡荡的,一个容器,一个载体。而实际上,真实的世界经验,如同"宇宙"的"宇",由蔽覆我们的屋角,推到"丰盈"的天地四方。"宇"和"界"的空间感,是由"时"中发生的"事"构造的。这种空间感,实际上是一种与"时"水乳相融的"境"遇感。

各有彼此之别。"①"同居"指示出我们是一种"共在",这种共在,不仅指与我们同时存在、打交道的他人、他事、他物,还指流传下来的经典、传统,它们融会进我们的生命,铸造我们的思想特质。"同居"还指示出一种时间性的空间维度,即这种时间性不是空洞的、线性的物理时间,而是伽达默尔所说的丰盈的时间,它体现在"日出而作、日落而息"的不言之教中,也体现在节日、庆典、游戏这样的生命实践中。如同一粒种籽的萌芽、生长,成为嫩茎,它首先体现为一种内在时间的流逝,只有在加速度的镜头中,我们才会留意到它呈现为一种空间性的占有。而"天地之间",如同"天下"这个词所展示的人文视野,它是一种"际":它是分际,天地之间豁然开朗一片光影交织之地,我们仰望于天、太阳、月亮和星辰,俯身可观沙砾、青草,纵目可见森林、山脉、村落……它也是交际,人与人,人与事,人与物。我们彼此"相遇",用语言、手势和微笑,甚至用沉默进行交流。于是,"时"与"际"交织成为我们的"境遇"、我们的"世界"。

　　然而,我们所同居、交道的这个"世",它也有着界限。"天下",这是我们共同生活于其下的屋宇,是我们安身立命之所在。树木与树木簇拥在一起,人与人结村落或城市而居,为了突破界限,我们需要"交流",如同语言、微笑彼此"撼动"着心,我们内心有一种源头活水在彼此呼应着。我们也常常在一起沉默,如同各自陷入沉思,或者虔诚地在一起默祷,然而,那时我们感受到的气场是温和的,彼此的内心仿佛融入了同一股水流,这股水流让我们内心丰满、激动、喜悦。我们也会与事相遇,与物相遇。我们会停下来看一看草坪上静静休憩小狗的眸子,它眼里的天真也会影响着我们的内心;一匹负重或者待宰的悲伤的老马,像一道闪电也引起我们的悲伤和无助。还有阳明的山中观花,一刹那间,花被照亮,我们的心也被照亮了,彼此被美和光所充盈着。是花到人里来,还是人到花里去了呢?这里,展示着在"界限"的表层之下,有着生命本身的"共通感",那种"万物一体"的"仁"。于是,我们的生命,因为"际"而指向了两个维度:一个维度是"幽"之中发生的"寂而感通",一个是"明"之中的分际、分界。然而,这样的界限又是从何处来的?《圣经·创世记》第 11 章解释道:

---

　　① 《楞严经》则问道:"何名为众生世界? 世为迁流,界为方位。汝今当知,东、西、南、北、东南、西南、东北、西北、上、下为界,过去、未来、现在为世。"

那时,天下人的口音言语,都是一样。他们往东边迁移的时候,在示拿地遇见一片平原,就住在那里。他们彼此商量说:"来吧,我们要作砖,把砖烧透了。"他们就拿砖当石头,又拿石漆当灰泥。他们说:"来吧,我们要建造一座城和一座塔,塔顶通天,为要传扬我们的名,免得我们分散在全地上。"耶和华将临,要看看世人所建造的城和塔。耶和华说:"看哪,他们成为一样的人民,都是一样的言语,如今即作起这事来,以后他们所要作的事就没有不成就的了。我们下去,在那里变乱他们的口音,使他们的言语彼此不通。"于是,耶和华使他们从那里分散在全地上。他们就停工不造那城了。因为耶和华在那里变乱天下人的言语,使众人分散在全地上,所以那城名叫巴别(就是"变乱"的意思)[①]。

在这里我们获得了提示,如果真像巴别塔的故事所描述的——我们还要记得之前《圣经·创世记》第 10 章讲述的,"他们"都是闪的子孙,挪亚三个儿子的宗族。我们原来都是同一个祖先所流传的后代,我们操存着同样的口音、言语,因此是一样的人民,有着血浓于水的共通感,借助一样的口音、没有障碍的交流,无疑使我们对自己的力量获得极大的自信。这样,我们虽然分为邦国,各自居住,然而却并不"分散"。实际上,只有当口音、言语被耶和华打乱了之后,人类才分散在地上,彼此有了界限,这种界限使我们互生嫌隙、警惕、误解,开始陷入纷争和战争。那么,统一的口音、言语实际上就指示着统一的世界,譬如西方中世纪的拉丁语世界。但有意趣的是,与《圣经》里稍有不同,"口音的变乱",却鼓励了古代中国和周边国家在漫长的时代一直使用汉字进行着卓有成效的交流,形成了独特的"汉字文化圈"。

每种语言的使用的确标示着一种界限。如同伽达默尔引用洪堡特的话,一种语言就是一种世界观,语言标示出我们世界的界限。"世界(Welt)就是语言地组织起来的经验与之相关的整体"[②],"世界是这样一种共同性的东西,它不代表任何一方,只代表大家接受的共同基地,这种共同基地把所有相互说话的人联结

---

① 中国基督教两会:《圣经·创世记》11：1—9。
② 〔德〕伽达默尔:《真理与方法》,洪汉鼎译,上海译文出版社 2004 年版,第 572 页。

在一起。一切人类生活共同体的形式都是语言共同体的形式"①。然而,如果我们将"世界"理解为一种"语言共同体",会不会顺理成章做出下述推论:我们使用不同的语言,因此我们就拥有着不同的世界观。这是否会导致一种变相的相对主义,或者封闭排外的观点呢?

海德格尔在《艺术作品的本源》里曾经写道:

> 世界不是数得清或数不清的、熟悉或不熟悉的现成事物的单纯聚集。但世界也不是一个仅只想象出来加到万物总和上的观念框架。世界成其世界,它比我们自以为十分亲近的那些可把握可感知的东西存在得更加真切。世界从不是立在我们面前供我们直观的对象。只要我们在诞生和死亡、祝福与诅咒的路径上被迷狂地拥入存在,世界……就是我们臣属其下者。凡我们的历史的本质性决断降落之处,无论我们采纳它还是抛弃它、误解它还是重新询问它,总就是世界成其世界之处。一块石头是无世界的。植物和动物也同样没有世界②。

众所周知,伽达默尔的探索,实际上正是沿着后期海德格尔思考的方向前进。这里暂时不考虑海德格尔对"世界"和"环境"(Umwelt)的区分,我们有些疑惑:世界不是现成事物的单纯聚集,世界也不是想象中的观念框架。我们在诞生和死亡、祝福与诅咒的路径上被迷狂地拥入存在。这似乎全然没有伽达默尔那里人与世界的关系,和平、亲切,"世界……是我们臣属其下者",或者按照海德格尔的原话,Die Welt weitet(世界成其世界)或 Die Welt waltet(世界威临)。玄之又玄,如何得解? 又如何解释,伽达默尔从字面上看来与海德格尔如此大的相悖呢? 也许关键的一句话是"一块石头是无世界的。植物和动物也同样没有世界"。

我们不妨先考察一下西方"世界"(Welt 或 world 等)的词源。按德国《格林词典》,"Welt"来自 wer-alt,wer 指 mann,即"人",alt 指年纪;英语 world 则是来

① [德] 伽达默尔:《真理与方法》,洪汉鼎译,上海译文出版社 2004 年版,第 570 页。
② 陈嘉映:《海德格尔哲学概论》,三联书店 2005 年版,第 61 页。

自 were-eld,同样指"人—年岁"。由于英语是一种混杂的语言,它很可能受到了古日耳曼语的影响。这两个现在差不多全世界最流行的词,都并非来自古拉丁语和古希腊语。在古希腊语中,主要使用的是 kosmos,它起初表示某种秩序,在那种秩序中,人们或坐或躺,作为或不作为;事物存在或不再存在;它可以是好行为、纪律,一种自然的或被建立的秩序;再者,它可能意味着一种秩序及其规整者或发明者,由此引申出设计美丽的人造物,比如装饰或装修;最后则是"宇宙"意义上的秩序——宇宙及其秩序,天地秩序或地下世界的秩序。在后期希腊语中,kosmos 与人居领地(ecumene)成为同义词,即有人居住的世界;同时,它又与《牛津词典》列在第一的词义,即基督教的"此世"涵义交融在一起。拉丁语中与kosmos 对应的主要是 mundus,它基本上保留了 kosmos 的指向,从装饰、装修到宇宙、天体、全部地球、人的世界、人类的和谐秩序,同时有着"尘世"的暗示。显然,不论是古希腊语的 kosmos,拉丁语的 mundus,英语的 world 还是德语的Welt,与汉语中的"世界"和"宇宙"情况相似,全然不是指客观存在的意思,而是肯定与人的生命、劳作、定居、迁徙有关。在这里,world 与 kosmos 之间隐约的联系,就体现在"人居领地"(ecumene, the inhabited world,在和合本《圣经》里被译为"世界"和"天下")这个指向上[1]。查一查《牛津词典》,确实,world 首先指向"人的生存"(human existence),引申为生存的状态或模式。这个意思显然起源于基督教氛围,即我们会说此世(this world)和超世(the world beyond)、俗世(worldly)生存和圣洁(saintly)生存、入世和遁世(going into or retreating from the world)、旧世界和新世界。由此,这个涵义可以引申为概括某历史时期的生存模式,如古代世界、中世纪世界和现代世界;文明之地区的生存模式,如西方世界、自由世界、共产主义世界、第三世界;或艺术创造方面,如莎士比亚的世界,或巴尔扎克的世界。《词典》列出的第二、第三义项,其意思才是更切合于作为地球和宇宙的世界、人类的世界、部分或整个人类世界、时装界、伟大世界,等等。

这样的分析我们就理解了,为何海德格尔会说"一块石头是无世界的。植物和动物也同样没有世界"。这是建立在一种对世界"观"(Ansicht)之本源的洞察

---

① Eric Voegelin, *Order and History: The Ecumenic Age*, Columbia:University of Missouri Press,2000.

上。所以伽达默尔有理由断言，由于人类的流传物中表现自己的总是一种人类的世界，即一种语言构成的世界，而"每一个这样的世界由于作为语言构成的世界就从自身出发而对一切可能的观点并从而对其自己世界观的扩展保持开放并相应地向其他世界开放。……这就使'自在世界(Welt an sich)'这个概念的使用产生了疑问。衡量自己世界观不断扩展的尺度不是由处于一切语言性之外的'自在世界'所构成。这种世界观的相对性并不在于，似乎我们可以用一个'自在世界'与它对置；好像正确的观点能够从一种人类—语言世界之外的可能方位出发遇见这个自在存在的世界"①。

伽达默尔接着引用了胡塞尔的看法："'自在之物'只在于它的连续性，借助这种连续性，对事物之感知在视角上的明暗差异(die perspektivischen Abschattungen)②才能相互联结起来"③。胡塞尔曾把关于一个桌子的感性知觉描述为一个人围绕桌子而运动的诸多感性知觉的统一体，其中每一种感性知觉都不相同，即使是最细微的色调、光感、形状，都会有不同。没有一种特殊的感性知觉能把整个桌子直观地给出，作为空间对象的桌子只能由经验意识由连续的 Abschattungen 加以构造。对"视角"的看法，我们可以再往前追溯一点到尼采《道德的谱系》第三章第十二节。这里，尼采在批判了西方传统形而上学的"纯粹理性""绝对精神"等概念之后，写道：只存在(一种)带有视角的观察(a perspective seeing)，只存在(一种)带有观点的认识(a perspective knowing)。而且，我们越是容许对一件事物表露出不同的情感，我们越能够接纳较多的眼光。用不同的眼睛去观察同一件事物，于是我们对这件事物的"概念"、我们的"客观性"就越加完整。

伽达默尔显然认为，这种细微差别、明暗差异，是世界在各种不同的语言世界中所经验到的，而实际上正是每一种细微差异都潜在地包含了一切其他的细微差异，并体现了人类认知的多样性。因此，他立即指出，"这样一种世界观的多样性根本不意味着'世界'的相对化"④。因为"世界没有人也能够存在，也许将存

---

① 〔德〕伽达默尔：《真理与方法》，洪汉鼎译，上海译文出版社 2004 年版，第 571 页。
② 根据德文本有所改动。洪汉鼎将"视角上的明暗差异"译为"感觉上的细微差别"，其中暗伏的尼采和胡塞尔的思想痕迹就隐而不显。而且，所谓的 knowing，永远带有一种地方性的视角，从而是一种带有地方性的认识，除非是库萨的尼古拉笔下所描述的"全观"的神。
③ 〔德〕伽达默尔：《真理与方法》，洪汉鼎译，上海译文出版社 2004 年版，第 572 页。
④ 〔德〕伽达默尔：《真理与方法》，洪汉鼎译，上海译文出版社 2004 年版，第 572 页。

在,这一点绝对没有人怀疑。它的相对性乃在于所有人类—语言地把握的世界观生活于其中的感官意义部分"①。在这里,伽达默尔并不排斥多样性,甚至他也并不认为自己如此张扬多样性就必然会导致相对主义(相对性并不等于相对主义)。如同一片坚实、丰盛的大地,生长着苔藓、野花、灌木、乔木,这样链链相扣、高矮参差的多样性,明明是标示着自然有机体的健康、活力和完善,这和相对主义有什么关系呢?相对主义问题的产生,是因为我们力图在多样性中确定一个单一的中心和评价标准。举例来说,一个蜂巢,有工蜂、雄蜂、蜂王。工蜂必须劳作,雄蜂常常懒惰。如果我们尝试分别站在工蜂、雄蜂、蜂王的立场,判定雄蜂是善是恶的问题,相对主义就出现了。因为谁也不能很好地评价雄蜂的懒惰是善还是恶,甚至雄蜂自己也不一定就有多明白。然而,假如我们放弃这样的争执,站在一个更高的功能论的角度,就会发现,有一个更高的目的性在整合着整个蜂巢。雄蜂的懒惰,不能简单地用善和恶来判断②。

这也正是伽达默尔的目的。从知识的立场上看,我们往往会头痛真假善恶问题,这是因为理性本性就需要追求确定性;然而,如果我们谈论的不是知识,而是如何应对多种多样生活关系的智慧问题,面临的格局立即就变化了。譬如,一般情况下,说谎是非常糟糕的行为,然而,在特定情况下,说谎却是行善。当然,康德反对这样的见解。康德的绝对命令认为,理性奠定的形式上的真,才是伦理道德最坚实的基石。相比康德,伽达默尔对伦理学的看法似乎很含糊,有着极大的不确定性。但实际上,"这里涉及的根本不是无矛盾地保持判断关系,而是涉及生活关系。只有我们世界经验的语言构造性才能把握多种多样的生活关系"③。立场很鲜明,伽达默尔想讨论的不是唯物主义式的客观世界存不存在的问题,因为那对把握我们多种多样的生活关系来说并无意义④;我们生活中更需要的是时机化的实践智慧。同时他强调,上述那些似乎让人惶恐不安、由生活的多

---

① 〔德〕伽达默尔:《真理与方法》,洪汉鼎译,上海译文出版社 2004 年版,第 572 页。

② 黄宗羲曾在《明儒学案》序里写道:"是以君子宁凿五丁之间道,不假邯郸之野马,故其途不得不殊。奈何今之君子,必欲出于一途,使美其根者,化为焦芽绝巷。"这里强调的仍是对多样性的宽容。

③ 〔德〕伽达默尔:《真理与方法》,洪汉鼎译,上海译文出版社 2004 年版,第 573 页。

④ 伽达默尔特意在脚注里写道:"如果人们援引世界的自在存在来反对唯心主义——不管是先验唯心主义还是'唯心主义的'语言哲学——,那就纯属误解。因为他们认错了唯心主义的方法意义,而其形而上学形态自康德以来就已经一般被克服了。"

样性而造成的"语言世界"的相对性,反而造成了一种更为开放的结果。这是基于人类总会寻求着"相互理解"的本性,而相互理解是一种生命过程(Lebensvorgang),在这样的生命过程中生活着一个生命的共同体。所以:

> 我们确信,我们世界经验的语言束缚性(Sprachebundenheit)并不意味着排外的观点;如果我们通过进入陌生的语言世界而克服了我们迄今为止的世界经验的偏见和界限,这决不是说,我们离开了我们自己的世界并否认了自己的世界。我们就像旅行者一样带着新的经验重又回到自己的家乡。即使是作为一个永不回家的漫游者,我们也不可能完全忘却自己的世界。①

重要的是,衡量这种世界观的扩展和开放,其标准并不是处于一切语言性之外的"自在世界"(Welt an sich)。相反,人类世界经验无限的完善性是指,人们不管在何种语言中活动,他们总是只趋向一种不断扩展的方面,趋向一种世界"观"(Ansicht)。既然是"观",那就是我们从自己的视角出发,所感知、体验到的一切。一个命中注定的旅行者、漫游者,永远怀着对更远方的向往和渴求(Fernweh),同时却又有着怀乡病(Heimweh)。这大概是一幅最好的对现代人的肖像画吧! 一方面,我们日渐疏离着我们的传统,视其为不识时务的重负和包袱;另一方面,我们又如此无根地漂泊,逃避着自由,在没有传统系缚的状态下,迷茫于"我们是谁? 我们从哪里来,我们到哪里去?"也许,我们需要的只是一种最简单的生命智慧,回归我们安身立命之所在,怀着善意倾听来自陌生文化的声音,对话、理解,教导自己的内心。像伽达默尔所说的,在对话和倾听中扩展自己的视域。那么,我们还需要一个坚实的扩展视域的地基:

> 世界是这样一种共同性的东西,它不代表任何一方,只代表大家接受的共同基地,这种共同基地把所有相互说话的人联结在一起。一切人类生活共同体的形式都是语言共同体的形式。甚至可以说:它构成了语言。②

----

① ［德］伽达默尔:《真理与方法》,洪汉鼎译,上海译文出版社 2004 年版,第 573 页。
② ［德］伽达默尔:《真理与方法》,洪汉鼎译,上海译文出版社 2004 年版,第 570 页。

在一种真正的语言共同体中我们并不是尔后才达到一致,而是如同亚里士多德所指出的,已经存在着一致。在共同生活中向我们显现的、包容一切东西的并且我们的相互理解所指向的正是世界,而语言手段并不是语言的自为对象。对一种语言的相互理解并不是真正的相互理解情况,而是约定一种工具、一种符号系统的特殊情况。……人类世界经验的语言性给予我们关于诠释学经验的分析以一种扩展的视域。……人所生活于其中的真正的语言世界并不是一种阻碍对自在存在认识的栅栏,相反,它基本上包含了能使我们的观点得以扩展和提升的一切。在某个确定的语言和文化传统中成长起来的人看世界显然不同于属于另一种传统的人。①

伽达默尔在这里所说的话,颇为意味深长。虽然,语言的本质就是谈话,但伽达默尔在这里显然想强调的是,世界作为一种融合的共同基地,乃是人们可以相互说话的基础。它不仅仅跟我们的语言、言谈有关,更重要的是,还跟我们的意义经验有关。我们不能忘记伽达默尔曾认真指出的:

我就努力做到不忘记蕴涵在所有诠释学意义经验中的界限。当我写下"能被理解的存在就是语言"这句话的时候,里面就蕴涵着以下意思:凡存在的,绝不可能被完全理解。因为语言所引导的总是在指示着出现在陈述中的东西。凡能被理解的,总要进入语言——当然它总要作为某种东西而被感觉。这就是存在"显示自身"的诠释学度向。……当然,我在试图描述我研究的问题时完全跟随体现在语言中的意义经验的引导,以便指出这种意义经验为语言设定的界限。②

当我们将伽达默尔称为语言本体论者时,是因为我们注意到他所肯认的:"能被理解的存在就是语言"这句话,甚至我们也会想起海德格尔"语言是存在的家"这

---

① 〔德〕伽达默尔:《真理与方法》,洪汉鼎译,上海译文出版社 2004 年版,第 571 页。
② 〔德〕伽达默尔:《真理与方法》,洪汉鼎译,上海译文出版社 2004 年版,第 359—360 页。

样的论断。因为凡能被理解的,总要进入语言。然而,我们却大大忽视了伽达默尔同时也审慎地下了一个论断:"凡存在的,绝不可能被完全理解。"①我们忽然就理解了,海德格尔为何会说:只要我们在诞生和死亡、祝福与诅咒的路径上被迷狂地拥入存在,世界……就是我们臣属其下者。凡我们的历史的本质性决断降落之处,无论我们采纳它还是抛弃它、误解它还是重新询问它,总就是世界成其世界之处。我们的诠释学意义经验一下子就具有了界限,这种意义经验也因此为语言设定了界限。所谓的"语言本体论",实际上像康德的"自在之物",如此我们才恍然大悟,它是一个界限命题。这样,我们也才能更好地理解:为何"语言是一种世界观",以及"语言标示出世界的界限"。在这里,我们发现伽达默尔奇异地与庄子的原则相合了:"六合之外,圣人存而不论;六合之内,圣人论而不议。"当然,也不仅仅是伽达默尔,维特根斯坦同样指出:对不可说之物,我们就要保持沉默。而实际上,所有的圣人(哲人)都在戴着镣铐跳舞,在可说、不可说的"际隙"中周旋——如此,才产生了圣言—人言之间的转换,才有了诠释学之所以产生和发展的必要。

---

① 孟子在《尽心》篇说:"可欲之谓善,有诸己之谓信,充实之谓美,充实而有光辉之谓大,大而化之之谓圣,圣而不可知之之谓神。"庄子《齐物论》云:"故知止其所不知,至矣。孔子:吾知之? 吾不知也。"

中篇 诠 释

第五章 "倾听哲学"与"观的哲学"：两种不同的诠释学取向

"倾听哲学"(philosophy of hearing)与"观的哲学"(philosophy of observation)分属于中、西两种不同的诠释传统，前者立足于西方"语音中心论"(phonocentricism)，后者则建立在中国"文字中心论"(writtencentricism)的基础之上。语音中心论乃基于拼音文字的文本阅读经验，强调言说的语言，认为逻各斯与言语具有一种原始本质的联系①。伽达默尔坚持西方语音中心论传统，认为理解与倾听不可分割，没有理解的倾听是不存在的，也不存在某种没有倾听的理解。他将阅读过程视为在相互倾听中的对话过程②，由此而奠定了"倾听哲学"的基础。

与之不同，德里达旗帜鲜明地提出了与传统诠释学观念相对立的"文字中心论"的主张，以期能摆脱当代西方诠释学发展所面临的困境。但是要注意，他所讲的文字是一种神秘的、先于书写的"原初文字"(archi-ecriture)，它所指向的是思维中交替显、隐的思想轨迹(trace)。就此而言，他所倡导的"文字中心论"之本旨在于"书写"，即文字被书写的过程。他的基本观点以及在此基础上对"语音中心论"的批判，对于反思西方的诠释传统、进而建构中国诠释学具有深刻的启迪意义。我们的思考起点是对汉字的考察。根据潘德荣在《语音中心论与文字中心论》一文中所作的解释，我们所讲的"文字中心论"的解释传统立足于字形分析

---

① 潘德荣：《语音中心论与文字中心论》，《学术界》2002 年第 2 期。
② ［德］伽达默尔：《论倾听》，潘德荣译，《安徽师范大学学报》(哲学社会科学版)2001 年第 2 期。

字义和文义,注重的是文字本身,在这个意义上,"观"对于汉字这种形意文字,意义正犹如"听"对于拼音文字①。由此,成中英认为中国知识论可被称为"观的哲学",即假定在"观"的过程中,能看得见并感觉得到事物的本质,从而得到对事物、对世界的直接理解。这种获取知识的模式使获取知识成为对事物的本质的内在和直接的经验,而不像西方知识论那样经常把对事物的知识下降到感觉经验或是上升到抽象的概念②。

德里达的解构主义与成中英建立本体诠释学卓有成效的尝试,使我们更清醒地看到了发源于西方逻各斯中心论传统中的诠释学所面临的困境,以及建立中国诠释学的重要意义。

德里达在《文字学》中把语音中心论等同于迄今一直主导西方文明的"逻各斯中心论"(logocentricism)。它以为"声音与存在、声音与存在的意义以及声音与意义的理想性绝对近似",认为心灵是思想、意义之源,而思维则追随着理性与逻辑③。这种逻各斯中心论可追溯到柏拉图。柏拉图认为文字既不明晰、也不可靠,像图画一样,僵硬与死板的文字不懂如何"因材施教",一旦出现误解,只能束手无策坐待作者救援。在他看来,写作只是保留了信息,却不能保留逻各斯,因为逻各斯是书写在灵魂之中的。正因为如此,柏拉图将以写作为生"混淆人心"的诗人逐出理想国④。而亚里士多德则明确提出,口语是心灵的符号,文字则是口语的符号。作为崇尚视觉优先性的古希腊人在此陷入了一个悖论:一方面,他们注重的是自然时空,特别是空间的自然真实性(当然他们的空间意识是雕塑式的立体意识);另一方面,他们给口语以优先地位,强调逻各斯中心说使"说"与"听"的地位极为重要,而说与听却是一个不断流逝的线性时间过程。正如罗兰·巴特所言,听觉的"时间"的符号就其特征而言,倾向于象征,视觉的"空间"的符号特征倾向于图像⑤。这样一来,希腊人得以极大地发展了抽象能力,但与此同时,书写能赋予语言以言语所不具备的空间—物理存在,这点却被古希腊人

---

① 潘德荣:《语音中心论与文字中心论》,《学术界》2002 年第 2 期。
② [美]成中英:《中国哲学中的知识论(上)》,曹绮萍译,《安徽师范大学学报》(哲学社会科学版) 2001 年第 5 期。
③ 潘德荣:《诠释学导论》,五南图书出版有限公司 1999 年版,第 178 页。
④ 陈中梅:《柏拉图诗学与艺术思想研究》,商务印书馆 1999 年版,第 173 页。
⑤ [英]特伦斯·霍克斯:《结构主义与符号学》,瞿铁鹏译,上海译文出版社 1987 年版,第 141 页。

忽略了。由此造成的结果就是，古希腊人不得不采取空间的方式来理解时间，听、说造成的线性时间流程被空间化了。这种僵硬的缺乏时间内在节奏统领的空间观，甚至影响到近代西方人采取了深邃无尽单向纵深的空间意识，并在此基础上建立起了牛顿的力学时空。但是"在此力学时空中，作为生命体验的时间难以在场"。

在完成了语言学转向后，海德格尔对语言本质（das Sprachewesen）、语言之本质（das Wesen der Sprache）与本质的语言（die Sprache des Wesens）在本体论上进行了深入的探讨。海德格尔写道："文字显示声音，声音显示心灵的体验。心灵的体验显示心灵所关涉的事情。"①"惟有词语才让一物成其为物。"②"词语本身即是关系，因为词语把一切物保持并且留存在存在之中。"③"自希腊以来，存在者便一直被经验为在场者。只要语言存在，那么语言，即时时存在着的说，就是一种在场者。人们从说方面，着眼于分音节的声音和涵义的载体来表象语言。说乃是一种人类活动。"④所以，"这种自身不拒绝只能以下诉方式说话，即它说：'它是（Es sei）。'从此以后，词语便是物之造化（Bedingnis）"⑤。从中不难看出，海德格尔对"说"的强调，是深深地植根于语言与逻各斯的同一之观念中的。就如上帝用语词造物一样，词与物同时产生。这种逻各斯中心主义正是西方那种本质与现象二分的形而上学所赖以存在的根基。人们以为，自然界的一切东西只要能被命名就能被认识、理解、把握、征服。海德格尔对语言进行的本体论探讨并未摆脱西方传统形而上学的阴影，它实际上是由西方自古希腊以来就始终追求"在场"证明的强烈冲动所导致的。

海德格尔在向古希腊哲学寻找"在"的源头时，发现了原始语言的内在矛盾性及融汇时空于一体所蕴藏的丰富性。正如麦克斯·缪勒所说的，"在创造神话的那个时代，每个词，无论是名词还是动词，都有其充分的原生作用。每个词都是笨重和复杂的，它们的内涵都非常丰富，远远超过它们应说的东西。所以，我

---

① ［德］海德格尔：《在通往语言的途中》，孙周兴译，商务印书馆 1999 年版，第 208 页。
② ［德］海德格尔：《在通往语言的途中》，孙周兴译，商务印书馆 1999 年版，第 194 页。
③ ［德］海德格尔：《在通往语言的途中》，孙周兴译，商务印书馆 1999 年版，第 144 页。
④ ［德］海德格尔：《在通往语言的途中》，孙周兴译，商务印书馆 1999 年版，第 208 页。
⑤ ［德］海德格尔：《在通往语言的途中》，孙周兴译，商务印书馆 1999 年版，第 298 页。

们对于神话与语言中的千奇百怪,只能理解为会话的自然生长过程"①。海德格尔指出:"现实语言的生命在于多义性,活生生、游移不定的词转化为单义的、机械僵硬的符号系列,乃是语言的死亡,此在的冻结与荒芜。"②这种认识使他能够回归古希腊充满生命力的 mythos 精神传统之中,但另一方面他还是无法摆脱语音中心论的束缚,有一种强烈的在场的"说"的冲动,而语言的本质恰恰是不可说的。这特别体现在他与日本学者手冢富雄教授的对话之中所持的那种对语言本质谨慎的沉默。他发现语言本质实质上是无法命名的,而只有选择沉默的"寂静之音"(das Geläut der Stille),即静观,这实际上预示着他已达到了诠释学作为生命世界现象学的真正核心,即以生命为本体的诠释学要致力于意义的不断生长,正确的道路是只有回归源初语言的丰富与混沌性中,在本体论上持静观的态度,体察到在"文字"的"书写"中时间与空间的生命节奏是如何得到扩展的,同时在方法论层次上则是在"说"的基础上进一步展开"倾听"与"对话"。

在对语言的本体论探讨上,伽达默尔同样坚持语音中心论,而将语言视为照亮了晦暗不明的自然界的"光"(这种光的隐喻在西方文化中是源远流长的,如近代西方形而上学建基于其上的理性之"光")。不过,他独特的哲学风貌更多地源于他在方法论上对海德格尔思想的发展。在海德格尔那里,对语言本质的认识可见之于他转引的亚里士多德在《解释篇》中的话:"有声的表达(声音)是心灵的体验的符号,而文字则是声音的符号。而且,正如文字在所有的人那里并不相同,说话的声音对所有的人来说也是不同的。但它们(声音与文字)首先是符号(Zeichen,海德格尔又将其译为"显示"Zeigen),这对所有的人来说都是心灵的相同体验,而且,与这些体验相应的表现的内容,对一切人来说也是相同的。"海德格尔进而将作为有声表达的语言所具有的结构概括为,字母乃是声音的符号,声音乃是心灵体验的符号,心灵的体验乃是事物的符号,符号关系构成了这个结构的支柱③。但他往往停留于人类语言本质的同一性及对其不可说性保持一种神圣的沉默,而未意识到,在生活世界中人类要相互倾听与对话才能达到沟通与理

① 毛峰:《神秘主义诗学》,三联书店 1998 年版,第 325 页。
② 毛峰:《神秘主义诗学》,三联书店 1998 年版,第 267 页。
③ [德]海德格尔:《在通往语言的途中》,孙周兴译,商务印书馆 1999 年版,第 171 页。

解。伽达默尔将阅读理解为倾听，正是对海德格尔哲学在方法论层次上的继续发展。他曾坦言："我的阐述是以这种与'观'的观点相反的论点为基础的。我试图从中找出视觉与声音的对立。"①伽达默尔对语音中心论即对逻各斯中心主义的坚持，使他更深地陷入了海德格尔所意识到的困境，即我们如何解决诠释学作为生命世界现象学的生命本体问题，在逻各斯中心论中生长出来的西方诠释学能否真正解决这个问题？实际上，诠释学作为一种生命世界的现象学，无论是面对生活世界还是面对生命本身，都不能忽视直观的"观照"。晚年的伽达默尔已意识到了这一点，因此不得不在一定程度上放弃单纯强调倾听的立场，转而提出："必须学会观看。"

德里达则开辟了另一条诠释学之路。他对海德格尔所持有的时间观、语音中心论及潜意识里将语言视为照亮自然界万事万物之光的观念进行了批评，由此改变了西方自柏拉图以来根深蒂固的以逻辑、理性、人类为中心的这种"光"的传统。他改造"差异"（différence）而创造了"延异"（différance）的概念，他说，"a是被写的和被读的，但是不能被听"②。"被写的和被读的"，是写作的空间性要素，"被听的"则是时间性要素。在"延异"概念中，隐含着一个空间化的时间意象，即"差异"和"延宕"，前者是符号活动，也就是痕迹的空间化，后者则是其时间化。德里达的"延异"和"差异"概念的区别与联系，标明了他的文字学与传统的语言学和海德格尔此在本体论的不同之处，就是力图用空间化的写作来拆解传统写作中的线性时间秩序。他指出，"字母，通过展开、屈伸、部署、伸展而从它那里获取这种空间化，如今必须得到反思、沉思，并重新追溯其图案"③。这种空间化写作，是德里达称之为"静默写作"（mute writing）的"象形文字"（hieroglyph）写作。他虽然不刻意反对拼音文字，但他认为"书写"文字之于"意义"对于语音更为重要。他借用弗洛伊德的"本源—痕迹"（archi-trace）的概念，将"文字"扩展到了"延异"本身，这使他的"静默写作"伸展到了极为广泛的领域，也更加接近诠释学中生命意义上的本体。

基于拼音语言的逻各斯中心主义推动了西方哲学对概念与本质的深入探

---

① ［德］伽达默尔：《论倾听》，潘德荣译，《安徽师范大学学报》（哲学社会科学版）2001年第2期。

② 德里达所创的différance一词与différence词形相异，读音相同。

③ 史成芳：《诗学中的时间概念》，湖南教育出版社2001年版，第192页。

讨。语言就是现象与本质之间的桥梁与中介,在一定意义上,语言已成为介于人与自然之间的第三世界。在这种传统下,语言就是一系列命名物的线性长链,每个句子都有主谓词,它以动词为核心体现着一种透视效果,内部组织呈几何空间型,每个句子都界限分明而动态。这既表征着人类探寻事物本质的冲动,也表征着人对外界的认识、理解、把握、征服,客观上成为人与自然的关系之缩影。与抽象的拼音字母不同,而中国的文字至今仍保留着造字之初的直观性质①,在俯观仰视之间吸纳宇宙万物,使无论是单体的模写形象的"文"还是复体"孳乳浸多"的"字"都刚柔相推而生变化,充分体现了"一阴一阳之谓道"的思想。汉字就仿佛是贯通着人与自然的意义网络,一个汉字就是一个信息块,每个字都是体用合一、虚实相兼、动静相依,使汉字充满着感受与体验的精神,而不同于西方语言执着于知性、理性。汉语具有独特的分析性、简约性,使汉语的表达往往言简意赅、辞约义丰,在实用功能的基础上充满了审美特性,呈现出一个个直观的画面。如温庭筠的名句"鸡声茅店月,人迹板桥霜",未着一个动词却使我们立即就能联想到早行旅人匆匆赶路而又孤独的心境②。又如"宇宙"一词,"宇"指"屋宇",是一种具有建筑意味的空间;"宙"指在宇中出入往来,按照宗白华的理解,"时空合成他的宇宙而安顿着他的生活。他的生活是从容而有节奏的。春夏秋冬配合着东西南北(表现在秦汉哲学),时间节奏(一岁十二月二十四节)率领着空间方位(东西南北等)以构成我的宇宙。空间随着我们的时间感觉而被节奏化了、音乐化了"③。汉字的书写,特别是中国特有的书法艺术,更是凝聚了人与自然生生化育的时间节奏与空间的生长、渗透,凝缩了时空的意象与人们对之的感慨,并提示了无穷的意义之网与联想画面。上通下达、天人合一在中国文字中体现的再明确不过了,在这样的传统中生长出来的中国诠释学必然是不同于西方诠释学的。

海德格尔对语言本质的沉默与他后期频繁出现的"天命观"无疑同中国先贤的思想颇有相通之初。"天何言哉? 四时行焉,百物生焉,天何言哉?"(《论语·

---

① 《周易·系辞》如此描述仓颉造字:"仰则观象于天,俯则观法于地,观鸟兽之文与地之宜。近取诸身,远取诸物。"

② 申小龙:《中国古代思维之语言表象》,陈秋祥、姚申、董淮平编:《中国文化源》,百家出版社 1991 年版,第 348 页。

③ 宗白华:《中国诗画中所表现的空间意识》,《中国美术史论集》,安徽教育出版社 2000 年版,第 73—74 页。

阳货》)天的语言实质上就是静默无语。在这种静默之下，自然的时间依节奏运行，"道"成为最活泼的生命源泉，流溢着一切物象的纷纭节奏，春夏秋冬四季混合着东西南北的循环往复，万物生长昌盛以至衰亡，人的生产劳动则与天地四时的节奏相适应，"动己而天地应焉，四时行焉，星辰理焉，万物育焉"(《乐记》)，这真是一幅和谐宁静充满着美感的画面。就如海德格尔曾写过的，"在语言中，大地向着天空之花绽放花蕾"①。从这一点上，海德格尔契合了中国"虚壹而静"的思想，体现的思维方式则是融本质现象为一体。语言最本质特征不仅是其标记作用，还应该融汇了人的生命经验与审美体验。就如狄尔泰所言，诗的问题就是生命的基本问题，实际上语言中体现的问题也即是生命的基本问题。语言的本质也应该表征着人自身的思想感情与自然的交融激荡。在这个意义上，哲学本质上是诠释学的，诠释学本质上也是哲学的、是生活的，它们都试图更深地进入生命的深处。

海德格尔所强调的"语言本质的召唤"，在使物迫近我，天、地、人、神彼此通达中，人只有倾听、只有沉默的"静观"，语言的本质是不可说的。海德格尔对艺术的解释中已很强调视觉效果，在他与日本学者手冢富雄的对话中所论及的日本人是如何描述语言之本质的，再生动不过地提示了东方民族对语言所持的一种直观形象的看法②。他对"静观"的看法近似于中国哲学天人合一意境中的"直观"，这为成中英建立更切近生命意义的本体诠释学提供了一条通道。

成中英指出："本体诠释学的看法是植根于中国哲学的观念之中，尤其是植根于强调整体作用的《易经》哲学之中。"③他认为正是《易经》中的"观卦"奠定了中国知识论的模式。成中英将在"观"的基础上建立起来的知识论称为"本体知识论"，即"既要求同实在一致，又要求同基于一个人所掌握的当前活生生的经验的一系列信念相连贯"。这样，它不仅是知识的，也是道德和审美的；既是认识的，又是理解的④。在成中英看来，《易经》哲学是一种明显的"本体诠释学"，从结构上看，即从空间上说，它表现的是整体的宇宙图像，从动态过程来说，即从时间

---

① ［德］海德格尔：《在通往语言的途中》，孙周兴译，商务印书馆 1999 年版，第 173 页。
② ［德］海德格尔：《在通往语言的途中》，孙周兴译，商务印书馆 1999 年版，第 73—126 页。
③ 潘德荣：《诠释学导论》，五南图书出版有限公司 1999 年版，第 226 页。
④ 潘德荣：《语音中心论与文字中心论》，《学术界》2002 年第 2 期。

上来说，它表现了一种动态的思维方式。《周易》的卦象符号系统，是古人从整体的世界图景中提炼出来的，而这一图景是他们通过对世界整体性的直观观照而获得的。他们把天、地、人看作是一个和谐统一的整体，自然不是外在于人与人相对立的东西，而是与人的生活息息相关，作为人所体验到的世界总体的构成部分而存在。本体诠释学的"本体"概念，也正是这样一种天、地、人和谐统一、相互作用、运动发展的世界观念。这样一种世界观念成为中国哲学的最初的源头，也逐渐凝成了中国独特的思维传统，即立足于本体论、价值论，视世界为运动变化和谐统一的整体的观点，而这便构成了本体诠释学的出发的基础①。可以说本体诠释学力图高扬的正是海德格尔所沉默的以及伽达默尔在方法论层次上发展了"倾听哲学"同时却又忽视了的东西。

　　单纯的"倾听"只能不断抓住无穷过去的时间的片段，而"静观（或直观）"，则更深地切近了生命本体本身。语言本质上就是要造成广泛丰富的联觉的，如"神""梵"这些形而上最为抽象的概念，也都联系着具体感性的事物，都是由"运动、变化、生长"之义发展而来。意义的生长不仅在于向未来延伸，也在于向过去的回溯。诠释学致力于发展分析批评的方法，能使我们更接近地寻找生命意义的源头。在这方面，德里达开辟了一个值得尝试的方向。文字联系着我们与神秘远古的关系，也许正如索绪尔所言，一种语言永远是一种传统的东西，虽然他强调的是口语维持传统的能力。在古巴比伦寓言中人类建巴别塔的失败已预示着，持语音中心论的立场必然导致一种狭隘的自我优越感，使不同文化无法达到自由平等的交流与相互理解，这与崇尚开放的诠释学宗旨是相违背的。诠释学本质上是生命的诠释学，因此，成中英所开创的本体诠释学正是从海德格尔沉默的地方起步，而提供了一个新的时空融为一体开放的维度。他所建立的以文字中心论为基础的中国诠释学，也成为一种使诠释学真正达到世界化，更好地沟通中西方哲学的有效尝试。

---

① 潘德荣：《诠释学导论》，五南图书出版有限公司 1999 年版，第 226 页。

第六章　水道与经典：儒家经典诠释场域的形成及其核心特质

第一节　"哲学的突破"与儒家经典体系的形成

按余英时转述帕森斯（Talcott Parsons），谓公元前 1 000 年乃是各大古文明"哲学的突破"阶段：人对构成人类处境之宇宙的本质发生一种极高的理性认识，对人类处境本身及其基本意义产生了全新而整体的解释[1]。历史哲学家埃里克·沃格林（Eric Voegelin）将其称为"人居领地时代"（The Ecumenic Age），即从公元前 6 世纪到公元 5 世纪，从大西洋到太平洋此起彼伏涌现了众多帝国，同时亦平行出现了精神视域突破和智性极大开放的现象，这段时期亦是柏格森所概括"灵魂的开放"或雅斯贝尔斯谓"轴心时代"[2]。尽管学者们对此段时期称谓不同、时间跨度亦有异，然而可以肯定的是：所谓"哲学的突破"，乃是指人类不复

---

[1]　余英时：《中国知识阶层史论》，联经出版事业公司 1980 年版，第 31—32 页。对"哲学的突破""续发突破"及相关雅斯贝尔斯（Karl Jaspers）、韦伯（Max Weber）、史怀泽（Benjamin I. Schwartz）、沃格林、魏尔（Eric Weil）、艾森施塔特（Shmuel N. Eisenstadt）理论之提出背景、影响及其优劣进行述评，详情请参《二十一世纪》月刊总第 57、58 期，《轴心文明与二十一世纪》专号 8 篇文稿，尤参余国良：《轴心文明讨论述评》，《二十一世纪》2000 年第 1 期；张灏：《从世界文化史看枢轴时代》，《二十一世纪》2000 年第 2 期。

[2]　Eric Voegelin, *Order and History: The Ecumenic Age*, Columbia：University of Missouri Press, 2000.

为传统神话中的神和英雄所任意宰制,而尝试建构自身的实在"秩序",既包括政治秩序,亦包括自我解释、生命意义和真理秩序。人类智性的聚焦点正在往内向深化、转移和反省,从仰望"神意"逐渐下落、深入人类社会自身的秩序、价值批判与保存上。

这是人类"宇宙"意识和"世界"视野之孕育萌芽和发展的阶段[①],亦是各个文明之古代经典体系蓬勃形成的时期。然而,正如林启屏指出的,"哲学的突破"带来了"理性化的世纪",从"整全"分裂为"殊多"正是这种"认知"现象所不可避免的问题。人类秩序整体上的重建与强化,乃是因为神性的秩序已然碎裂和丧失。庄子的"浑沌之死""道为天下裂"的描述精确抓住了"哲学的突破"的基本意义。超越秩序与现世秩序间出现的尖锐割裂,二者的组构逻辑已然相异,在"人间世"种种道德不一的分化和分裂过程中,"天下大乱,贤圣不明,道德不一,天下多得一察焉以自好","判天地之美,析万物之理"的认知带来对立、冲突与是非,"后世之学者,不幸不见天地之纯、古人之大体,道术将为天下裂"[②]。从原始未分化的浑然整全大体里,人类言语和书写的凸显打碎了一度和谐而混沌的整全世界,《庄子·应帝王》之末借中央之帝浑沌之死寓言,"日凿一窍,七日而浑沌死"[③],悼原始之统合而伤后世之分裂。但是古代经典体系的融合和形成,又给以人为本位、重新理性地思考和建构大全存有之"二度和谐"提供了契机。只是,这种古代经典体系的融合与建构,不可避免地伴随着重解经典的趋势和震荡,可说是底层信仰系统的变更在酝酿着民族精神之"河床"的剧烈改道,这给时人的震撼一定非常强烈。

综观东西,西方诠释学之源头的解经学与中国传统经学之产生,皆可说是为应对此"哲学突破"后之原始秩序碎裂、变局和挑战而应运而生。追溯西方诠释学(Hermeneutik)的源头可知,其起源于对古代经典、尤其是《荷马史诗》与《圣经·旧约》的诠释。这些古代经典总体上排斥理性,其依据是"神谕"与"神迹",而"神谕"不需要人们理解并通过人的理性做出判断与选择,它们所需要的只是顺从、不得忤逆。到了希腊化时代,理性崛起、民智大开,单凭"神迹"已不足以服

---

① 鲍永玲:《"世界"概念的缘起》,《世界哲学》2012年第3期。
② 郭庆藩:《庄子集释》,王孝鱼点校,中华书局1961年版,第1069页。
③ 郭庆藩:《庄子集释》,王孝鱼点校,中华书局1961年版,第309页。

众。此时亚历山大城的学者对广泛流传的《荷马史诗》《神谱》等神话表现出浓厚兴趣。他们对这些原始经典的理性反思和诠释整理，不仅使诠释学迎来了人类历史上第一次大发展的机遇，也使希腊人的思想完成两个重要转变：其一，伦理道德意义上的升华，在诠释过程中希腊人建立了基于理性的"正义""善良""自由""崇高"等范畴；其二，由此导致人们信仰上的转变，《新约》的普遍接受表明希腊人对具有更完美神格的耶和华之认同，他以人类之广博的仁爱精神将世人引入天国①。

　　而在东方，从孔子以《诗》《书》《礼》《乐》教授弟子开始，到西汉经学正式确立为止，皆可看作是经学的酝酿和形成阶段②。在中国传统经学的发源时期，即冯友兰所谓从孔子到淮南子的"子学时代"③：诸子将智性的视角日渐聚焦于天下之"人世间"，原始儒家则持续追问诗书礼乐实践的精神基础④，将肇端于周初"崇德贵民""惟德是辅""敬德明德"的趋势进一步人文化、伦理化，进而春秋战国时期将"德"内化于"心"，归结为可作为人性生发转化的内在力量⑤。这本身也在呼应着三代以来不断发展的时代趋势。由此，对原始经典的解读既显现出新面貌，又体现出激烈的对抗。古代礼乐秩序已"礼坏乐崩"，以这种逐渐崩解的古代政治社会秩序为意义支撑的原始经典是"有为之言"抑或"通论"，诠释者此中汲取

---

①　潘德荣：《诠释学的经典与经典诠释学》，《甘肃社会科学》2012 年第 2 期。

②　按徐复观见解，则发端于周公、中经孔子奠基、再到荀子皆属经学形成期。徐复观：《中国经学史的基础》，台湾学生书局 1982 年版，第 50—51 页。

③　冯友兰：《中国哲学史》，中华书局 1947 年版，第 28 页。

④　参徐复观：《中国人性论史·先秦篇》，湖北人民出版社 2009 年版；刘翔：《中国传统价值观诠释学》，上海三联书店 1996 年版。另余英时就帕森斯"哲学的突破"说及魏尔"崩坏"说详细探索了这一时期中国古代儒墨道突破的背景、具体情形以及新知识阶层"士"的兴起，详参氏文，《轴心突破和礼乐传统》，《二十一世纪》2000 年第 2 期；《古代知识阶层的兴起与发展》，见《士与中国文化》，上海人民出版社 1997 年版，第 1—83 页。陈来则借鉴"轴心文明与前轴心文明"说，集中探讨了中国西周以降至先秦时期"宗教的理性化：巫觋文化、祭祀文化与礼乐文化"以及"巫觋""卜筮""祭祀""天命""礼乐""天道""鬼神""德行""君子"等一系列相关思想变迁问题，详见氏著：《古代宗教与伦理：儒家思想的根源》，三联书店 1996 年版；《古代思想文化的世界：春秋时代的宗教、伦理与社会思想》，三联书店 2002 年版。

⑤　可参谢大宁：《儒学的基源问题："德"的哲学史意涵》，《鹅湖学志》1996 年第 16 期；晁福林：《先秦时期"德"观念的起源及其发展》，《中国社会科学》2005 年第 4 期；张国安：《先秦"德"义原始：兼论"乐教"成为"德教"之可能》，《江苏社会科学》2005 年第 3 期；李晓英：《个体性：先秦思想界对"德"之诠释》，《中州学刊》2008 年第 6 期；巴新生：《西周的德与孔子的仁：中国传统文化的泛血缘特征初探》，《史学集刊》2008 年第 2 期；姜志勇：《前孔子时代之"德"观念：中国民族"德"观之起源与演变》，《原道》2009 年辑，第 53—63 页。

的是"数"还是"义/德"等①,这些皆集中体现了时人在崩乱背景里针对经典诠释权、诠释鹄的的剧烈震荡与争执。尤其是西周到春秋时,以卜筮等巫文化为核心的《易》被逐渐扬弃,作为上古政治文献的《书》以及宫廷、宗庙和民间诗歌的《诗》则一变而为经典素材。在这种背景下,"王官"(王官之学的承担者)和"儒者"为代表的诸子("哲学的突破"的承担者),他们在这种震荡中既分享着某些共同知识和信仰体系,对"何谓经典"和"如何诠释经典"的理解却又如此不同,犹如民族精神的汹涌河流在酝酿着剧烈的"河床改道"。

正是在这种挑战中,儒家反复征引原始文本,使其强化为权威经典与规范资源;亦以"托古"方式持续注入"德"之精义,无论被称引语句在原语境中是否具有此伦理意味②。借助这种原始经典意义的成功转化,儒家在"崩坏"中维系着"连续",连续中又暗暗有着"内在突破",不断重构三代以来有所损益的诗书礼乐传统,重塑时人的心灵秩序。由此,古老王官之学里的神道社教与祭祀的神圣、对神意、天地神祇的尊诚等,在围绕三代礼乐传统的新经典诠释里并没有被完全消灭,而是被部分保存了,实际上是被睿智地转化了。如此,新观念形态出现并取代旧东西成为时代精神的代表,极大凸显出重新建构经典体系和新经典诠释的重要意义。在此阶段,儒者把原有经典和新创价值进行相互诠释——既从旧有经典中寻找新创价值的根源,又持续地把新创价值注入经典之中。因此,面对王官的权威,作为新诠释主体的儒者必然面临严峻挑战,他们必须捍卫新诠释方法论的合理性,回答这种新理解、新诠释与作为流传物之原始经典的关系,还要妥善处理传统文本与语境脉络的断裂性、延续性问题③。这正是中国传统经学发端

---

① 详参王博:《早期出土文献与经典诠释的几个问题》,叶国良编:《文献及语言知识与经典诠释的关系》,台湾大学出版中心 2004 年版,第 39—49 页。

② 可参林启屏:《古代中国"语言观"的一个侧面:以〈易·系辞〉论"象"为研究基点》,见李明辉编:《中国经典诠释传统(二):儒学篇》,台湾大学出版中心 2004 年版,第 23—26 页;马士远:《〈尚书〉中的"德"及其"德治"命题摅谈》,《道德与文明》2008 年第 5 期;宋亚莉:《〈谈诗经·大雅〉中西周的"德"思想》,《语文学刊》2008 年第 3 期;连劭名:《论〈周易〉中的"德"》,《周易研究》2007 年第 6 期。

③ 黄俊杰指出孟子诠释学起于"语言性的断裂"和"脉络性的断裂":前者指"人恒处于语言情境之中,但由于时空阻隔,古今异言,南北异趣,言语异声,文字异形"而造成诠释者与被诠释物之间的断裂;后者指经典中的思想产生、浸润于经典作者及其时代的思想/文化脉络之中,而经典的诠释者则处于完全不同时空条件所构成的"脉络性"之中。参李清良:《黄俊杰论中国经典诠释传统:类型,方法与特质》,《中国诠释学》第一辑,山东人民出版社 2003 年版,第 267 页。

时的艰难所在。

众多学者已然指出，较之于其他学派，经典对儒家的意义的确异乎寻常。无论是"儒者以六艺为法"（司马谈《论六家要旨》）①，还是儒家"游文于六经之中，留意于仁义之际"（班固《汉书·艺文志》）②，皆指明儒者并非将《诗》《书》等原始经典简单相加或拼凑在一起，而是不断对其内在义理进行诠释和建构，以期更符合从经典中体现人世间整体"秩序"的意味。郭店竹简《性自命出》描述圣人诠释经典的方法，乃是"比其类而论会之，观其先后而逆训之""体其义而节度之，理其情而出入之"③，也就是说圣人把一些杂乱具体的东西依照某种类别、次序或意义统合起来，节度之并会通之；马王堆帛书《易之意》言"上卦九者，赞以德而占以义也"，《易传·要》述孔子语"数而不达于德则其为之史""吾求其德而已……君子德行焉求福，仁义焉求吉"，说明"德"才是儒家圣人在诠释原始经典时真正看重的核心。这样，所谓"赞而不达于数则其为之巫"④，乃指巫者赞而不知数，史官知数不达德，儒家既知于数又达于德，且以仁义求吉、以德行求福。《系辞传·三陈九卦》将自履至巽的九卦以"德"为中心串联起来："是故履，德之基也；谦，德之柄也；复，德之本也；恒，德之固也；损，德之修也；益，德之裕也；困，德之辩也；井，德之地也；巽，德之制也。"⑤由此，谢大宁指出"易象"甚至可称"德之象"⑥。通过这样持续、艰苦而创造性的诠释工作，儒家所推崇的"德"被凸显，秩序和意义重现贯穿到那些原本杂乱和具体的文字中，使其成为血脉流通而活泼泼的"道"之有机体。

如前所述，"德"从西周以来不断凸显为作为人间秩序之礼乐文明的核心，"在心为德，施之为行"⑦，原始儒家对"六经"的引用与诠释正是基于"德"之践行

---

①　司马迁：《史记》，裴骃集解、司马贞索引、张守节正义，中华书局 1959 年版，第十册《太史公自序》，第 3290 页。

②　陈国庆编：《汉书艺文志注释汇编》，中华书局 1983 年版，第 117 页。

③　荆门市博物馆：《郭店楚墓竹简》，文物出版社 1998 年版，第 179 页。

④　陈松长、廖名春：《帛书〈二三子问〉、〈易之意〉、〈要〉释文》，见陈鼓应编：《道家文化研究》第三辑"马王堆帛书研究专号"，上海古籍出版社 1993 年版，第 432、435 页。

⑤　李道平：《周易集解纂疏》，中华书局 1994 年版，第 660—662 页。

⑥　谢大宁：《言与意的辩证：先秦、汉魏〈易经〉诠释的几种类型》，见李明辉编：《中国经典诠释传统（二）：儒学篇》，台湾大学出版中心 2004 年版，第 65—111 页。

⑦　郑玄注：《周礼》，高时显、吴汝霖辑校，中华书局 1998 年版，四部备要汉魏古注十三经影印本，第 89 页。

才成功地为濒于崩溃的诗书礼乐传统注入了新的生命力。郭店竹简《六德》论"仁义圣智忠信"六种德行:"观诸《诗》、《书》则亦在矣,观诸《礼》、《乐》则亦在矣,观诸《易》、《春秋》则亦在矣。"①这是强调"六经"乃以"德"为核心凝聚为一个整体,它们有其共通之处。《语丛一》云:"……生德,德生礼,礼生乐,由乐知形……《诗》,所以会古今之志也者;[《书》]……者也;《礼》,交之行述也;《乐》,或生或教者也;《易》,所以会天道人道也;《春秋》,所以会古今之事也。"②在此,《书》的指涉描述虽然残缺,却仍然可知六经在整体结构上各有其特殊意义维度和"德"之外显面相。《五行》曰:"德,天道也"③,而且"德者有得之谓,人得之以为人也""明德惟人有之,则已专属之人"④。"德"及其外显乃是道在人身上活生生的凝聚,它理所当然成为整个儒家人格修养功夫的核心,并进而外展为人世间之新秩序的依托,外推到整个宇宙化之生命体系的内核。

从历史进程上来说,《诗》《书》《礼》《乐》在春秋时期首先结合为一个整体,成为贵族教育的主要内容。如《左传·僖公二十七年》载晋国赵衰语:"说礼乐而敦《诗》《书》。《诗》《书》,义之府也;礼乐,德之则也。"但郭店竹简《六德》《语丛一》亦能证实,儒家以"六经"为代表的经典体系至少在战国中期已经初步完成。此后的秦、汉之际,无论"五经""六经"抑或"六艺"之流传,均经历新的诠释和思想断层。此时,儒家典籍历经战火散失极为严重,原始"六经"历经失而复现、错乱残缺和重新结集的过程,如《新唐书·艺文志》所描述:"自《六经》焚于秦而复出于汉,其师传之道中绝。而简编脱乱讹缺,学者莫得其本真,于是诸儒章句之学兴焉。其后传、注、笺、解、义、疏之流,转相讲述,而圣道粗明。"⑤不论是汉代今文经系统还是古文经系统,从诠释学角度来看实际上都经历过一场革命性变革,其"旧貌"换"新颜"之剧烈与东周"六经"相比已不可同日而语。除了"阵容"改观,如《乐》亡佚,《春秋》经、传相合,《论语》升迁;其文本性质也发生改变,如今文经

---

① 荆门市博物馆:《郭店楚墓竹简》,文物出版社 1998 年版,第 188 页。
② 荆门市博物馆:《郭店楚墓竹简》,文物出版社 1998 年版,第 194—195 页。
③ 荆门市博物馆:《郭店楚墓竹简》,文物出版社 1998 年版,第 149 页。
④ 王夫之:《船山全书》(第 6 册),船山全书编辑委员会编校,岳麓书社 1991 年版,第 395 页。
⑤ 欧阳修、宋祁:《新唐书》(第 5 册),中华书局 1975 年版,第 1421 页。

由口耳相传而着之竹帛成为文本①。从这些角度来考虑，"经学"在东汉的确立意味着原始经典意义转化的初步完成②。这些古代文献在持续的诠释中脱离其原有面貌，转化为以"德"为核心、儒家所需要定国安邦的"经典"并最终融合为内容交错而整体和谐的"六经"系统；其既体现为一个有机整体，又同时呈现着多面相的特殊意义和辉光，并最终凝聚为中国文化形成和蓬勃生长的胎盘。

第二节　"贯通水道"：儒家经典诠释与注疏理念的形成

在战国诸子中，荀子被认为与中国经学的形成最有密切的关系③。徐复观强调荀子对经学发展的关键地位："孟子发展了诗书之教，而荀子则发展了礼乐之教。若就经学而论，经学的精神、意义、规模，虽至孔子已奠其基，但经学之所以为经学，亦必具备一种由组织而具体化之形式。此形式，至荀子而始挈其要。"④而笔者也认为，荀子的重大贡献，还在于他将"通变"确立为原始经典诠释实践和意义转化的原则，并由此影响西汉经学家将"通儒"作为诠释者的最终皈依和价值鹄的。

如陈昭瑛所分析，荀子谈"通"，既指对"非历史性的"，或共时性的结构性的"一与多"之变化的掌握，亦指对"历史性的"，或历时性的发展的"古与今""废与起"之变化的掌握。最常与"变"相连的动词是"应"，有所本（即"一"）而能"应变"得宜的人为"通士"，对"类""统类"能认知掌握也是"通"⑤。荀子对"通"的这种理

①　景海峰：《儒家诠释学的三个时代》，李明辉编：《儒家经典诠释方法》，台湾大学出版中心2004年版，第124页。

②　王葆玹：《今古文经学新论》，中国社会科学出版社1997年版，第56页。

③　如清儒汪中的《荀卿子通论》认为："荀卿之学，出于孔氏，而尤有功于诸经。"见王先谦：《荀子集解》上册《考证下》，沈啸寰、王星贤点校，中华书局1988年版，第21页。

④　徐复观并指出荀子在《劝学》《儒效》中已将《春秋》与《诗》《书》《礼》《乐》联系起来，并在《大略》中将《诗》与《易》并举，已大致奠定了"六经"的规模。参徐复观：《中国经学史的基础》，台湾学生书局1982年版，第34页。

⑤　陈昭瑛：《"通"与"儒"：荀子的通变观与经典诠释问题》，李明辉编：《儒家经典诠释方法》，台湾大学出版中心2004年版，第192—200页。

解和诠释，乃使"通儒"与"俗儒""鄙儒"在价值上对立。徐干之《中论·治学》谓："鄙儒之博学也，务于物名，详于器械，矜于诂训，摘其章句，而不能统其大义之所极，以获先王之心。"①亦即是说，求"通论"而非拘泥于"有为之言"，掌握经典的"德/义"并加以发挥、融通，此乃"通儒"、"鄙儒"之根本分野②。王葆玹则索性把通儒之经学称为"通学"，并强调"多通""兼通"多经乃与"专一经"相对。如此，从理解和诠释经典的角度来看，荀子对原始经典体系的内在组织，皆以"通"为价值旨归，不仅使"六经"成为内在和谐的意义整体，也为儒家繁荣发展的"水道—疏导"之诠释理论和实践提供了重要的方法论指引、准则。在后学的反思来看，这种"通"，又必然是义理之学与考证之学相融合的产物，如戴东原云："经之至者道也，所以明道者其词也，所以成词者字也。由字以通其词，由词以通其道，必有渐。"③"解经"的目的是为了"通"，从字、词、句、章、篇乃至文本内部、群经之间，渐渐生成一个血脉贯通而活生生的有机体系，最后领悟"无言之道"的境界。"通"，既是后世经学家诠解群经的宗旨，亦逐渐内化为儒家神圣典籍之命名"经"字的题中应有之义。

　　中国古代经学与小学从不可截然区分，而总是相辅相成地推进着新体系和新诠释的建构。《说文解字》这部字书，原亦是汉代经学家解经之作，它采取的语词分析和字源溯考看似简朴，却蕴涵着当时儒者对天人、道义等问题的重新诠解和建构④。这就像是伽达默尔所云，真正的概念史思考"不能全盘照收其所使用的概念，而是收取从其概念的原始意义内涵中所传承给它的东西"，即认真观察

---

　　①　徐干：《中论》，《四部丛刊初编》中第 337 册。

　　②　汉末应劭认为，"俗儒""能纳而不能出，能言而不能行，讲诵而已，无能往来"之人，"通儒"则能"区别古今，居则玩圣哲之词，动辄行典籍之道，稽先王之制，立当时之事，纲纪国体，原本要化"。见应劭：《风俗通义校注》，王利器校注，明文书局 1982 年版，《佚文·徽称》，第 619 页。于迎春指出："大抵通古学者，以不守章句、训诂举大义为多，在他们眼中，'一句之解，动辄千言'，'讲诵师言，至于百万'的章句学者，率皆'俗儒'。至于他们自己，往往博学经籍，不守一门，知师法之所以然，打通学说之间狭隘的限域。从而出入通脱，无所胶滞。要之，所谓'通儒'，能够以相对自由的精神、开放的心灵、清明的眼光来对待圣经贤说"。见氏文：《以"通儒"、"通人"为体现的汉代经术新变》，《中州学刊》1996 年第 4 期。

　　③　戴震：《戴东原集》，中华书局四部备要本，卷九《与是仲明论学书》。

　　④　许慎《说文解字·叙》云："此十四篇，五百四十部，九千三百五十三文，重一千一百六十三，解说凡十三万三千四百四十一字。其建首页，立一为耑。方以类聚，物以群分。同牵条属，共理相贯。杂而不越，据形系连。引而申之，以究万原。毕终于亥，知化穷冥。"这里虽然显示出一种追寻内在逻辑的冲动，然而，语言内在生长所形成的秩序"杂而不越，据形系连"，却是更为根本的。见段玉裁：《说文解字注》，上海古籍出版社 1981 年版。

字簇生成的脉络、倾听其内部的共鸣①。我们考察"经"及其相关字簇，就会发现它的丰富内涵、真正生命力正潜隐于一个生机勃勃的语词谱系"树"里。"经"在此保留了它一切同源字的声音，它的意义也与这一切同源词发生着共鸣。因此，在讨论"经"之"水道—疏导"的诠释场域时，我们也应当倾听它从历史源流淌出的声音以及它与一切同源字的共鸣，那样将更有效地理解这一开放而收敛的水域，即儒家恢宏的经典诠释场域是何以通过"注疏"而交织而成的。

中国古代使用"经"称呼本学派之权威著作，本非始于儒家，也非仅止于儒家②，然使经学研究连缀不绝、蔚为学术大观者，则非儒学莫属。关于"经学"之"经"字来由，吴江、徐敬修曾细述："'经'，常道也，即不可变易之道也；以不可变易之道，载之于书，谓之'经籍'。古人称经之昭著，如日月经天，江河行地；盖惟其为常道而已，惟其为不可变易之道而已；此就经之大体言之也……即经学之意义，亦各有其说，几令人莫知所从。兹就各家对于经之解说，述之于下：班固《白虎通》训'经'为'常'，以'五常'配《五经》。刘熙《释名》训'经'为'径'，以'经'为'常典'，犹径路无所不通也。此就'经'字上引申之意也。许氏《说文》'经'，'织'也，从糸巠声；盖'经'字之义，取向治丝，纵丝为经，衡丝为纬，故引申之，则为组织之义。《中庸》云：唯天下至诚；为能经纶天下之'大经'，立天下之'大本'。此则'大经'与'大本'并称，其尊经之意可知。"③蔡方鹿指出，甲骨文中未见有"经"字，殷商时代尚没有"经"这一名词。"经"之初字是"巠"，首见于周代金文：在周代铜器盂鼎、毛公鼎、克鼎、晋姜鼎的铭文里，均有"巠"字。金文中亦有"经"字，见于虢季子白盘、齐陈曼簠、叔夷钟等④。但郭沫若认为，"经"的初字就是"巠"字，"经"则是稍后起的字⑤。

因"巠"字形像织机之纵线，可理解为与"纬"相应经；"巠"亦指纵丝，织布时纵丝维持不动，由此可引申为"常道"之意。然而，这亦指示出，"巠"与"直""纵"的关系颇为引人注目。"经""径"和"茎"都从"巠"字引申而来，"巠"来自"巛"字，

---

①　[德] 伽达默尔：《真理与方法》，洪汉鼎译，商务印书馆 2007 年版，第 7 页。

②　先秦道家有《道经》，墨家有《墨经》，法家有《法经》，天文家有《星经》，医家有《内经》《外经》。"经"与"典"在先秦的使用情况，参王葆玹：《今古文经学新论》，中国社会科学出版社 1997 年版，第 56 页。

③　吴江、徐敬修：《经学常识》，大东书局 1933 年版，第 1—2 页。

④　蔡方鹿：《朱熹经学与中国经学》，人民出版社 2004 年版，第 2—3 页。

⑤　郭沫若：《金文丛考》，人民出版社 1954 年版，第 194 页。

"《《"又是"川"的本字,其字形描画的正是垂直、活动的水波形象。如《康熙字典》所载:"《唐韵》:《《,川本字。《说文》:《《,贯穿通流水也。"《说文》:"坙,水脉也。从《《在一下。一,地也。"《广韵》:"直波为坙。"①"径,又疾也,直也。又直波也"。《尔雅·释水》:"直波为径"。《集韵》:"径,直也。"②可见,"直波"为"坙",像"川"之形,水动在上下之间,状垂直波也。值得重视的是,"《《"本指水流贯通直达,反之川流不通,即则是灾害之象。这种对"贯通直达""横冲曲拗"的褒贬取向,深深印刻在中国传统文化的根基之中。如此,"直""达""通""正"成为从"《《"引申出字群的共义:"茎"是中通而直,并成为受"天地之中而生"之"至灵人身"的喻象;"经"喻常道,亦指神圣典籍,如"五经""六经""十三经"……这也必然暗示着"经"的核心家族及其延伸出的诠释场域,有着四通八达之"水道""道路""大道"的喻象,并进而引申之则可指"先王之陈迹""心迹""吾心之常道"等。

尊重"经"作为常道之"河床"及其本身义理的流向,"疏通直达"(即"训""顺")则成为经典诠释的目标,而非拘泥语词、逆向强解或横生旁支。金文铭词"不顾逆顺"之"顺"从"心",如🖐️,也可用作"训"字;而"顺"也是"从页从《《"。《说文》:"顺,理也。从页从《《,会意。川流也。"《玉篇》:"从也。"《释名》:"顺,循也,循其理也。"《增韵》:"不逆也。"《尔雅·释诂》:"舒业顺,叙也。"《疏》:"顺者不逆有叙也。"又《小尔雅》:"顺,退也。"③也就是说"训"与"顺"互通,"顺"又指"川流"。如此暗藏的诠释目标就如朱熹所指出的:"某于《论》、《孟》,四十余年理会,中间逐字称等,不教偏些子……解说圣贤之言,要义理相接去,如水相接去,则水流不碍"④,"大抵某之解经,只是顺圣贤语意,看其血脉通贯处为之解释,不敢自以己意说道理也"⑤。"顺"与"训""叙"的互训,正指示了"血脉通贯""义理相接"的诠释要如"水相接去""水流不碍",此乃是经典诠释者小心翼翼寻求的目标。以"贯通"和"通达"为解"经"鹄的,中国传统经典诠释形

---

① 《康熙字典》,《《部。

② 《康熙字典》,彳部。

③ 《康熙字典》,页部。

④ 黎靖德编:《朱子语类》卷十九,中华书局 1986 年版,第 437 页。

⑤ 黎靖德编:《朱子语类》卷五十二,中华书局 1986 年版,第 1249 页。

成了细密的层次和体例之分，主要以"经"为核心，"传""记"为辅翼，注解、章句、义疏则锦上添花。刘知幾《史通》云："经犹日也"，"自圣贤述作，是曰经典，句皆韶、夏，言尽琳琅，秩秩德音，洋洋盈耳"，"昔《诗》、《书》既成，而毛、孔立《传》。传之时义，以训诂为主，亦犹《春秋》之传，配经而行也。降及中古，始名传曰注。盖传者转也，转授于无穷。注者流也，流通而靡绝"①。此时，经与传记界线仍然非常清楚，只有三代遗典才可称为"经"，《论语》以下儒家诸子皆称为"传记"。而在具体的诠解过程中，古代经典逐渐分层而制度化，训释体例与规则也慢慢成熟。

张辽叔云："《六经》为太阳，不学为长夜"②，"哲学的突破"时期所整理而流布的古代文本无疑居于经学诠释圈的核心位置；孔门后学、先秦诸子即子学时代原创或诠解的作品紧随其后，构成对"六经"最为直接、权威的解释或者发挥；汉代以降经学家的解经之作又等而下之，它们体例繁杂、面貌多样，散布在经典诠释的外围或者边缘地带③。总体说来，"六经"乃是诸子创作与经学家阐述的文献依据，后世之士绝大多数都曾以"经"为中心，从事传、注、诂、笺、记、疏、解、释、通等直接护盘的工作，形成一个累世的解经传统。但若将经典诠释的体例做一归并，则其功能和指向亦颇为丰富和多元，如"注之属：有传、有记，有笺，有注，有诂训，有解诂，有章句，有章指，有集解；疏之属：有义疏，有正义。大抵注不破经，疏不破注；注或迂曲，疏必繁称博引以明之"④。再结合周大璞对22种传统注疏体例的分析，在丰富而多元的解经传统和语义场里，最为突出的仍是"传、训、注、述、疏"等体例⑤，它们建构起一个巨大、有效而疏通的"水系—经道"之诠释场域。就如三国时东吴人杨泉所说："夫《五经》则海也，传记则四渎，诸子则泾渭也，至于百川沟洫畎浍，达水泉之流，以四海为归者，皆溢也。"⑥中国儒家经典诠释场域的

①　刘知幾：《史通通释》上册，浦起龙释，上海古籍出版社1978年版，《叙事第二十二》，第173页；《补注第十七》，第131页。

②　嵇康：《难张辽叔自然好学论》，严可均校辑：《全上古三代秦汉三国六朝文》第二册，中华书局1958年版，第1337页。

③　景海峰：《儒家诠释学的三个时代》，李明辉编：《儒家经典诠释方法》，台湾大学出版中心2004年版，第125—126页。

④　吴江、徐敬修：《经学常识》，大东书局1933年版，第156页。

⑤　周大璞：《训诂学要略》，湖北人民出版社1984年版，第36—48页。

⑥　杨泉撰、孙星衍：《物理论》，《平津馆丛书》乙集之三。

基本规模，也就是以经为中心、传记为辅翼、注疏之作众星拱之，这大致构成了汉、唐儒学文本群的层级之景观。而历代诠释者所做的工作，就是疏通原典所铸就的"河床"，甚或在河流断层和改道时进行新的挖掘、清浚，以导引时代精神的洪流在河床上浩浩荡荡地流淌，最终注入"道"之海洋。

第七章　开放而收敛的水域：
儒家经典诠释的隐喻

第一节　儒家经典诠释理念的形成

从孔子以《诗》《书》《礼》《乐》教授弟子开始,到西汉经学正式确立为止,可看作是经学的酝酿和形成阶段。在中国传统经学的发源时期,即冯友兰所谓从孔子到淮南子的"子学时代",诸子将智性的视角日趋聚焦于天下之"人世间",对经典的解读也呼应着肇端于周初将"德"内化于"心"及"德"之人文化、伦理化的趋势①。原始经典是"有为之言"抑或"通论",诠释者此中汲取的是"数"还是"义/德"等,这些皆集中体现了时人在经典诠释权、诠释角度上的剧烈震荡与争执。"王官"(王官之学的承担者)和"儒者"为代表的诸子("哲学的突破"的承担者),他们在这种震荡中既分享着某些共同知识和信仰体系,对"何谓经典"和"如何诠释经典"的理解却又如此不同,犹如民族精神的汹涌河流在酝酿着剧烈的"河床改道"。如此,新观念形态出现并取代旧东西成为时代精神的代表,极大凸显出重新建构经典体系和新经典诠释的重要意义。在此阶段,儒者把原有经典和新创价值进行相互诠释——既从旧有经典中寻找新创价值的根源,又持续地把新创价值注入经典之中。因此,面对"王官"的权威,作为新诠释主体的儒者必然面

---

① 　鲍永玲:《"直心为德"及其意象考释》,《哲学分析》2011 年第 3 期。

临严峻挑战,他们必须捍卫新诠释方法论的合理性,回答这种新理解、新诠释与作为流传物之原始经典的关系,还要妥善处理传统文本与语境脉络的断裂性、延续性问题。

在战国诸子中,荀子被认为与中国经学的形成最有密切的关系。徐复观强调荀子对经学发展的关键地位:"孟子发展了诗书之教,而荀子则发展了礼乐之教。若就经学而论,经学的精神、意义、规模,虽至孔子已奠其基,但经学之所以为经学,亦必具备一种由组织而具体化之形式。此形式,至荀子而始挈其要。"而笔者认为,荀子的重大贡献,还在于他将"通变"确立为原始经典诠释实践和意义转化的原则,并由此影响西汉经学家将"通儒"作为诠释者的最终皈依和价值鹄的。徐干之《中论·治学》谓:"鄙儒之博学也,务于物名,详于器械,矜于诂训,摘其章句,而不能统其大义之所校,以获先王之心。"亦即是说,求"通论"而非拘泥于"有为之言",掌握经典的"德/义"并加以发挥、融通,此乃是"通儒""鄙儒"之根本分野。

王葆玹则索性把通儒之经学称为"通学",并强调"多通""兼通"多经乃与"专一经"相对。如此,从理解和诠释经典的角度来看,荀子对原始经典体系的内在组织,皆以"通"为价值旨归,不仅使"六经"成为内在和谐的意义整体,也为儒家繁荣发展的"水道—疏导"之诠释理论和实践提供了重要的方法论指引、准则。"通",既是后世经学家诠解群经的宗旨,亦逐渐内化为儒家神圣典籍之命名"经"字的题中应有之义;尊重经作为常道之"河床"及其本身义理的流向,"疏通直达"(即"训""顺")则成为经典诠释的目标。以"水道"之"贯通"和"通达"为解"经"鹄的,中国传统经典诠释形成了细密的层次和体例之分,主要以"经"为核心,"传""记"为辅翼,注解、章句、义疏则锦上添花。

第二节　开放而收敛的水域:儒家经典
诠释场域的特性

黄俊杰认为,"中国思想史的特色之一就是它拥有悠久的经典注疏传统,思想家常常透过注释经典而建立自己的思想体系。……因此在中国特殊的历史文化传统中,形成具有中国特色的诠释学传统"①。中国拥有自己源远流长且别具特色的经典诠释传统,从某种意义上,它构成了对西方诠释学传统的一种挑战。从"经"之字源及其相关字簇出发,可对此开放灵活的注疏传统做一个粗略式的全景式描述,即儒家经典诠释实践实际上以"水道—疏导"为核心皈依,悠久注经史展现出一片人类精神之"开放而又收敛的水域",其核心特质可概括为:通而内敛,注而发散,疏而导引,以下分述之。

一、通而内敛

"经为心之常道",正说明"经"乃是被信仰的对象,亦是一切冲刷的河水(即具体诠释观点)流动和变更的坚实河床。在儒家经典诠释场域里,"经"占据了主河道的位置,其地形即具体的文本字句必然亦制约着具体诠释思想的发挥。然而,在面对处理具体经典文本与"道"之境域时,儒者总是毫不犹豫地选择"通"为诠释工作的最高鹄的:"何谓通? 凡治经者,不可不通经文之句读,经文之大义,以及字音字义,皆当澈底贯通者也。"②而这种"通",又必然是义理之学与考证之学相融合的产物,如戴东原云:"经之至者道也,所以明道者其词也,所以成词者字也。由字以通其词,由词以通其道,必有渐。"③"解经"的目的是为了"通",从字、词、句、章、篇乃至文本内部、群经之间,渐渐生成一个血脉贯通而活生生的有机体系,最后领悟"无言之道"的境界。

从此意义上来说,"血脉"乃是"道"在经文里的流动,是其透气处和收敛处。正如活的有机体内才可能活跃着血脉和精气,朱熹所代表的古典读书法指出一种局部与整体循环的有机阅读方式:"若看《大学》,则当且专看《大学》,如都不知有它书相似,逐字逐句一一推穷,逐章反复,通看本章血脉;全篇反复,通看一篇次第,终而复始,莫论遍数,令其通贯浃洽,颠倒烂熟,无可得看,方可别看一书。"④又说"某之解经,只是顺圣贤语意,看其血脉通贯处,为之解释,不敢自以己

① 李清良:《黄俊杰论中国经典诠释传统:类型,方法与特质》,《中国诠释学》(第一辑),山东人民出版社 2003 年版,第 266 页。

② 吴江、徐敬修:《经学常识》,大东书局 1933 年版,第 157 页。

③ 戴震:《与是仲明论学书》,《戴东原集》卷九,中华书局四部备要本。

④ 朱熹:《朱熹集》(第 5 册),四川教育出版社 1996 年版,第 2557 页。

意说道理"①。如此，"解经"之"解"，不是将经典机械地卸为几块，而是寻找经典的脉络流通处并得其大义，如朱子所说："经之有解，所以通经。经既通，自无事于解，借经以通乎理耳。理得，则无俟乎经。"②从这个角度出发，古代"通人"往往羞为章句，因为作为一种分析性的解经手法③，章句的最大毛病是将经典文本"分崩离析"，经典在这里丧失了"整体"的精神和生命力④。

日本儒者伊藤仁斋曾云："学问之法，予歧为二：曰血脉，曰意味。'血脉'者，谓圣贤道统之旨……血脉犹一条路，既得其路程，则千万里之远，亦可从此而至矣。"（《语孟字义》）"血脉"在此乃是儒家经典判析、位阶判分的标准，它流动于群经文本内部，指涉着"经"作为主河道的"内敛性"。诠释者对此"血脉"的把握，实际上是出于信仰和信念，用维特根斯坦的话说，"在有充分根据的信念的根基处，存在着的是无根基的信念"⑤。这些被预设的前提是不需要提出理由的，并比具体观点更为底层、共通和根本。这些作为共同前提的信念是诠释共同体之成员相互理解、辩难的基线，也是共同诉求的合法性之源。在某种意义上，它们的稳定和绵延不绝，构成了中国民族精神多样文化流淌的主河道。

但"河床"亦可能出现断层或改道，例如经学史上的若干大事件：从"六经"形成到"四书"突起、宋朝朱熹《四书集注》被尊为典范，到章学诚提出"六经皆史"经典的降格，甚至民国经典的史料化……从历史断层的角度来看，儒家诠释场域内涵的"通"与"内敛性"，不仅表现在纵向历史性的"血脉"或"道统"问题，亦可理解为在特定具体时代儒家始终存在着明确的诠释主轴，如汉代重"六经"、宋代重"四传"等。这就像是维特根斯坦的所打的比方，"如果我想转

---

① 黎靖德编：《朱子语类》卷五十二，中华书局 1986 年版，第 15 页。朱子有时亦将此精义称为"髓"，"为学读书，须是耐烦细意去理会，切不可粗心……去尽皮，方见肉；去尽肉，方见骨；去尽骨，方见髓。"陆象山也指出时人问题乃是："今之学者读书，只是解字，更不求血脉。"陆九渊：《陆九渊集·语录下》，中华书局 1980 年版，第 444 页。

② 黎靖德编：《朱子语类》卷十一，中华书局 1986 年版，第 192 页。

③ 刘师培：《国学发微》云：故传二体，乃疏通经文之字句者也；章句之体，乃分析经文之章句者也。"

④ 《经学常识》谈到解经戒："当戒割判。汉章帝纪建初八年诏曰：'五经割判，去圣弥远，章句疑词，乖离难正，恐先师微言，将遂废绝，非所以重稽古，求道真也。'是则割判经句，汉之中叶，已倡其风矣。""当戒破碎。汉儒说经，浮词繁冗，往往过乎其实，盖说经破碎，自汉已然。"吴江、徐敬修：《经学常识》，大东书局 1933 年版，第 160 页。

⑤ ［英］维特根斯坦：《论确实性》，张金言译，广西师范大学出版社 2002 年版，第 41 页。

动门，就得把门轴固定下来"，"我并不是明确地得知那些对我来说不可动摇的命题。我后来能够发现这些命题就像物体围绕它转动的轴。说这个轴是固定的，意思并不是指有什么东西使它固定不动，而是指围绕它进行的运动确定了它的固定不动"①。中国古代解经学的重要原则之一，乃是"注不破经，疏不破注"；宋明以后经训合本，训注内容往往只是用小字注于正文下。从这个意义上来说，一切经典的"注疏"都围绕着特定时期"经"之主轴在转动，并最终实现了"经"在具体诠释里的相对固定的枢轴位置。多样化的诠释观点在这里仍然具有灵活性和流动性，但却簇拥、环绕着"经"而收敛在一起，并显现出对经文本身的尊重。

二、注而发散

皮锡瑞曾云："前汉重师法，后汉重家法。先有师法，而后能成一家之言。师法者，溯其源；家法者，衍其流也。"②可见，儒家经典诠释场域从整体而言，既需有"内敛性"，亦需有"发散性"。就像冯耀明指出的，后继者对一二基本概念及基本论旨之着重点、引申点在诠释和说明上有或多或少不同的发挥，如此在各种可能理论建构中形成不尽相同的边缘性论旨，并因应不同时代的历史环境而形成各种因缘性的义理，由此而显示出经典传统的外散性③。也就是说，"经"作为河流之底盘并非绝对确实而自明，它是一个相对稳定的基础，并也只是以相对于以它为基础的表层信念系统而言；同时，外围信念系统围绕着此相对固定的基轴转动，它们没有基于自明基础的那种确实性，却具有一种流动性。这种流动性，却是使某一经典传统能够始终保持活力、推陈出新所必备的。在传统经学里，主要通过"注"来实现这种诠释的流动性和发散性。

《说文》云："注，灌也。"《仪礼·有司彻》："注犹泻也。"这是"注"的本义。东汉郑玄发明出"笺注"体裁，注文好比是水，经文有疑问的地方好比是缝隙，将注文夹在经文之间，就像往有缝隙的物件中间灌水一样。称"注书"为"注"，是后起

① ［英］维特根斯坦：《论确实性》，张金言译，广西师范大学出版社2002年版，第53、27页。
② 皮锡瑞：《经学历史》，中华书局2004年版，第91—92页。
③ 冯耀明：《经典诠释与理论转移：中国哲学经典诠释之三大变例》，见李明辉编：《儒家经典诠释方法》，台湾大学出版中心2004年版，第61页。

的意义。说法有四：一是刘知幾《史通·补注》："注者，流也，流通而靡绝。"二是贾公彦《仪礼疏》："注者，注义于经下，若水之注物也。"三是段玉裁《说文解字注》："注之云者，引之有所适也，故释经以明其义曰注。"四是孔颖达《毛诗正义》："注者，著也，言为之解说，使其著明也。"前三说都是把"注解"之"注"当作"灌注"的引申。比较起来，贾说似乎较为妥当。实际上，"注""传"意思相近，"给书作注释"最早称为"传"，郑玄后注书称"注"的人渐多，"注"字已成训释的通称①。但从整体经典诠释场域的角度来观察，"注"之命名大可玩味。

"注"既有灌注之意，诠释者与其说是从诠释物件中发现或引申出什么，还不如说是在给诠释物件"注入"些什么。但"注"并非简单地从属于注释物件之物，它同时也包含着主动的意义赋予。对于诠释物件而言，这种"注入"也可以看作是由旧意义向新意义的转化。由此，注经者看似尊奉经典，却并非旁观者，而是一个主导并参与的人②。一个注经者在从事经典注疏的同时，往往也在试图建立自己的诠释体系，重构或创建新的文本解释。也正是由于这种涓涓细流的主动汇入，才使经典传统不至于保守僵化而始终保持活力。

三、疏而导引

若将"经"想象为终归要注入大海的"水道"，那么注疏经典所用技巧就如同大禹治水，乃是"因势利导"，而非借用息壤来横加堵截。这就必须兼顾经文脉络或罅隙来理解。朱熹对学者再三提点，"学者初看文字，只见得个浑沦物事。久久看作两三片，以至于十数片，方是长进。如庖丁解牛，目视无全牛，是也"。"读书，须是看着他那缝罅处，方寻得道理透彻。若不见得缝罅，无由入得。看见缝罅时，脉络自开"，"读书，须看他文势语脉"③。看得有罅隙处，才可将己之领悟与新的意义注入；而这种注入又必须有所收敛，即体会到文字之精义、血脉是如何流淌的。如此，对"经"的训、注、传、叙，都只是作为支流疏导之用，而不可沉迷字

---

①　"汉唐宋人经注字均作注。段玉裁谓至明始改为'註'，与古义不合。注、註本为异体，且由来甚古。今人仍用注字。"汪耀楠：《注释学纲要》，语文出版社1997年版，第2页。"注"可分为：本注或原注，他注，注中夹注；"补注"；单注、集注等。

②　王博：《早期出土文献与经典诠释的几个问题》，见叶国良编：《文献及语言知识与经典诠释的关系》，台湾大学出版中心2004年版，第43—44页。

③　黎靖德编：《朱子全书》卷十，中华书局1986年版，第163、162、173页。

词、横拉硬扯，以致破坏"经"之义理流脉本身。林义正曾总结中国经典诠释的两个基型为"直释"与"旁通"，可谓点明中国传统注经法的精髓。前者指针对某一经典本身作阐发，对经中的字、句、章、篇、卷逐次解释，谋求由部分到整体间义理融贯的诠释，如"直解""贯解"之类；后者则指对两个以上的相异经典进行互通诠释，阐明此一经之旨义与彼一相异经典之旨义相通①。

传统注经体例大致可分"注""疏"两类，"注"是灌水，"疏"是把水疏导掉。相比较"疏"而言，"注"只为原书做注解；"疏"既释原书，也释原书已有的传注，可见二者功能指向有所不同。"注"更注重将一些新意义导入某一经典；"疏"则使这种新意义在更大的经典语境与循环里达致和谐；引申之，经、注、疏、治、导、引等都可理解为与"水道"喻象有关。这种万川归海的诠释旨归，又指出经典诠释的水域乃是大片开放的，相互勾连或沟通的水系汇总为新的河道而通向大海。

对经文罅隙的把握与血脉的体悟、新意义的"注入"和"疏导"，使每位诠释者总是在充实和改变着具体经典的"意义境域"，就像伽达默尔所说，"要求对他人的和本文的见解保持开放的态度。但是，这种开放性总是包含着我们要把他人的见解放入与我们自己整个见解的关系中，或者把我们自己的见解放入他人整个见解的关系中。……见解都是流动性的多种可能性"②。从此角度来看，诠释者无论是否回归原典，均不会造成经典意义的消解或悖离。因为在整个大经典诠释的脉络下理解和诠释经典，"我注六经"乃是强调"经"为"常道"的内敛性、枢轴性和连续性，"六经注我"则是指示出既因发散性和疏导性而有创建新谱系，即新的诠释河道的可能③。

---

① 林义正：《论中国经典诠释的二个基型：直释与旁通，以〈易经〉的诠释为例》，《台大哲学评论》1995 年第 31 期。

② ［德］伽达默尔：《真理与方法》（上），洪汉鼎译，上海译文出版社 1999 年版，第 345 页。

③ 林安梧分析说，"我注六经"是由下级层次（语句、结构）到上级层次（意象、道）；"六经注我"是由上级层次（道、意象）到下级层次（图像、结构、语句）。这个"我"已经不是一般经验性的我，而是达到一个绝对的、至高无上的一个"道"（道体），这时候"道"和"六经"自然合而为一，"六经"皆是"道"之显现也。"六经注我"这个"注"，乃是作为道的"注脚"；"我注六经"，则是"道"重新"贯注"到"六经"里面。参林安梧：《关于中国哲学解释学的一些基础性理解——道、意、象、构、言》，《安徽师范大学学报》（社会科学版）2003 年第 1 期。

第三节　经典诠释与思想创造

这里对儒家经典注疏传统做一个粗略式的全景式描述,即在"哲学的突破"之后,《诗》《书》等古代文献在儒者持续的诠释中脱离其原有面貌,转化为以"德"为核心、内容交错而整体和谐的"六经"系统。它既体现为一个有机整体,又同时呈现着多面相的特殊意义和辉光,并以其持久的生命力而成为中国文化形成与蓬勃生长的胎盘。在战国诸子中,荀子被认为与中国经学的形成最有密切的关系,他将"通变"确立为原始经典诠释实践和意义转化的原则,并由此影响西汉经学家将"通儒"作为诠释者的最终皈依和价值鹄的。"通",既是后世经学家诠解群经的宗旨,亦逐渐内化为儒家神圣典籍之命名"经"字的题中应有之义。由此,儒家经典诠释实践以"经"为主干、以"注疏"为诠解形式、以"贯通水道"为诠释鹄的,形成自己源远流长且别具特色的经典诠释传统和庞大的诠释场域。它以其独特性而构成对西方诠释学传统的一种挑战,并展现出一片人类精神之"开放而又收敛的水域",其核心特质可概括为"通而内敛""注而发散""疏而导引"。

在儒学发展史上,经典诠释与思想创造始终紧密联系在一起。儒学不仅有一个源远流长的诠释传统,儒学本身就是一个诠释的传统。希尔斯(Edward Shils)认为:"即使人们认为传统神圣不可侵犯,即使创新者问心无愧地说,他遵循的是保持原貌的传统,对继承物进行修改仍然是不可避免的。"①通过经典注疏来引进新意、建立自己的思想,是儒学传统延续、翻新的一个重要机制。在文本与诠释、历史传统与个体境况之间,必然存在着一种辩证的互动关系,就如同笔者采用维特根斯坦"河床喻"和"轴喻"所描述的,儒家经典诠释实践从整体而言,既需有"血脉—内敛性"保证"道统",亦需要"新鲜河水—发散性"和"流动性"保证经典的活力和创新性。在传统经学里,主要通过"注"来实现这种诠释的流动性和发散性,以"疏"来实现新诠释在更大的经典语境里达致和谐。正是在这种

---

① 〔美〕希尔斯:《论传统》,傅铿、吕乐译,上海人民出版社 1991 年版,第 60 页。

灵活开放的儒家经典注疏体系的主导下，"大川并流，小川汇聚"，各个时代的精神、智慧、风貌汇成一股中国文化精神之强有力的洪流，也使中国古代诠释传统呈现出更为丰富多彩的面貌。

第八章 "物"的多重面相

中国古典思想中"物"的用法似乎不难理解,引申常用词有"万物""生物""事物"等。"物"的英译是 thing,德译是 das Ding,似乎也简单明了,并无疑义。倘若我们查索"物"在中国现代哲学范畴史中的位置,不难发现,它始终处于较为边缘的状态。如张立文《中国哲学逻辑结构论》、蒙培元《理学范畴系统》、葛荣晋《中国哲学范畴通论》等①对"物"的分析基本集中于对"道器""心物"和"格物致知"等问题的附带论述中。然而,西方学者则敏锐地指出,在 things 和"物"之间存在着近代西方范畴化模式与古代中国人的根本区别。艾兰认为,对"物"的几个现有译法都不合适,如 creatures 将物只限定于动物的生命,thing 的原始意义是指无生命的客体,而 living thing 似乎也是个误导,因为它在我们心中设置了生物与非生物的对立②。

单提"物"字,并且从文字的源头重新发问"何谓物?"这凸显出重新探索人类古老智慧的必要性。在这里已有先例可循,海德格尔曾指出,人们必须重新发问:"何谓物","何谓物性(die Dingheit)?"他在其名篇《物》(Das Ding,1950)中,也曾追溯古高地德语的 thing 和 dinc 实际上是指"聚集",它将天、地、神、人汇聚在一起,即人在"物"中与天、地、神相接触,使它们彼此趋近、相互映射,共同构成"世界"(Welt)。拉丁语的 res 指那些相关于人的事件和情形,这些涵义仍然部分

---

① 张立文:《中国哲学逻辑结构论》,中国社会科学出版社 1989 年版;蒙培元:《理学范畴系统》,人民出版社 1989 年版;葛荣晋:《中国哲学范畴通论》,首都师范大学出版社 2001 年版。
② [美]艾兰:《水之道与德之端》,张海晏译,上海人民出版社 2002 年版,第 109—110 页。

地保留在德语 Ding 和英语 thing 中；只是，本常用于说明 res 的 causa 这个词，在被译成 Ursache（原因）之后，却被强加了因果性的意味①。在这样的几重转译之后，人类对"物"和"自然"之始源富有智慧的理解，被表象性、对象性的思维方式所湮没了。由此，"物"在现代语境里被解释为属性的实体和承担者，感知多样性的统一，或者赋形的质料。

我们如何打破这种表象性的迷误？在近代东亚语境里，汉语"物"和英语 thing 对译之后，"物"也逐渐被单向度强化为主客对立关系里的"外物""对象"，它从汉语文字源头所蕴涵的独特智慧和丰富的多重面相被渐渐遗忘②。但如艾兰所指出的，古汉语中的"物"，实际上以植物生长和再生为原型，却包含了水火、矿石、风气、植物、动物、人类等一切万事万物。只有以植物生长和再生的隐喻为根基，"物"的一系列思想簇群，如庄子的"物化"、儒家的"成物"、宋明理学的著名话头"万物一体之仁"才可得到恰当理解。同时，如陈淳《北溪字义》卷上"命"条所云："人物合论，同是一气""人气通明，物气壅塞"，"气"论乃是中国古代"物化""与物同体"思想的本体论基础。但要一一描勒出"物"在古典汉语语境里的多重面相，词源学考察和细致的文本分析，则是必不可少的方法和手段。

---

① M. Heidegger，"Das Ding"，*Vorträge und Aufsätze*（Gesamtausgabe，Band 7），Frankfurt am Main：Vittorio Klostermann，2000，S. 177. 海德格尔对"物"的关注是非常显著的，《存在与时间》（1927年）、《什么是物》（1931年）、《技术的追问》（1950年）和《物》（1950年）等作品都体现出他对"物"的关注，"物"成为众多追问的基础，如《存在与时间》中的"锤子""话筒"，《技术的追问》中"圣杯"，《筑·居·思》的"桥"，《物》的"壶"都是海德格尔所钟爱之"物"。但从本文分析可看出，如同亚里士多德区分了"自然生长物"和"人工制造物"，二者可勉强对应于"物""器"之分，"锤子""话筒""圣杯""壶"等皆属"器"也。杨庆峰、闫宏秀在《多领域中的物转向及其本质》（《哲学分析》2011年第1期）指出，现代西方科学技术哲学、伦理学、生存哲学和现象学都存在一个"物"的转向，它可看作是对传统语言学转向的回应；凌继尧在《物的意义的生成》（《江苏社会科学》2008年第3期）借用鲍德里亚的"物的意义"理论，指出工业设计使人置于封闭的、环环相套器物圈的圆心。这里的"物"，实际上都指的是人工制作的"器具""器物"，不是自然形成的"生长物"。"物""器"在现代语境里的混淆，显示西方表象式的迷误也深刻地侵入了汉语思维。

② 如现代汉语学者解《名实论》开篇："天地与其所产焉，物也。"冯友兰解："物为占空间时间中之位置者，即现在哲学中所谓具体的个体也。"参冯友兰：《中国哲学史》（上），华东师范大学出版社2000年版，第157页。劳思光解"指物"时亦指出："所谓'物'，则指具体对象，即表个别事物。"参劳思光：《新编中国哲学史》（第一卷），广西师范大学出版社2005年版，第290页。

第一节 "物"之三训

《说文》：万物也。牛为大物，天地之数，起于牵牛，故从牛，勿声。《玉篇》：凡生天地之间皆谓物也。《易·乾卦》：品物流形。又《无妄》：先王以茂对时育万物。

又《玉篇》：事也。《易·家人》：君子以言有物，而行有恒。疏：物，事也。《礼·哀公问》：敢问何谓成身。孔子对曰：不过乎物。注：物犹事也。

《周礼·春官·鸡人》：掌共鸡牲辨其物。注：谓毛色也。又《夏官·校人》：凡军事，物马而颁之。疏：物即是色。《楚语》：毛以示物。又《周礼·地官·丱人》：若以时取之，则物其地图而授之。注：物地占其形色知咸淡也。草人以物地相其宜而为之种。《左传·昭公三十二年》：物土方。《注》：物，相也，相取土之方面。

又《玉篇》：类也。《左传·桓公六年》：丁卯，子同生。公曰：是其生也，与吾同物。注：物，类也。谓同日①。

《康熙字典》收"物"之上述列释有三个指向。首先，"物"来自"勿"，而"勿"最初的涵义，可能与"刎"（区分开来）有关系。据考证，在华夏文化的早期，"白"色和"勿"色可能分化得最早："白"包括所有浅色，"勿"包括所有深色（或杂色，如赤、黄、青等）。接着，"黑"被放到色谱末端，代表最深的颜色②。而"物"这个字，"勿牛"，裘锡圭认为这可能是"杂色牛"，商人祭祖礼常用的一种祭牲。因为同时被使用的，其实还有"勿马""勿牡"之类。王元化亦指出，按照王国维《释物》："古者谓杂帛为物，盖由物本杂色牛之名，后推之以名杂帛。"即"物"的本义其实不是"万物"，而是"杂色牛"，"推之以名杂帛，后更因以名万有不齐之庶物。因此，万

---

① 张玉书等：《康熙字典》（标点整理本），汉语大词典编纂处整理，汉语大词典出版社 2002 年版，第651 页。

② 郭静云：《幽玄之谜：商周时期表达青色的字汇及其意义》，《历史研究》2010 年第 2 期。

物乃物字的引申义①。故上引《康熙字典》诸条释里"物"亦指鸡牲、牛马的"毛色",或"土色",或"云色"②,或引为"类别"之义,其实都是"分辨义"。还可引申为动词观察、区分,如"物色"③。《庄子·达生》云:"凡有貌相声色者,皆物也。""物"所具的这些意思,正是因为"物"有"形色","形""体""色"本身就代表了一种区隔和界限之分。《齐物论》所说:"道行之而成,物谓之而然",更清晰地指示出人类语言的称谓能力使"物"在混沌中呼之欲出而区别于他物。

其次,"物"绝非现代意义上理解的那种固定不变的实体,而是具有"生生""生成"的过程义。"物"当然不仅仅是指那些繁衍滋生的草木动物,石头、气、火之类都包括在内,如同亚里士多德所说内含 φύσις 之创生的一切自然生长物,故"凡生天地之间,皆谓物也"。从这个意义上,万物之生乃是 Ereignis 的绽出,"物即事也"④。若以庄子的观点来看,"通天下一气"(《知北游》)、"万物皆出于机,皆入于机"(《至乐》),气凝聚而生人生物,体坏形散之后,复返天地之一气;死事与生事,不过是气的聚散变化而已,故《文心雕龙·物色》亦云:"枢机相通,则物无隐貌。"

最后,"品物流形"是指既然有"物",就有"形状"和"秩序","万物以形相生"(《庄子·知北游》)。如张载说:"天之生物也有序,物之既形也有秩。"(《正蒙·动物》)也可以说,"成物"就是"(他)赋形"、"(自)践形"的过程,故《礼记·哀公问》:"敢问何谓成身,孔子对曰:不过乎物。"这里所说"流形""生物",显然与亚里士多德一样强调自然创生性;但又可以稍加分辨。如亚氏分"物"为"制作物"和"生长物",中国思想里则分为"物"和"器"。亚氏认为"制作物"并非按照 φύσις 的涌现产生,而是按照逻辑规律等制作而成。这里显然将人造物(器)纳入一种比"生长物"还要次等,即摹仿之摹仿的位置,这一思想后来颇占主流位置。

---

① 王元化:《文心雕龙创作论》,上海古籍出版社 1984 年版,第 110 页。

② 《周礼·保章氏》:"以五云之物,辨吉凶、水旱、降丰荒之祲象"。郑玄注:"物,色也;视日旁云气之色。"孙诒让《正义》:"凡物各有形色,故天之云色,地之土色,牲之毛色,通谓之物。"

③ 汪涛:《殷人的颜色观念与五行说的形成与发展》,见艾兰等主编:《中国古代思维模式与阴阳五行说探源》,江苏古籍出版社 1998 年版,第 268 页。但在刘勰《文心雕龙·物色》中,"物色"指自然事物富于生命感的外在形貌:"春秋代序,阴阳惨舒,物色之动,心亦摇焉。……物色相召,人谁获安?"

④ 海德格尔在《路标》里花了大篇笔墨来讨论的 physis,尤其是《论 φύσις 的本质和概念。亚里士多德〈物理学〉第二卷第一章》这篇长文。参[德] 海德格尔:《路标》,孙周兴译,商务印书馆 2000 年版。

  但在中国思想里,"物""器"关系具有一种复杂性。如对应亚氏"(广义)生长物",是老子的"万物并作"或孔子的"百物生焉";对应"制作物"的则是"器",如老子所说"朴散则为器"(第二十八章),或《玉篇》引《老子》曰:"璞散则为器"。"朴"乃未斫之原木,或王充云:"无刀斧之断者谓之朴"(《论衡·量知》);"璞"则是未理之玉石。所以,"器"的特点其实亦是从"块然"而有所赋形和成形。对待"器"的看法,儒道颇有些差异,如老子"为天下谷,常德乃足,复归于朴"(《老子》第二十八章),庄子所说混沌被凿七窍而死的故事,都是反对人工赋形而"起伪"。孔子则夸赞子贡为贵重的礼器"瑚琏",又说到"君子不器"(《论语·为政》),当然,这里"不器"的意思应是,君子更有其他的大用,不仅仅限于"器"的具体作用上。甚至我们现在还常常可听到的一句话,就是父母高辈痛心责备子女道:"不成器啊!"都显示了"器"须人工陶冶、养成。可见,一般而言,"物"指自然成形,也可指事;"器"则是人工赋形,且"物"乃以自身长成为目的,而"器"以其用为目的。不过,"器"的涵义在《易传》里有了些许变化,如《易·系辞》:"形乃谓之器。"王弼注:"成形曰器。"又说:"形而上者谓之道,形而下者谓之器。"为何不用"物"来定义"形而下者",却用"器"来定义? 可能还是因为"物"有"事"义①,且"(万)物"(万事)多以自生自灭、复归其根为目的;而"器",却暗含了一种以"朴(璞)散"而成为"他物",即工具化、实体化的倾向。

  这也说明,《易传》里的形而下世界是一种"下学",即人所居有的"器"之世界。在宋明理学里,"气"也被认为是"器",这里气显然隐涵了"气"亦以化生万物为目的。王船山所谓"盈天地之间皆器也"②,乃是以道、器、物为"气"的不同面相,即"统此一物,形而上则谓之道,形而下则谓之器,无非一阴一阳而成"③。在

---

  ① 王阳明那里的"意之所在为物",也不是说成"意之所在为器"。这里的"物",就被王阳明训为"事"。当然,王阳明对"格物",以"正心"为"格"的解释也不一定合于《大学》原本。考察《大学》释"物"不多,其用法近于《中庸》,亦是"物""知"对举,如"致知在格物","物格而后知至";亦说:"物有本末,事有终始;知所先后,则尽道矣。"劳思光认为,这里的"物"和"事"互训,指的都是工夫的"对象",即下文的"意、心、身、家、国、天下"等。见劳思光:《大学中庸译注新编》,香港中文大学 2000 年版,第 7 页。但要从"本末"这个常常形容草木的意象来看,"格"也许可以理解为"树高长枝",而"来"、而"至"、而"止"。

  ② 王夫之:《船山全书》第一册,岳麓书社 1988 年版,第 1026 页。

  ③ 王夫之:《船山全书》第十二册,岳麓书社 1992 年版,第 427 页。这是发展了朱熹的观点:"形器之本体而离乎形器,则谓之道;就形器而言,则谓之器。"引自黎靖德:《朱子语类》第五册,中华书局 1986 年版,第 1936 页。

他这里,传统的"道""器"不过是指"物之道器",即"物兼道器"。换言之,"道""器"乃是"物"的两种属性,谈"道""器"关系实际上是论"物"的两种属性之间的关系①。可见,早期儒道对"物""器"看法有不一致,亦有融合、变迁和交错,但在价值论上对"器"却并无贬低。因为重要的是,"器"也须顺自然天性而造成,乃是"先王以茂对时,育万物"(《易·无妄》)的产物,却并不强调亚里士多德所指"人工制作物"的摹仿之摹仿特性。

第二节 生 生 物 化

考究先秦的哲学史会发现,有趣的是早期道家非常重视"物"(万物)的意象,而儒家却要次之。例如《论语》中"(百)物"仅出现了一次:

> 子曰:"予欲无言。"子贡曰:"子如不言,则小子何述焉?"子曰:"天何言哉? 四时行焉,百物生焉;天何言哉?"(《阳货》)

孟子中"物"二十二见②,"生物"连用凡多次,如"虽有天下易生之物也,一日暴之,十日寒之,未有能生物者也。吾见亦罕矣,吾退而寒之者至矣,吾如有萌焉何哉?"(《告子上》)"天之生物也,使之一本,而夷子二本故也。"(《滕文公上》)"流水"也被称为"物",或许因"流水"有"不盈科不行"的天然秩序:"流水之为物也,不盈科不行;君子之志于道也,不成章不达。"(《尽心上》)孟子还首开"心""物"对举的用法,如"权,然后知轻重;度,然后知长短。物皆然,心为甚"(《梁惠王上》)。"耳目之官不思,而蔽于物,物交物,则引之而已矣。心之官则思,思则得之,不思

---

① 李秀娟:《物兼道器与一体两面》,《船山学刊》第 1 期。异曲同工的是清代诗论家叶燮论"物"的三要素"理""事""情":"譬之一木一草,其能发生者,理也。其既发生者,则事也。既发生之后,夭矫滋植,情状万千,咸有自得之趣,则情也。""一木一草"乃是"物",将"理""事""情"统于一身。

② 据杨泽波的考证,物在《孟子》二十二见,主要涵义有二:一是物品、物件。如"物皆然,心为甚";"夫物之不齐,物之情也";"夫物则亦有然者也";"虽有天下易生之物也";"流水之为物也"。二是事情、事物,即牟宗三说的"行为物",如"既不能令,又不能命,是绝物也";"此物奚宜至哉","舜明于庶物","故有物必有则";"有大人者,正己而物正者也"。见杨泽波:《孟子性善论研究》,中国社会科学出版社 1995 年版,第 181 页。

则不得也。"(《告子上》)并比《中庸》更早地将"己""物"并提:"有大人者,正己而物正者也。"(《尽心上》)总的说来,孔孟对"物"字的探讨比较寡淡和平常,也没有更多地将"物"上升到生机勃勃之宇宙论层面上加以讨论。但《孟子·尽心上》提出了一个崭新命题:"万物皆备于我矣。反身而诚,乐莫大焉。强恕而行,求仁莫近焉。"这里将"万物皆备于我"和"乐"的境界、"反身而诚"的工夫、"仁"的生命情感放在一起讨论,但"万物一体"与"仁"之间的关系尚不明晰。

反观老庄,"(万)物"在其思想体系中,与"道""德""命"等词语相互渗透、共鸣,其内涵极具生命力,其画面极具感染力①。如老子"上善如水,水善利万物而不争,处众人之所恶,故几于道"(《老子》八章)。"万物并作,吾以观其复。夫物芸芸,各复归其根。归根曰静,静曰复命,复命曰常。"(《老子》十六章)"大道泛兮,其可左右。万物恃之以生而不辞。功成而不有。衣养万物而不为主,常无欲,可名为小;万物归焉而不为主,可名为大。"(《老子》三十四章)"道者万物之奥"(《老子》六十二章),"草木之生也柔脆,其死也枯槁。故坚强者死之徒。柔弱微细,生之徒。"(《老子》七十六章)可见,老子的"(万)物"图景描绘了一切天然生之、长成的草木历程。它们的种子必须在适当的季节和环境中发芽,而不是在背"时"的情况下。借助水气的滋润、渗透,种子在土中发芽、柔脆茎叶渐渐绽露、舒放花蕾、落下果实,枯萎而归根……这样有秩序地"常道",却不是恒常(canstant),而是包含一系列的变化和痕迹;不是 ruhig(安静的),却是大音希声的 Stillness。正如伽达默尔所说:"变化中也有消逝,消逝中也有变化。"

从上而言,在老子看来,"人"只不过以一茎之身而厕身于"芸芸万物"之中,故描写草木萌生时的柔弱微细、枯萎时的坚强枯干,完全也适用于描写"人"。相映成趣的是,孔子对"天何言哉,万物生焉"的赞叹,亦显示出忘我的对宇宙之生生不息的静观。然而,在孟子处,虽仍将"德之端"形容为"易生之物"的萌芽,但所谓"正己而物正""万物皆备于我",都显示出一种己身从"物"疏离、对待的倾向。作为对比,不妨再看庄子,我们就会发现,在孔子和老子非常清新质朴"万物

---

① 有学者考证,《庄子》中"物"字出现 202 次,复合词"万物"出现了 100 次。见张京华:《说新道家》,《阜阳师范学院学报》1998 年第 2 期。

静静生长、凋谢"的画面,在庄子这里要复杂、斑驳得多:

一是在老子的"(万、生)物"意义上用的,"野马也,尘埃也,生物之以息相吹也"(《逍遥游》),"藐姑射之山,有神人居焉。肌肤若冰雪,淖约若处子,不食五谷,吸风饮露,乘云气,御飞龙,而游乎四海之外;其神凝,使物不疵疠而年谷熟"(《逍遥游》)。这里的"物""生物""万物"等,都可理解成大道流行而产生的"自然之物",人、动植物乃至山石河流等都可涵括在内。"许由曰:'吾师乎!吾师乎!万物而不为义,泽及万世而不为仁,长于上古而不为老,覆载天地刻雕众形而不为巧,此所游已。'"(《大宗师》)"物"是"天地覆载刻雕众形",但庄子在此却并无如混沌被凿七窍而死的贬低,而是颇有赞美之情。这种赞美之情,或许是因为"物"乃自然生成,而非"器"那般是人工造就的。

二是在进一步抽象的"道"论意义上所用的:"道通为一。其分也,成也;其成也,毁也。凡物无成与毁,复通为一"(《齐物论》),"杀生者不死,生生者不生。其为物,无不将也,无不迎也;无不毁也,无不成也"(《大宗师》)。"得其常心,物何为最之哉?"(《德充符》)总体来说,庄子对由"生生"之"道"产生的"自然物",基本持亲近态度。"道无终始,物有死生"(《秋水》),人与物乃是浑然一体共振于混沌之气中,"显形"短暂而生的"自然物"本身就崭露为意义。但同时,随着语言的发达,"物"抽象到一定程度而多指涉贵贱、荣辱、善恶、是非、曲直等名利道德的无形"人为之物"时,庄子就多有排斥之意,如"物累"(《刻意》)、"丧己于物"(《缮性》)等提法。

如此,庄子发展出自己独特的"物物""物际""物累"和"物化"思想。它们体现出《庄子》里"物"论的多向度和复杂性[①]:(1)"物物"明"道"的主导功能,说明"物"的一体性、多层次和相互联系性,如《知北游》云:"有先天地生者物邪?物物者非物,物出不得先物也,犹其有物也。犹其有物也无己。"(2)"物际"明"物"之极限和相互的分际性:"物物者与物无际,而物有际者,所谓物际者也。不际之际,际之不际者也。"(《知北游》)(3)"物累"(《刻意》)指出"物"对人心会有引惑。(4)"物化"则强调"气"之本体的流动性,使死生无际、道物无际:"物化"一词依次见于《齐物论》《天地》《天道》《达生》和《则阳》篇,意味都稍有不同。如《齐物论》

---

① 可参顾文炳:《庄子思维模式新论》,上海社会科学院出版社 1993 年版,第 59—62 页。

讲述庄周梦蝶①,《则阳》则说:"冉相氏得其环中以随成,与物无终无始,无几无时。日与物化者,一不化者也,阖尝舍之!"其实若从"环"的角度来看,"始卒若环"的万物流变却是生生灭灭,"无终无始,无几无时","化"是自然而然的生命历程②。故《寓言》说:"万物皆种也,以不同形相禅,始卒若环,莫得其伦,是谓天均。天均者天倪也。"如此,"以道观之","虚静推于天地、通于万物"(《天道》),自然会获得"至乐"的生命体验。

"化"点出了"物"之为物的重要特性,即无论是草木,还是土石,都有自己生长、形成的"历史","物"有悠久的训为"事"的传统,而"事"和"史"在古文字中恰恰是互训的关系。它们指向一个正在生成的、活生生的世界,就如同里尔克所说:"只有物能向我言说。罗丹的物、哥特式教堂上的物、古代的物,——所有完美的物。它们将我指向它们的原本,指向运动中的、活生生的世界,简单的、不加解释的,作为通往物的契机。"③孔子曾经赞叹:"四时行焉,百物生焉。"正是春夏秋冬的四时流转,寒来暑去,"雷以动之,风以散之",大雁南飞、鳜鱼洄游,这些才形成了真正丰盈的时间和历史,而非那些苍白、线性、带有刻度的物理时间铸就了历史。

《礼记·月令》更是提到:"某日立春,盛德在木";"某日立夏,盛德在火";"某日立秋,盛德在金";"某日立冬,盛德在水"。这些日子仿佛因此而变得无比丰盈、成熟,如同"德"的涵义,善美、正大、光明、纯懿。因为这些物,金木水火也随着变得丰盈无比,以致整个自然界都充溢着它们的意象,而在那一天成了自然界狂欢的节日。《中庸》赞曰:"大哉圣人之道,洋洋乎发育万物,峻极于天。优优大哉!礼仪三百,威仪三千,待其人而后行。"又说:"万物并育而不相害,道并行而不相悖;小德川流,大德敦化;此天地之所以为大也。""圣人"的职责正是"发育万物",使"万物"各自达致生命灵性的顶点,直至"盛德"。这一目标在儒家看来,只有借助"成己"与"成物"才可实现。

---

① "昔者庄周梦为胡蝶,栩栩然胡蝶也,自喻适志与!不知周也。俄然觉,则蘧蘧然周也。不知周之梦为胡蝶与,胡蝶之梦为周与?周与胡蝶,则必有分矣。此之谓物化。"郭象在《庄子注》中解释为"死生之变",成玄英疏为"物理之变化",陈鼓应将其解释为"物我界限之消解,万物融化为一"。

② 《老子·第三十七章》说:"道常无为而无不为。侯王若能守,万物将自化。化而欲作,吾将镇之以无名之朴。无名之朴,亦将不欲。不欲以静,天下将自正。"

③ R. M. Rilke:"Brief an Lou Andreas-Salomé", 8. August 1903, R. M. Rilke, Ruth Sieber-Rilke u. Carl Sieber (hrsg.), *Briefe aus den Jahren 1902 bis 1906*, Leipzig: Insel Verlag, 1929, S. 117.

第三节 "物"之成、序、位、格

若深入分析《庄子·逍遥游》里"樗"以及《达生》里"蹈水之道"的对话,就可知庄子已有意凸显两种自然观间的矛盾——如前者,惠子对"樗"抱持世俗的实用功利主义态度,"物"只是一种工具和手段,并无独立意义;庄子则从"大道流行"角度认为"物"之涌现本身就是意义。后者,孔子代表知性立场,人与物乃是驾驭与被驾驭的主客分化的关系;吕梁丈夫却以"蹈水"实践证明"人"与"物"本就是浑然一体的亲缘关系①。这两种自然观的矛盾和理解上的复杂性,是由人类智性本身发展趋于抽象所决定的。如《荀子·正名》里的"物"仅是"大共名":"万物虽众,又是欲遍举之,故谓之物。物也者,大共名也。""人"在斑斓万物、气象流转的图象里被凸显为中心和主体,"物"则逐渐推远、抽象为"外物"和"名词",这种源初神秘的同根相生、共振性在常人、世俗间被渐渐遗忘。

本来,初民认为"物""人"都为天地生成、同声共气而相互感应,故有"物感"说;其神秘性又使人敬畏和恐惧,故有"拜物"说;但人对物源初的依赖性,使人又有了《左传》《周礼》所谓"官物""材物"之需要。如此,管理、裁制"物"的意识逐渐强化,"制物""胜物"在《荀子》《韩非子》里反复出现,"役物"而不为"物所役"渐成焦点。在此背景下,庄子用"樗"和"蹈水之道"的故事,凸显了两种"物"观的矛盾。原始儒家对时代的这一困境和矛盾也并非没有反思,所谓"成物"(《中庸》)、"序物"(《乐记》)、"位物"(《易传》)、"格物"(《大学》)等,都是儒家对此提出的应对方法,以下分殊之。

《中庸》第二十五章指出:"诚者非自成己而已也,所以成物也。成己,仁也;成物,知也。""成己"乃是人的自"践形","成物"则是"辅助万物",使万物的本性真实完整地显露和实现:"成己"是"尽己之性","成物"是"尽物之性",二者的根基皆出于"诚"。《中庸》里提到"苟不至德,至道不凝",又说"其次致曲,曲能有诚,诚则形,形则著,著则明,明则动,动则变,变则化;唯天下至诚为能化。"这些

---

① 王焱:《庄子道境中的物:以庄书中的两段对话为切入点》,《浙江社会科学》2009 年第 11 期。

说明了"至德""盛德"和"诚"之间有着联系,正是"诚"才使"物"完满地、自由地生成,各得其所、各安其生,使道周流无蔽而达到生命完美的最高度。所以,"诚者,自成也;而道,自道也。诚者,物之终始;不诚无物"。"诚"其实就是"自成",朱熹释"诚"为"自然无妄"(《朱子语类·性理三》),或"自然成就底道理,不是人去做作安排底物事。"(《朱子语类·中庸三》)因为"自诚明,谓之性","物"能够不受人力干涉而自然、自由地生长,显示自己的"天命之性",也就展现了"天地至诚"。而"成物"的实现,就是让禽兽、昆虫、草木等万物自然、自由地成长,使其天赋本性真实完整地显露和实现,即"因物成就而各得其当""全其形而遂其宜"。

对"诚"的这种强调,使人与物不至于从源初状态上就疏离开来,亦使人在处理与万物的关系中不至于僭越过多,而是致力于"参赞天地"。因此,《中庸》和二程等倾向于把"成物"看成圣人、仁者的德行,《易传》、荀子和朱熹等把"成物"看成君主、君子的责任和义务①。如春秋时史伯指出,"夫成天地之大功者,其子孙未尝不章",虞舜、上祖、虞幕"能听协风,以成乐物生",大禹"能单平水土,以品处庶类",他们都可使万物乐生、各得其所,使其后代地位显赫而得天下。但史伯认为当时周室因"去和而取同"不能"成百物"而衰落(《国语·郑语》),故指出"成物"乃是"达己""成己"的前提。但实际上,儒家的"成物"更近于理想而非现实,即使是荀子说"故序四时,裁万物,兼利天下,无它故焉,得之分义也"(《荀子·王制》),仍然回到了"裁制万物"的老路上。

在"心""物"区分的格局下,"物"已被推远,"成物"是发挥人的智性以认识和辅助万物。朱子将"赞天地之化育"解为"赞助":"人在天地中间……人做得底,却有天做不得底,如天能生物,而耕种必用人;水能润物,而灌溉必用人;火能炊物,而薪炊必用人。裁成辅相,须是人做,非赞助而何?"(《朱子语类·中庸三》)而人能"赞助天地",首先必然要以理性的认识和实践为前提。除此设想外,古人也试图用人文、礼乐驯化"物",如《乐记》所言:"乐者,天地之和也;礼者,天地之序也。和,故百物皆化;序,故群物皆别……天高地下,万物散殊,而礼制行矣;流而不息,合同而化,而乐兴焉。"通过"乐和同,礼别异",外在被推远的"物"又被重新组织到社会伦理和文化的秩序里。

---

① 杨胜良:《论儒家"成物"思想》,《孔子研究》2009 年第 3 期。

"物"不再因其自在的野蛮性而使人们"拜物",而是以"比德""寄托""抒情言志"等手法使礼乐文化更加可感、亲切。所谓"乐著大始,而礼居成物",在看似纷繁杂乱的事物态势里,儒家试图寻觅出一种出自主体心灵的和谐感、整体感和秩序感。"礼也者……理万物者也"(《礼记·礼器》),这一点也很清楚地体现在张载对"天秩"和"礼"的思考里:"生有先后,所以为天序;小大、高下相并而相形焉,是谓天秩。天之生物也有序,物之既形也有秩。知序然后经正,知秩然后礼行。"(《正蒙·动物》)"天之生物便有尊卑大小之象,人顺之而已,此所以为礼也。"(《经学理窟·礼乐》)在这里,张载将"天秩"与"礼"几乎相等同了。而另一点值得注意的是,"礼作然后万事安"(《礼记·郊特牲》),在"礼"的框架里,"事"和"物"常常通用。如顾炎武《日知录》卷六"致知"条所云:"君臣父子国人之文,以至于礼仪三百,威仪三千,是之谓物。"朱熹亦说:"凡天地之间,眼前所接之事,皆是物。"(《朱子语类》卷五十七)这是因为"物"在礼乐文化的浸淫下已经更多地吸纳进"事"和"史"所具有的"职责"涵义[1],即要求别异、正位、成序:"礼以定伦,德以叙位。"(《荀子·致士》)"物—事"既被"礼"收摄,又被"礼"归约,其结果是对"物—事"提出了"位"的要求。"万物莫不位矣","致中和,天地位焉,万物育焉",这些赞叹皆显现出文教制度对物—事的人类伦序要求,在《易传》里这点体现得尤其显著,这也是周初以来人文理性和礼乐文化发展的必然结果[2]。

除了"成物""序物""位物","格物"观亦反映着"物"在先秦时的复杂内涵和多重面相。回溯"格物"观最初产生的语境,可知其亦是原始儒家面对两种"物"观的矛盾和困境提出的应对方法。郭店楚简《性自命出》篇云:"好恶,性也。所好所恶,物也。"孟子虽已将心物对举、己物并提,但在这里,"物"更须人们的警惕,它是伫立于人性对面的客体、对象,它牵引和诱惑着人性之好恶的产生。"物"在此不再与人同根共源,而是近似于异类和他者,人性被动地受着物的牵

---

① "事"字的古文由三个部分构成:"又"代表手,拿了"中"(即古文字"草"初文),代表种植的作物,插进"口"中,"口"代表土地上挖的孔穴。由此,"事"的本义是"农事"的"事",象种植之形。它抽象引申为"事业""事情""事物"的"事"后,另造形声字的"蒔"代表它的本义。其实,在甲骨文中"事"和"史""吏""使"完全是一个字,后来才分化为不同的字。参臧克和:《中国文字与儒学思想》,广西教育出版社1999年版,第84页。"事"与"史、吏、使"的关系从《说文解字》的解释里也能看出,如:事,职也。从史,之省声。"另《韵会》:仕吏切,大曰政,小曰事。《广韵》:"使也,立也,由也。"若将"物"训为"事",则"物"也必然将吸纳一定的"职责"意味在内。

② 姜勇:《"物"的上古文化意涵:以〈易传〉为中心的观念考察》,《华夏文化论坛》2007年第二辑。

引,不可避免地产生众多欲望、迷惑和好恶。就如《礼记·乐记》所云:"人生而静,天之性也;惑于物而动,性之欲也。"在当时,老庄和原始儒家无疑都意识到了"物"的这一危机,但却提出了不同的解决办法。如庄子提出"无物累"(《刻意》)境界,避免"丧己于物"(《缮性》)。从此路径发展下去,就可理解晋人葛洪《抱朴子》为何强调人不要为"物"所拘制,而是要掌握"物""理"变化和借助"神物"来增强人的生命:"能知要道者,无欲于物","不以外物汩其至精……常无心于众烦,而未始与物杂","陶冶造化,莫灵于人。故达其浅者,则能役用万物,得其深者,则能长生久视"。

作为原始儒家经典的《大学》则明确地提出了"三纲领""八条目":"明明德、亲民、止于至善"的目标,必须落实于"格物、致知、诚意、正心、修身、齐家、治国、平天下"这一渐进的过程里。其中最为重要、最为模糊和争讼最多的即是初始阶段的"格物""致知"二条目。明末刘蕺山曾就此指出:"格物之说,古今聚讼者有七十二家。"①其争议最大者,一是朱熹《大学章句》另补"格物致知传",二是王阳明《大学古本旁释》认为"格致"未尝缺传。现代研究者亦很难准确复原《大学》里原始"格物"说究竟是何涵义。但综观宋明理学家如二程、朱熹、王阳明、王心斋、罗近溪、刘蕺山等的义理辨疏,他们对"格物"说里"物"的诠释与理解其实多有偏离古义,但这里也不妨看作是对"物"之多重面相又一重华丽的中古时代折射而加以考辨。

朱熹定《大学》为学者入德之门,认为其要全在"格物",释"格"为"至",谓"物"为"犹事",并为"格物致知"提出两个前提,即"人心之灵,莫不有知""天下之物,莫不有理"。这种"求理"的自信心一定程度上来源于二程,如"天下物皆可以理照。有物必有则,一物须有一理"(《河南程氏遗书》卷十八)。如此,"格物"即"致知","凡天下之物以扩充吾心之知识",这种求理于物的外向工夫,更重要的乃是强调人、物关系上的智性桥梁。王阳明虽据此批评朱子格物论乃是求理于外、舍本求末、遗内逐外的义外之学,却在将"物"释为"事"时有相似之处。依王阳明"格物"基本义有二:(1)"格"者"正"也,"正其不正以归于正";(2)"物"者

---

① 戴琏章、吴光主编:《刘宗周全集》(第 1 册),"中央研究院"文哲研究所筹备处 1996 年版,第771 页。

“意之用”，“意所在之事谓之物”。如此，“格物”并非“即物穷理”和“扩充知识”，而是“致吾人之良知于事事物物也”。这更强调祛除物欲、为善去恶的道德实践，同时“物”也完全被收摄到了具有伦理人文性的“事”内。一方面，这种解释符合“物”与“事”“史”通的古义，另一方面万物与人之间神秘的同生共源、共振联系，通过王阳明融会《易传》“气”之“感通”思想而提出“万物一体之仁”又被重新发掘了。

王阳明后学王心斋的“淮南格物”则有新见：释“格”为“絜矩”“格式”，“物”为由本至末、无所不包。王心斋将《大学》“格物”与“物有本末，事有终始”的解释相打通，以“身”为“物之本”，以“家、国、天下”为“物之末”，建构起一套以“安身立本”为特质的格物说。“身”的观念，在这里较诸“心、意、知、物”这一系列概念更具根本性的地位，也使“视天下为一人”“大人以天地万物为一体”的精神境界更易理解。他的这些见解深刻地影响了罗近溪和刘蕺山。如罗近溪说：“我身以万物而为体，万物以我身而为用”（《近溪子集·数》），“概天下而举之，大物也。举天下之物而身之，大本也。身本天下之物而先之，大学也”（《一贯编·大学》）。他的“知格功夫”（《一贯编·四书总论》）将“格物”与“致知”相联系，“致知”的对象是“物之格”，即事物的本末先后，而“致知”的结果则是“物格”。刘蕺山将“格物”之“物”解释为“良知之真条理”“至善”“独体”“意根”“无物之物”，认为“物即是知，非知之所照”，完全将“物”内化。同时，为避免由此带来的“便内遗外”倾向，他通过“理一分殊”“体用一源”“万物一体”的方式，贯通了内在道德本体（“物”）与外在道德活动（“身、家、国、天下”）的关系①。

从朱子到王阳明、王心斋、罗近溪、刘宗周等，对《大学》的诠释表现为由“格物”到“致知”“诚意”的重心转换。这一方面表明宋明理学道德实践和理论辨疏在趋于深化、精微，从另一方面来看，对“格物”之“物”的种种诠解也未免渐渐流于生硬而略有牵强附会。故朱熹释“格”为“至”，杨慈湖释为“去”，王阳明释为“正”，王心斋为“格式”，罗念庵释为“感通”……对“格”的解释虽然各个不同，终究还是因为“物”字的下落有些不实在的缘故。

---

① 可参吴震：《王心斋“淮南格物”说新探》，《陕西师范大学学报》（哲学社会科学版）2008 年第 1 期；蔡世昌：《罗近溪的“格物”说：从“格物”之悟谈起》，《中国哲学史》2006 年第 2 期；高海波：《试论刘宗周的“格物”思想》，《中国哲学史》2009 年第 3 期。

第四节　与物同体

上古时期"物"的多重面相虽然折射出抽象化、对立化的倾向,但它在学者们的警惕下始终有被消隐的态势。一方面,"物"通过"礼"之定位,被收摄、归约到与人的活动同节奏、共秩序,如《礼记·礼器》云:"故君子有礼,则外谐而内无怨,故物无不怀仁,鬼神飨德。"在"物无不怀仁"的前提下,孔子的忠恕之仁道可以推己及人、推己及物,成就"万物同体"的伦理宇宙秩序①。另一方面,真正对"物—人"同体不分、伦序共建起奠基作用的,还是《易传》以"气""生"为根基的"感—通"思想②。

《孟子·尽心上》就已提出了一个崭新命题:"万物皆备于我矣。反身而诚,乐莫大焉。强恕而行,求仁莫近焉。"这里将"万物皆备于我"和"乐"的境界、"反身而诚"的工夫、"仁"的生命情感放在一起讨论,但"万物一体"与"仁"之间的关系尚不明晰。儒家强调"推"法,此思路似乎影响到《庄子》外篇的《天道》:"言以虚静推于天地,通于万物,此之谓天乐。"然而,恕仁之道毕竟是推己及人、推己及物,从"我""推"扩开去,似乎造成只以"我"为中心的宇宙观。这个"推"字,至少对于物,只能是单向的,这里的"仁"就并不是本体意义上共通共振的"仁"。"仁"的意义本来不限于"推","推"只是一种内在工夫而并不即是"仁"本身。另外,《庄子》那里已经凸显了"万物与我为一"③,后来石门慈照禅师进一步提出"天地与我同根,万物与我一体"。"同根"在这里殊为重要:不是同根,自然无法从人外推至天下万物;基于同根,天下之万象万物皆可收摄为一。这点在宋明理学家那里得到极大发挥,并最终成就直至现代新儒家仍然极为重

---

① 如东汉《白虎通义·乡射》论"射礼",这里正体现了一种"推己及物":"夫所以亲射何? 助阳气,达万物也。春气微弱,恐物有窒塞不能达者,夫射自内发外,贯坚入刚,象物之生,故以射达之也。"

② 姜勇:《"物"的上古文化意涵:以〈易传〉为中心的观念考察》,《华夏文化论坛》2007 年第二辑;贡华南:《味与味道》第二篇《感论》,上海人民出版社 2008 年版。

③ 《庄子·齐物论》云:"天地与我并生,而万物与我为一。既已为一矣,且得有言乎? 既已谓之一矣,且得无言乎?"《逍遥游》云:"之人也,之德也,将旁礴万物以为一。"

要的核心"万物一体之仁"①。在这样的思想体系里,人在万物中的独特地位巧妙地通过老庄"灵明"概念来突出,而万物与"道"水乳交融的关联则以《易传》"生生之谓易""天地之大德曰生"来打通。

薛瑄对"心""物"和"理"的关系提出了有趣的比喻:"理如日月之光,大小之物各得其光之一分,物在则光在物,物尽则光在光。"(《明儒学案》卷七《河东学案》)陈淳则说:"人气通明,物气壅塞。"这些譬喻实际上有异曲同工之妙,从一个源泉(光或者气)出发,都可指向王阳明所说的"天地万物"乃"同此一气,彼此相通"。同时,光与气"通明"与否,更指示出人是否具有万物之灵的地位。由此,我们很容易理解《传习录》里的著名答问:

> 问:"人心与物同体,如吾身原是血气流通的,所以谓之同体。若于人便异体了。禽兽草木益远矣,而何谓之同体?"先生曰:"你只在感应之几上看,岂但禽兽草木,虽天地也与我同体的,鬼神也与我同体的。"请问。先生曰:"你看这个天地中间,什么是天地的心?"对曰:"尝闻人是天地的心。"曰:"人又什么教做心?"对曰:"只是一个灵明。""可知充天塞地,中间只有这个灵明,人只为形体自间隔了。我的灵明,便是天地鬼神的主宰。天没有我的灵明,谁去仰他高?地没有我的灵明,谁去俯他深?鬼神没有我的灵明,谁去辨他吉凶灾祥?天地鬼神万物离去我的灵明,便没有天地鬼神万物了。我的灵明离却天地鬼神万物,亦没有我的灵明。如此,便是一气流通的,如何与他间隔得?"又问:"天地鬼神万物,千古见在,何没了我的灵明便俱无了?"曰:"今看死的人,他这些精灵游散了,他的天地万物尚在何处?"(《传习录下》)

相似的一则阐述是:

> 盖天地万物与人原是一体,其发窍之最精处,是人心一点灵明。风雨露

---

① 陈荣捷指出:"万物一体之理论,为宋明理学之中心。由二程经过朱子陆象山以至于王阳明,莫不言之,而阳明之说此观念与仁之关系,最为直接。"陈立胜:《王阳明"万物一体"论》,华东师范大学出版社2008年版,第1页。

雷、日月星辰、禽兽草木、山川土石与人原只一体。故五谷禽兽之类皆可以养人，药石之类皆可以疗疾，只为同此一气，故能相通耳。(《传习录下》)

"同此一气，故能相通"，这是"万物一体之仁"总是息息相通、相互共振的缘由。这种"气"的流通、共振被称为"仁"；而"感通"正好指往来周流，既无僵固方向，又不受范围的限制。"仁"作为人际、物际之感通，由此建立的经验告诉我们，我与他人、物(哪怕是草木、瓦石)，其实原本就都处在声气相通的"共通体"之中。在此，"连接我们的，实际上是我们对于生存的共同参与，是一股穿过我们、令我们颤动的生生之气"①。

然而，"天地之精，所以生物者，莫贵于人"。人之贵，正在于"人心那点灵明"和"发窍"，如同水和气的共振总是有着分散的漩涡，"天地万物"的"一体之仁"正是由那无数漩涡的核心，即人的灵明，在彼此激荡、影响而成。这样互融互通的一气流行，从单个"人"的漩涡来讲，"天地万物俱在我良知的发用流行中"(《传习录·下》)。而修身功夫正在于，"明明德者，立其天地万物一体之体也。亲民者，达其天地万物一体之用也"。在此境界中，"良知是造化的精灵。这些精灵，生天生地，成鬼成帝，皆从此出，真是与物无对。人若复得他完完全全，无少亏欠，自不觉手舞足蹈，不知天地间更有何乐可代"(《传习录下》)。综合两处来看，王阳明"万物一体之仁"的话头，正是糅合了儒家的"推"法、老庄的"一"法和《易传》的"感通"，而其宇宙论基础则是灌注生命力的道论和流行万物的气论。只有同时肯定了"仁"和"感通"，主客的界限才会泯除无余，被认知化的"物"才能真正与人齐等，"仁"才能得到充分的扩充，宇宙也才是真正生生不息的宇宙。

可见，在中国古代思想里，"物"从来不是僵死的客体或者枯燥的抽象者，而是内部包蕴着动能与元气的有机体。"人也者，物之至者也；圣也者，人之至者也"(邵雍《观物内篇》)，贵为"天地之心"的"人类"，亦不过是万物之一物而已。在上古时代和中古时代的儒道经典文本里，我们可发现，"物"始终闪烁着自内而

① ［法］弗朗索瓦·于连：《道德奠基：孟子与启蒙哲人的对话》，宋刚译，北京大学出版社2002年版，第26页。

外显形的独特光辉和具有丰富意蕴的多重面相。借助词源考察和文本分析的方法,将使人们更深地理解"物化""成物""序物""格物""与物同体"等思想的内在相关性,并将这些看似独立乃至对立之"物"的面相凝结为一个整体。这对思考"物"之现代意蕴也是颇有裨益的。

第九章 "直心为德"及其意象考释

"德"常与"道"相配,是中国最早的哲学概念之一。它也是最复杂的概念之一,有一系列难于理解的意思①。"德",古文亦作悳(同惪字),属心字部。后小篆明确加"彳",取行有所复之义,亦有"直行""上升"之意。"德"在商代卜辞中就已出现,西周时普遍使用成为重要的伦理学概念,《尚书·周书》屡见。比之甲骨文,金文"德"中多出了一个"心"字符。对"心"的看重,是周人观念领域中的重大变革,也是感于殷人"荡而不静,胜而无耻"(《礼记·表记》)弊端,所做有针对性的调整。文王之时,在"正德"观念之"神正"意味中,人治、人谋的意义已开始突出。周初"敬德保民"思想的强化与周公"制礼作乐",标志着"德"观念之人文化、

---

① "早期经典中'德'的概念确实使人大惑不解。许多学者也始终没有弄懂'德'是什么,结果往往把它一笔带过。"参[美]郝大维(David L. Hall)、[美]安乐哲(Roger T. Ames):《孔子哲学思微》,李志林、蒋弋为译,江苏人民出版社 1996 年版,第 165 页。艾兰(Sarah Allan)则指出了"德"翻译的多种可能性,如virtue、inner power、potency,在某些语境下还可以译为 favor 或者 grace。参[美]艾兰:《水之道与德之端》,张海晏译,上海人民出版社 2002 年版,第 115—117 页。芬格莱特(Herbert Fingarette)在《孔子:即凡而圣》中则认为:人类美德的本质在于其魔力(magic power)。在诸种影响力之中,最重要的是人格的影响力,这种人格与其影响力合为一体,即为"德性"(virtue),它也是"德"(power)。韦利(Arthur Waley,1888—1966)将《道德经》译作 The Way and its Power。"道"译作 way,"德"译作 power,这似乎兼摄了power 的人格魅力和超自然的控制力两层涵义。因为在《牛津现代高级英汉双解词典》中,power 保存有两项释义:一是很有权力、影响力的人或组织;二是神、幽灵、鬼怪。同时,在对《论语》的研究中,韦利认为:"'德'非常切近于拉丁文的 virtus。指的是事物之中潜在的品质或'德性'。"就如日本学者所认为的,古汉语中"植"与"德"同源,因此"德"展现了一种潜在能力,是一种内在于某事物之中的'virtue'。如此所谓magic power,其最本质的意义乃是"巫+德"。参[美]芬格莱特:《孔子:即凡而圣》,彭国翔、张华译,江苏人民出版社 2002 年版,第 70 页。

伦理化趋势的真正确立①。

西周这种强调内心修明的"德"习见于典册,如《尚书·酒诰》:"丕维曰尔,克永观省,作稽中德。""观省"就是要对内心进行真正的观照和省察。西周《师望鼎》铭文则云:"明心哲德"。《正韵》云:"凡言德者,善美,正大,光明,纯懿之称也。""哲"也多作光明的意思,这里的"明心哲德"似乎正是描述了"善美、正大、光明、纯懿"之"德"满溢于"心",使"心"纯澈透明,其光流溢于外,盎然于体,显现为"明明德"的光明之态。但值得注意的是,"天生德于予"(《论语·述而》),"德"内化于"心"已使西周的个体性问题逐渐成长②。"明德"本只是帝王、圣人之德,在《大学》里"明明德"却成为君子修身功夫的三纲之一。春秋时期,"君王之德"渐渐演变为普遍的社会道德行为规范。人人皆可有德,于是有"君德"有"民德",有"君子之德"也有"小人之德"。故《论语》云:"君子之德,风;小人之德,草。草上之风,必偃。"(《颜渊》)"慎终追远,民德归厚矣!"(《学而》)

此外,小篆又加"彳"于"悳"(德)表示行,德在行中才能表示、才能完成③。郑玄《周礼注》:"在心为德,施之为行",乃是对于儒家这一思想的简明概括。而倘若追溯一番,则会发现"德""行"关联,早蕴涵于"道"之"道路""水道"的原始涵义里。"道"在老庄那里虽已被抽象使用,但在早期儒家直至宋明理学、清末实学,"道"仍然保留着"直路""正路""大路"的具象意义。如陈淳《北溪字义》卷下"道"字条云:"道,犹路也。当初命此字是从路上起意。人所通行方谓之路,一人独行不得谓之路。道之大纲,只是日用间人伦事物所当行之理。众人所共由底方谓之道。""一元之气流出来,生人生物,便有个路脉,恁地便是人物所通行之道。此就造化推原其所从始如此。至子思说'率性之谓道',又是就人物已受得来处说,

---

① 《康诰》引入内省的"心",不断延伸扩展,产生"以天为宗,以德为本"的观念,把"德"融入"帝""天"体系中,强化了对"人事"的关注。

② 李晓英:《个体性:先秦思想界对"德"之诠释》,《中州学刊》2008年第6期。

③ 刘翔认为,周代金文中"德"字从心,旨在表明心性修养之重要;而战国金文"德"则由"端正心性"拓展为"端正言行",使心欲与言行力求一致。"德"的语意变化与战国金文中出现的"德行"这一新词语相关,旨在强调内心修养与身体力行的统一。刘翔:《中国传统价值观诠释学》,三联书店1996年版,第95页。陈来则认为,早期儒家文献中的《五行》篇将"仁义礼智圣"称为"五行",表示"德"与"行"达到贯通:"仁形于内,谓之德之行""不行于内,谓之行"。也就是说,涉及内在道德属性的外在行为才能被称为"德之行"。春秋之后,"德"就更多地倾向于内在方向的发展,更侧重于人的内在属性与品德。陈来:《春秋时代的德行伦理》,《哲学门》(第2卷第1册),北京大学出版社2001年版。

随其所受之性,便自然有个当行之路,不待人安排著。其实道之得名,须就人所通行处说,只是日用人事所当然之理,古今所共由底路,所以名之曰道。"古人尤为重视"道"之"直"①,"德"的古字又偏偏是"悳",从直从心,《六书精蕴》云:"直心为悳。生理本直,人行道而有得于心为悳。"陈淳说:"德是行是道而实有得于吾心者,故谓之德。"这里提到"德"的"彳"字旁是"行有所复"之义,"德"是"行是道"而后"得于吾心"。这是因为"道是天地间本然之道,不是因人做工夫处论。德便是就人做工夫处论"。可见,"道""德"的涵义,在儒家这里原多取自"道路",这从"德"多与"道"合成词语亦可发现此关联,如"道德""德行"等。"德"之加"彳",似指人亦步亦趋的行走之态。恐怕不仅是因为"时尚茂密,故悳字几废",而是要更加强调"德"与"道"的关联,以及"德"须"成之""行之"的意义。如"德行"一词就是一种双重强调,故周濂溪写道:"入乎耳,存乎心,蕴之为德行,行之为事业。"(《通书》第三十四章)

　　"德"的古字"悳",在《说文》里被解释为"得":"外得于人,内得于己也。"段玉裁注:"内得于己,谓身心所自得也。外得于人,谓惠泽使人得之也。"②老子云:"譬道之在天下也,犹小谷之于江海。"道之于天下万物即"在",万物之于道即"德"。当道落实于人,就使人拥有了生而即有、固有的本性,即"德"。这种本性是内在于人自身、或内含于人,故老子云"含德之厚"。这个思路就如同西文virtue(性能、德性、美德),来自拉丁语 virtus(被生成)一样。陈淳认为:"大概德者,得也,不能离得一个得字。""道与德不是判然二物,大抵道是公共底,德是实得于身,为我所有底。"《韩非子·扬榷》云:"夫道者,弘大而无形;德者,覈理而普至。……故曰道不同于万物,德不同于阴阳。""覈","得实"之义,德必然显现、内在于我身,如同种籽、果实内在赋有的饱满充实和生命力一般。这让我们想到,所谓"自得",正是恐怕也是由"得道"而"成德":"君子深造之以道,欲其自得之也。自得之,则居之安;居之安,则资之深;资之深,则取之左右逢其原。"(《孟

① 如《诗·谷风·大东》:"周道如砥,其直如矢。君子所履,小人所视。"又如《尚书·洪范》:"无偏无陂,遵王之义。无有作好,遵王之道。无有作恶,遵王之路。王偏无党,王道荡荡。无党无偏,王道平平。无反无侧,王道正直。"又如《诗·魏风·硕鼠》二章:"乐国乐国,爰得我直。"《毛传》说:"直,得其直道。"《郑笺》:"直,犹正也。"后来的《毛郑诗考证》:"得我直,谓得遂其性,不违人生之正道。"

② 王弼:《老子注第三十八章》:"德者,得也。常得而无丧,利而无害,故以德为名焉。何以得德?由乎道也。"注五十一章:"道者,物之所由也;德者,物之所得也。由之乃得。"

子·离娄下》)这里所谓的"资之深""逢其原",无不是因为"德"乃"得"自于"道"。对"心"的强调,既使"德"在人身上有了居停处,亦打通了儒、道思想内在交流的路径,这也是中国传统心性论、工夫论和认知思想的本体性基础。

"心"作为"德"的核心意义,确证着个体与外界的分化、分离,揭示了人类从混沌时期向文明时代过渡之际"理性"的萌生;"行"作为"心"的外发,则进一步表征着人与外界的分裂、分割。"心""行"内化为"德"字源头的核心意义,而"心"在此则地位更为重要。若将"道"比作深渊和源泉,"心"是盛满纯净和新鲜之水(德)的容器,所谓"水藏"。若将"道"拟作万物勃发之生命力,"心"是"土藏",内里生发、养育着生机勃勃之幼芽、才端①——道家之"德"与儒家之"性"也都通过一个"心"而内在贯通。若将"道"拟作"三正"之"日"或一团火光,"心"则是盛着火种、发散光亮的"火藏"(知),如前引"明心哲德"。不同之处乃在于,"嫩芽"更可说明"仁"之"温润"、"亲切"特性,而"火光"却往往昭示着"人"之"灵明",亦即认知能力。"良知"(孟子)、"明德"(《书》《诗》《中庸》)与"灵知"(宗密),最终在王阳明那里融为一体,正是一种仁知融合,在"心"上打通德、性、知的努力。

传统中文语境里,"道"与"德"本身是两个具独立意涵又相生相承的概念。在中国哲学体系下,几乎所有问题都是从"道"的层面衍生而出。儒、道、墨、法、阴阳等诸家对"道"的解读看似不同,但究其本源,实有内在的一致性;与此相应,他们对"德"在不同层面上的厘定和阐释,亦有其内在机理的一致性和共通性。早期儒道对"德"字的使用,如同他们对"道"的看法那样,有着喻象上的差异和内在的共通。老庄的"道"近似于水之行迹,"德",作为万物所以生存的内在根据,也都与水的意象有着联系。如《老子》第四十一章:"上德若谷";第六十五章:"是

---

① 观察甲骨文和金文"德"字形,不难发现其字形虽不乏差异,但其中有个自始至终未变的字符,即"𢔟"("臣形目",目上有一竖)。多数文字学家都认为"目"乃是"眼睛"的象形,其造字初义乃是"举目正视"。何新认为"德"之初文从目从丨,象目正视一条直线,因此德的本义为"正直"。何新:《辨"德"》,《人文杂志》1983 年第 4 期。但斯维至考察《说文》目部字例,认为"目不象目(眼睛)之形,而是象种子之形:上面一直,象种子冒出土面之茎。丨或作𣎆,也作𣎆,象茎上长出两边之叶,则象茎上之苞"。因此德的本义是"生""姓""性"。参斯维至:《关于德字的形义问题——答何新同志》,《人文杂志》1983 年第 6 期。西方学者在考察"德"时,也发现"德"之初与种子之间的密切关系。如安乐哲指出:"德"既与植物生长有关又与"心"有关,《孟子》中人的道德性、趋向善的动力,都是用枝芽生心上的隐喻来描述。参[美]艾兰:《水之道与德之端》,张海晏译,上海人民出版社 2002 年版,第 116 页。

谓玄德。玄德深矣,远矣,与物反矣,然后乃至大顺。"《庄子·德充符》:"平者,水停之盛也。其可以为法也,内保之而外不荡也。德者,成和之修也。德不形者,物不能离者。"《庄子·天地》:"物得以生谓之德","通于天地者,德也;行于万物者,道也"。众所周知,"玄"往往是指深渊的水色,"内保之而不外荡"的"成和之修"亦是器中盛净水的意象,"物得以生""通于天地者",也容易让人想到水滋润万物、蒸发成气的特性。这个思路影响到了后来的管子和荀子,如《管子·心术上》:"德者,道之舍,物得以生生","虚而无形谓之道,化育万物谓之德"。《荀子·宥坐》:"夫水,大遍与诸生而无为也,似德。"

不像老庄"道""德"(静水喻象)常常对举,早期儒家更为重视"德""性"(木芽喻象)的内在关联。"德"与"性",从一开始其实就是紧密相联的。李玄伯认为:"最初德与性的意义相同,皆系天生的事物……皆代表图腾的生性。"[1]这种代表图腾生性的"德",实际上是指具有同一图腾之全氏族成员所共有的特性,并借此与其他氏族相区别,进而成为该氏族全体成员必须遵守的习惯法。故《国语·晋语四》云:"异性则异德,异德则异类。……同性则同德,同德则同心,同心则同志。"类似的还有《尚书·泰誓》:"纣有亿兆夷人亦有离德,余有乱臣十人同心同德。"后世,"德"虽脱去神秘的内涵,但"德"与"生性"相联的义项在古文献中仍多有体现。如:"天地之大德曰生"(《易·系辞下》),"物得以生,谓之德"(《庄子·天地》),"得其天性谓之德"(《淮南子·齐俗训》),"德者,性之端也"(《礼记·乐记》)。艾兰在《水之道与德之端》里也对此加以描述:"德"显现为"性端"之萌芽的意象。"德"是与生俱来、有待发展的潜质("得也"),但必须是先天有所禀赋,并经后天培养才能发展成为"美德"[2]。因此,郑开认为中国古代哲学话语中"性"的概念晚起,是从较早的"德""命"概念中剥落出来的[3]。高亨认为《老子》之"德"其实就是"性"[4]。张岱年认为,道家的"德"乃"万物生长的内在依据",而这种内

---

① 李玄伯:《中国古代社会新研》,上海文艺出版社 1988 年版,第 184 页。
② 艾兰由此区分"性""德":人人都有一颗人类之"心","性"关联着心,为一切人共有,但每个个体、部落家族都有着不同类型的"(正)德"。例如一切植物(或动物)都根据其不同的种类进行再生,在同一物种中又有不同的类型(如红橡树、白橡树等),而一些种类比其他种类要优良、强壮、健康和美丽。所有人都有"德",但有些人则得天独厚,天生有着不同凡响的"德"。[美]艾兰:《水之道与德之端》,张海晏译,上海人民出版社 2002 年版,第 116 页。
③ 郑开:《道家心性论研究》,《哲学研究》2003 年第 8 期。
④ 高亨:《重订老子正诂》,开明书店 1943 年版,第 8—14 页。

在依据,儒家谓之"性",道家谓之"德"①。

《说文》中,德又被定义为"升",或"直"。如安乐哲所指出的,这最好被理解为"在呈现生物体的语境中,其基本意思是没有偏差的垂直生长。'直'所指涉的生命体的范围,可以从其同义字'稙'(播种)与'植'(种植)得到解答……这个多变字体的'心'字旁再次给生命体发芽与生长的基本意思添加上一性情观念"②。"直"又联系着"正",《说文》:"直",正见也③。故《郭店楚墓竹简》"五行"篇 33 简云:"中心辩然而正行之,直也。直而遂之,肆也。肆而不畏强御,果也。"在此,"中通而直""直生而上"的意象是极为重要的,它既体现在儒家,又体现在道家。《庄子·逍遥游》云:"夫子犹有蓬之心也夫!"蓬:草名,其状弯曲不直。"有蓬之心"喻指见识浅薄不能通晓大道理。可想而知,其实"蓬心"和"大心"的一个重要差异就在于:"蓬心"弯曲不直,而"大心"却是"中通而直"。这可以用《人间世》颜回的自述为证:"然则我内直而外曲,成而上比。内直者,与天为徒。……外曲者,与人之为徒也。""内直"则必"通",故《齐物论》论"通"和"得":"道通为一。其分也,成也;其成也,毁也。凡物无成与毁,复通为一。唯达者知通为一,为是不用而寓诸庸。庸④也者,用也;用也者,通也;通也者,得也;适得而几矣。因是已,已而不知其然,谓之道。"这一段话呼应着庄子前文所说"彼是莫得其偶,谓之道枢。枢始得其环中,以应无穷",后文"是以圣人和之以是非而休乎天钧,是之谓两行",三言相和,颇是点出了后来《中庸》的精神。如陈淳《北溪字义》卷上"命"条多有根据《中庸》来论的,也逃不了近似于"枢纽"和"无穷"的说法:"理在其中为之枢纽,故大化流行,生生未尝止息。"

---

① 张岱年:《中国古典哲学概念范畴要论》,中国社会科学出版社 1987 年版,第 154 页。

② 转引自[美]艾兰:《水之道与德之端》,张海晏译,上海人民出版社 2002 年版,第 117 页。

③ 儒家的"是非"观,往往与"直""正"的意蕴相连。《说文》建构了一个相应的互训语义场:"直,正见也。""正:是也,从止,一以止。""是,直也,从日正。"今双音节合成词"是正",犹存古义。而正,更是与政、定、证、征有着关系。如"定,安也。从宀从正。会意,正亦声。""征,正行也"。

④ 这里的"庸"似乎与《中庸》互通。钱穆认为《中庸》深受道家思想影响,某种意义上可说是遵循庄子精神写出来的,参《中庸新义》,《民主评论》1955 年 8 月第 6 卷第 16 期,第 2—8 页。《中庸》里的"慎独"亦可能受到老庄影响,如《大宗师》:"已外生矣,而后能朝彻;朝彻,而后能见独;见独,而后能无古今;无古今,而后能入于不死不生。"另外,《中庸》早在宋明理学家之前,就受到释智圆(967—1022 年)和契嵩(1007—1072 年)两位高僧的重视,并有注释和评论,似可说明《中庸》文本本身与道、释精神的相合、融通之处。

从这里发挥一下,"中庸"两字所指到底谓何? 诗人庞德曾有新见,他将"中庸"译为"永不晃动的枢纽",并得到杜维明某种程度上的称许①。如果仔细地分析庄子的"道枢"和"得其环中","中庸"的涵义也许并不难解。《说文》释"枢":"户枢也。从木区声。"《尔雅·释宫》:"枢谓之椳(指门枢)。制动之主曰枢机。"《易·系辞》:"言行君子之枢机。"又要也。《荀子·富国》:"人君者,管分之枢要也。"又本也,中也。《淮南子·原道训》:"经营四隅,还返于枢。"②"枢"必然是木制的,这可能与"木曰曲直"有关,即"木"(才)具有一定的柔韧性和可塑性。而"环",本为環,从玉睘声。《说文》:璧属也。《尔雅·释器》:肉好若一谓之环。注:边孔适等。又《玉篇》:绕也。《正韵》:回绕也。《周礼·春官·乐师》:环拜以钟鼓为节。注:环,犹旋也。《玉藻》:环取可循而无穷③。根据臧克和的研究,环指玉器,边孔相应者为"环",宽边者为"璧"(源自环状石斧,其用在"劈",故须边宽而薄),孔大者为"瑗"(肇自石环,其用在援引,故须孔大而肉圆,易于容指而把握)。"睘",指目惊视,也指自返、旋;故"环"也指"绕、无穷、回旋"。"环"当取象发轫于纺槫,其形须团圆,其用在旋,故孔边匀停④。可见,"得其环中",与(内直、灵活、合适之)"道枢"的关系是很紧密的。如同纺线一般,"环"无尽地回旋,如同万物生长,又复归其根,这正是整个宇宙流转不停的意象。

庄子的"道枢"和"得其环中",甚至"两行"都是比喻性的说法。"环"中有孔,"枢"嵌于孔中,呈现藏隐的态势,然而,"环"由"枢"制动而或旋或停,所以"枢"亦指本也、制动之主、要也、中也,故"庸也者,用也;用也者,通也;通也者,得也;适得而几矣"。《庄子·杂篇·寓言》进一步阐述"环"和"天均",云:"万物皆种也,以不同形相禅,始卒若环,莫得其伦,是谓天均。天均者天倪也。"《则阳》云:"冉相氏得其环中以随成,与物无终无始,无几无时。日与物化者,一不化者也,阖尝舍之!"可见,超乎"对待"才可得此"中",即真正的生生之"道":畜之、长之、育之、

① 〔美〕杜维明:《论儒学的宗教性:对〈中庸〉的现代诠释》,段德智译,武汉大学出版社 1999 年版,第 156—157 页。

② 张玉书等编纂:《康熙字典》(标点整理本),汉语大词典编纂处整理,汉语大词典出版社 2002 年版,《辰集中·木部》,第 496 页。

③ 张玉书等编纂:《康熙字典》(标点整理本),汉语大词典编纂处整理,汉语大词典出版社 2002 年版,《午集上·玉部》,第 695 页。

④ 《尔雅》:"好倍肉谓之瑗,肉倍好谓之璧。""好""孔"同源通用。参臧克和:《中国文字与儒学思想》,广西教育出版社 1999 年版,第 229 页。

成之、熟之、养之、覆之……并应其(是非之)两无穷。如果将这个态度引申,如"诠释学循环",可见对待"循环"的真正态度,不是好循环或坏循环这样的是非判断,不是如何正确地进入循环,不是汲汲于环之回旋的边沿上。而是站在更高的立场上,保有着"游戏"泰然任之(Gelassenheit)的态度。

回到"木"的问题上,《尚书·洪范》论"九畴",云"一曰五行",又云"一曰水,二曰火,三曰木,四曰金,五曰土。水曰润下,火曰炎上,木曰曲直,金曰从革,土爰稼穑,润下作咸,炎上作苦,曲直作酸,从革作辛,稼穑作甘"。"木"引人注目的特性就是"曲直",上文所引《人间世》颜回自证:"然则我内直而外曲,成而上比。内直者,与天为徒。……外曲者,与人之为徒也。"宋代程明道在阐述《中庸》"中者,天下之大本"时,亦将"中"描述为"天地之间,亭亭当当,直上直下之正理"(《二程遗书》卷十一)①。故非常值得注意的是,这显然是"木"的喻象,木亭亭直生,贯通于天地,吸天地灵气,冠盖若华,并使"正""直"与"中""通"的意象总是紧密相连。中国有句古话,"十年树木,百年树人"②。"木"与"人",如同"木(才)"与"人(才)"③亦可相互比拟一样,早已是相通的喻象。若将孟子的"牛山之木"和庄子的"商丘之木"(《人间世》)、"曲辕栎社"(《人间世》)、"惠子之樗"(《逍遥游》)故事做个比较的话,儒家强调"德端"日夜不息地萌芽、生长和呵护,庄子却恰恰描述木之"大本拥肿而不中绳墨,其小枝卷曲而不中规矩"(《逍遥游》)。

可见,儒道两家的"才"观——孟子的"成才"观与庄子的"才全"观④,自然而然地都通过"木"之隐喻显现出来。将人比拟作"木",而非动物,乃因木从根、茎往上,具有"通天"的象征,这个意象我们在前面描述过,它的动态过程很像"泉水"的喷发,即"升"也。所谓"十年树木,百年树人",就揭示了人与木的相似,即"直立"、有序地成长;而从孩童的匍匐、到学会直立、奔跑和行走,人的生长倾向

---

① 葛瑞汉(A. C. Graham, 1919—1991)对此亦试图做出解释和分析。参[英]葛瑞汉:《中国的两位哲学家:二程兄弟的新儒学》,程德祥译,大象出版社 2000 年版,第 99 页。

② 《管子·权修》:"一年之计,莫如树谷;十年之计,莫如树木;终身之计,莫如树人。"《中庸》:"人道敏政,地道敏树。夫政也者,蒲卢也。"

③ 如《孟子》中"才"有三义:初生之质、才能、有才能的人。如"若夫为不善,非才之罪也"(《告子上》),"其为人也小有才"(《尽心下》),"得天下英才而教育之"(《尽心上》)。

④ 《德充符》:"使之和豫,通而不失于兑,使日夜无郤而与物为春,是接而生时于心者也。是之谓才全。"

始终是向上的,故《论语·雍也》说:"人之生也直",而"物则禽兽头横"①,动物(除了猿类)恰恰不具有"直生"这一特性。周敦颐曾认为"人"之至尊、至难得,乃是由于"道德有于身":"天地间,至尊者道,至贵者德而已矣;至难得者人,人而至难得者,道德有于身而已矣。"(《通书》第二十四章)可以说,这里,人之"身"正是"中通直生"之茎。所谓"形而上者谓之道,形而下者谓之器",也许我们还可姑妄加之,即"形而中者谓之身(心)"。这里的"中",不是"中和之中",而是"身(心)"起到了"中通之茎"的作用,既是天地"际"之会通之所,亦是性感而动的扩充。纵向流行,横向扩充。形而上、形而下,并非平行的两个层面,而是"中通"或"纵通"于"一身"也。故朱熹说:"天地间非特人为至灵,自家心便是鸟兽草木之心,但人受天地之中而生耳。"(《朱子语类》卷四"性理一")真德秀亦说:"惟人受中以生,全具天地之理,故其为心又最灵于物。故其所蕴生意才发出,便近而亲亲,远而仁民,又推而爱物,无所不可,以至于覆冒四海、惠利百世,亦自此而推之耳。此仁心之大,所以与天地同量也。"(《宋元学案》卷八十一)只有"至灵之人"是受天地之"中"而生,得其正且通者,所以"合下具有天命之全体"。

陈淳《北溪字义》卷上"命"条则云:"人气通明,物气壅塞,人得五行之秀,故为万物之灵。物气塞而不通,如火烟郁在里许,所以理义皆不通。"按照陈淳的意思,"物气"塞而不通,"火烟郁在里许",因此其实它们并不能充分地"向着自身存在的最珍贵的光明升高",其原因就在于:"且以人物合论,同是一气,但人得气之正,物得气之偏,人得气之通,物得气之塞。"无论如何,天地之心设想为"火藏",那么人心之窍就成为光芒之最大的裂隙。既然万物皆天地之心所凝聚,因此天地之性都会通过所生成之物而散发其光芒,只不过由于气禀偏正、通塞的不同,"光"(天地之性)所得以透显的"窍隙"便有宽窄、大小之别。② 这个"烟火之喻",自可说明《说文解字》里的心为何是"火藏",只是须将此"心"扩充而为"天地之心"来说之:"天地以此心普及万物,人得之遂为人之心,物得之遂为物之心,草木

① 据《朱子语类·性理一》卷四:"因举康节云,植物向下,头向下。本乎地者亲下,故浊;动物向上,人头向上。'本乎天者亲上',故清。猕猴之类能如人立,故特灵怪,如鸟兽头多横生,故有知、无知相半。""'本乎天者亲上',凡动物首向上,是亲乎上,人类是也。'本乎地者亲下',凡植物首本向下,是亲乎下,草木是也。禽兽首多横,所以无智。此康节说。"

② 陈立胜:《王阳明"万物一体"论》,华东师范大学出版社 2008 年版,第 53 页。

禽兽接着遂为草木禽兽之心,只是一个天地之心尔。"(《朱子语类》卷一"理气上")

以此,所谓"德"之"升",则近似于"火光"之上扬,那么,各各都具"一心"的"万物"就成了"天地之心"之光芒的裂隙①。而受天地之中而生的人,尤其是圣人,无疑因"中通而直"的天性而拥有最为自觉的"良知"与"明德"。然而,众人各各根器不同,有利有钝、有敏有滞、有清有浊,皆因净洁之"光"受"气"之阻碍,使各人从"道"所承之"德"亦有不同。故陈淳比较了不同的"德":"所谓明德者,是人生所得于天,本来光明之理具在吾心者,故谓之明德②。如孩提之童,无不知爱亲敬兄,此便是得于天本明处。有所谓达德者,是古今天下人心之所同得,故以达言之。有所谓懿德者,是得天理之粹美,故以懿言之。又有所谓德性者,亦只是在我所得于天之正理,故谓之德性。"(《北溪字义》卷下"德")"性"在儒家往往是粹然至善的象征,也是后天修善的保证。这一点也体现在陈淳对"德性"一词的解释中。然而上述种种,都是"正德",即所谓"善美,正大,光明,纯懿之称也"。如同理学家常常会说禀气有"正""通""清""明",有"偏""塞""浊""暗"的区别,在朱熹那里,他甚至也讨论了"昏德",如"才如何全做不好? 人有刚明果决之才,此自是好。德,亦有所谓昏德③。若块然无能为,亦何取于德! 德是得诸己,才是所能为。"(《朱子语类》卷一百三十四)朱子随后将"聪明""文明"与"德"联系在一起④,这也是自张载用"明德"和"良知"打通之后,宋明理学家一直着力所做之事。《大学》云:"大学之道,在明明德。"又引:"《康诰》曰:克明德。《太甲上》曰:顾諟

---

① 这种思路在西方也不陌生,如法国哲学家加斯东·巴什拉(Gaston Bachelard,1884—1962)就描写道:"一个诗人说:一棵树远不止是一棵树。(吉勒贝尔·索卡尔《忠于世界》)它向着自身存在的最珍贵的光明升高着,就这样在许多诗中,挂满果实的树就是挂满灯的树。在田园诗中,形象就变得那样自然。树木的夏日簇叶是火的食粮。狄更斯笔下的一个人物就确认,在孩提时代,他就认为,鸟的眼睛之所以能闪闪发光,是因为它们靠红润闪亮的浆果为生。还有一些树,这些树的花蕾中蕴藏着火。邓南遮认为,月桂树就是一种如此火热的树,以至于一旦修剪它的树杆,立刻就会有如同'绿色火星'似的花蕾布满枝头。"[法]巴什拉:《火的精神分析》,杜小真、顾嘉琛译,三联书店1992年版,《烛之火》。

② 陈淳对"明德"的定义乃是从朱子发展而来,如朱熹《朱子语类》卷十四"大学一":"天之赋于人物者谓之命,人与物受之者谓之性,主于一身者谓之心,有得于天而光明正大者谓之明德"。

③ 《诗经》《尚书》常出现"明德""懿德""惇德""成德""义德""敏德""俭德""哲德""敬德"等,反面则是"否德""惭德""昏德""庸德"等。如"有夏昏德,民坠涂炭",《尚书正义》释为"昏乱",或作"使……昏"。但在朱熹这里,"昏德"显然是作为名词使用的。

④ 《朱子语类》卷一百三十四:"尧舜皆曰'聪明',又曰'钦明',又曰'文明',岂可只谓之才! 如今人不聪明,便将何者唤作德也?"

天之明命。《帝典》云：克明峻德。皆自明也。"《周易·晋》下坤上离，《象》曰："君子以自昭明德。"此"明德"，指示的正是"人"所天生具有的理性认知能力。"良知"的震动每每打破心上所结硬壳，"明德"则无时无刻不在放光，透露着来自"天地之道"的消息。只不过"明德"亦会受习性影响而有时而"昧"，如同明镜上生满了锈或积着尘垢，使人不能认识到自己成佛或者成圣的本性。"明德惟人有之，则已专属之人"①，这恰恰给予了每个人同等的价值地位。从《诗经》《尚书》对圣王之"明德"的褒美，到《大学》将"明明德"作为三条目之一，到张载将"明德""良知"内部贯通，再到王阳明单提"致良知论"，个体修身觉悟的功夫愈来愈简易，而有头柄可握。"明德"，在中国思想史上似乎逐渐经历一种降格和普化过程，并最终为"人人皆可成圣"思想打通了关节。

　　故从上而言，"德（惪）"作为先秦直至近代中国思想史的核心概念，其字源和义理早已引起学者的兴趣，并给出了"德"在概念群中的词源发展、涵义引申和历史背景。"德"字形的每次变化，如"心"字符和"彳"字符的附加，都确实体现了一种时代的风气和对其更为深入的理解。在这样变动的背后，却又蕴涵、引申、生长出一系列紧密关联、生动丰富的喻象簇，如"彳"字符与"道路"（"德行"）的关联，"心"作为"藏"所具有的三重喻象：盛满着"水"（玄德），生长着"木"（德性），透露着"光"（明德）……在这样的画面里，"心"确实是一片幽明相际之地。因此，若能从喻象角度对作为个体之属性品格、精神定势、心性结构的"德（惪）"，作更为深入、生动的考察，对"德"乃至整个相关词簇群的义理内涵，应都能得到更加深刻、丰富的理解。

---

① 王夫之：《船山全书》第六册，岳麓书社 1991 年版，第 395 页。

第十章 种"德"者必养其"心"

第一节 王阳明经典诠释思想的价值维度

一部儒学发展史,实际上是对经典不断进行诠释的历史。从孔子开始,大儒"述而不作,信而好古",以传授、整理、编纂远古文化典册为己任。战国后,"六经"成为儒家的根本圣典,历代儒者大多将毕生精力投入经典诠释、注解的事业中。由此,"儒学史即经典诠释史,儒学的学问在很大程度上便是诠释的学问"[①]。实际上,经典乃是一个民族精神文化汹涌流淌的坚实"河床",在建构我们精神世界的过程中具有强烈的典范性功能。即使是开一代风气的儒宗巨匠陆九渊和王阳明,他们虽不完全以说经、解经方式展开自己的思想,其思想体系的深处却仍然离不开对经典的理解与诠释[②]。如陆九渊有《论语讲义》《大学春秋讲义》,王阳明《传习录》《大学问》也都是关于经典的解说、辨析。这是因为,"经典包含了一个文化传统最基本的宗教信条、哲学思想、伦理观念、价值标准和行为准则,而对

[①] 景海峰:《儒家诠释学的三个时代》,李明辉编:《儒家经典诠释方法》,喜马拉雅基金会 2003 年,第 115 页。

[②] 黄俊杰认为,"中国思想史的特色之一就是它拥有悠久的经典注疏传统,思想家常常透过注释经典而建立自己的思想体系……因此在中国特殊的历史文化传统中,形成具有中国特色的诠释学传统","所谓'中国诠释学',是指中国学术史上源远流长的经典注疏传统中所呈现的,具有中国文化特质的诠释学"。李清良:《黄俊杰论中国经典诠释传统:类型,方法与特质》,《中国诠释学》第一辑,山东人民出版社 2003年版,第 266 页。

经典的评注和阐释则是文化传统得以保存和发展的重要手段"①。

　　用王阳明的话来说，经典存载着"圣人之学"，它存载着"吾心之常道"②，圣人因忧心后世道德沦亡、人伦败坏，于是撰著经典，教化后世，以扶立人伦常道。由此，经典必然涵具着道德教化的价值维度，"圣贤垂训，莫非教人去人欲而存天理之方，若《五经》《四书》是已"③。研读经典，就不仅仅是诠释和分析某个文本，更是通过研读和理解对自己进行自觉的道德修养和陶冶人格④。也就是说，经典必然包含一种历百世而流传下来的民族精神之道德价值取向。

　　黄勇结合伽达默尔和罗蒂对"教化"（Bildung）的看法，将经典诠释之理解与应用相融合的这一实践维度，称为"为己之学"的解释学⑤，即我们从事解释活动的目的乃是丰富自身，使自身变得更为丰满；它不是把"认识"，而是"修养""教化"和"自我形成"作为理解、诠释的目的。这也就是说，个人是可以自我超越的，其立足点乃是以"共通感"（common sense）为源泉的共同体之伦理精神。儒家经典具有着强烈的价值旨趣，这一点尤其被王阳明所重视，他在《稽山书院尊经阁记》指出："经，常道也。其在于天谓之命，其赋于人谓之性，其主于身谓之心。心也，性也，命也，一也……是常道也，其应乎感也，则为恻隐，为羞恶，为辞让，为是非；其见于事也，则为父子之亲，为君臣之义，为夫妇之别，为长幼之序，为朋友之信……通人物，达四海，塞天地，亘古今，无有乎弗具，无有乎弗同，无有乎或变者也，是常道。"⑥"经"乃是常道，亦是圣人之心迹；"命""性""心"乃通于一，故"应

---

　　① 张隆溪：《经典在阐释学上的意义》，李明辉编：《中国经典诠释传统（一）：通论篇》，台湾大学出版中心 2004 年版，第 1 页。

　　② 王阳明：《王阳明全集·稽山书院尊经阁记》，上海古籍出版社 1992 年版，第 254 页。

　　③ 王阳明：《王阳明全集·示弟立志说》，上海古籍出版社 1992 年版，第 260 页。

　　④ 儒家的人格主义是强调个人与其他人格相处融洽、结合无间时，才是真正的自己。这种人格的根本不外乎是珍贵的生命本身，却又体现了被教化了的伦理精神。这种人格的实现在儒家传统里，很大程度上要通过"读书"即研读经典来完成。参［美］狄百瑞：《中国的自由传统·第二讲 朱熹与自由教育》，李弘祺译，贵州人民出版社 2009 年版。

　　⑤ 黄勇：《全球化时代的伦理》第二章《解释学的两种类型：为己之学与为人之学》，台湾大学出版中心 2011 年版，第 94 页。但潘德荣也指出，伽达默尔哲学诠释学虽与王阳明心学有某种相似性，但伽氏的理解理论并不直接包含这样一种道德与价值向度，即便在他论述"教化"，其所侧重的依然是主体如何被塑造，而未指明根据什么来塑造，因为他不承认有什么更"优越"的理解。由此，在理解与解释问题上，现代西方诠释学表现出一种道德价值取向的缺失，而在中国诠释传统中，则以价值取向为其核心与基础。笔者以为，将伽达默尔着力的"共通感"与王阳明的"良知"做一沟通融合，或可弥补经典诠释学的这一缺憾。

　　⑥ 王阳明：《王阳明全集·稽山书院尊经阁记》，上海古籍出版社 1992 年版，第 254 页。

乎感"使此常道外显为恻隐、羞恶、辞让、是非,"见于事"则外显为父子之亲、君臣之义、夫妇之别、长幼之序、朋友之信。也就是说,其"通人物""达四海""塞天地""亘古今",故可曰"常道"。在"道"的传承中,"心"具有着关键性的地位。"存此心",则眼前文字皆为活生生的真理;"不存此心",眼前文字只是古代经典之器皿也!①

经典,或者说"常道"如何成为活的精神?在王阳明这里,主要是通过"心"之"感",即将"心"设定为终极的本体,它是宇宙的本原,主宰着万物之化生;"良知"与"天理"的沟通,则进一步提供了诠释经典之道德和价值的导向。故王阳明指出,"吾心之良知,即所谓天理也"②,"若信得良知,只在良知上用功,虽千经万典无不吻合"③。

第二节　"种德养心"和"下学上达":
王阳明的经典诠释观

古代经典总是面临着诠释的困境或双重冲突④,即黄俊杰所说诠释者与经典主体性之间的"断裂"⑤,使二者之间沟通不易、索解无由。但是,经典的不完善性并不只是因为它是历史的产物,更根本的乃是因为经典所依附的语言,必然与心体之体验有"质的裂痕"而无法跨越。王阳明曾使用"五经乃糟粕""五经皆史"

---

① [美]狄百瑞:《中国的自由传统》,李弘祺译,贵州人民出版社 2009 年版,第 10 页。
② 王阳明:《王阳明全集·答顾东桥书》,上海古籍出版社 1992 年版,第 45 页。
③ 王阳明:《王阳明全集·传习录中·答陆原静书》,上海古籍出版社 1992 年版,第 71 页。
④ 第一种冲突内在于观念之中,是对经典不同理解之间的冲突,即长期流传的经典在不同历史时期被不同读者群阅读,由此产生不同的理解;第二种冲突则表现在理论与现实生活的冲突,经典所由之而出的时代精神以及它所表达的信念,因历史的疏远化作用而与人们的现实生活渐行渐远,在它们之间又形成某种程度的矛盾与冲突。
⑤ "孟子诠释学可以说起于'语言性的断裂'与'脉络性的断裂',而后者尤具关键性。"所谓"语言性的断裂"是指"人恒处于语言情境之中,但由于时空阻隔,古今异言,南北异趣,言语异声,文字异形"而造成诠释者与被诠释之间的断裂;"脉络性的断裂"则指经典中的思想,产生并且浸润于经典作者及其时代的思想/文化脉络之中,这种"脉络性"有其特定的"时空性";但是,经典的诠释者则处于完全不同时空条件所构成的"脉络性"之中。引自李清良:《黄俊杰论中国经典诠释传统:类型,方法与特质》,《中国诠释学》2003 年第一辑,第 267 页。

"六经皆我注脚""六经乃为阶梯",甚或"陈编"的说法,相比较朱熹对阅读经典之"敬虔"态度,似乎王阳明对经典的态度颇为轻慢。这不由得让人怀疑,陆王是否已经否定了经典的独立价值? 或者说,陆王与朱熹对待经典的态度是否的确呈现出一种断裂性?

杨儒宾指出,由于"天理记载"和"良知外显"之义理分歧,朱熹与陆王对如何看待经典分别采用了"月映万川"和"六经记籍"的隐喻模型,这在解经脉络上呈现出一定的断裂性。朱子持"心统性情""理气不杂不离""格物致知"的理论,反映在注经上,即是字字考究、步步体认,重在"分殊之理";而陆王强调学者应体证"本心"或"良知",认为"良知之于节目时变,犹规矩尺度之于方圆长短也。规矩诚立,则不可欺以方圆,而天下之方圆不可胜用矣! 良知诚致,则不可欺以节目时变,而天下之节目时变不可胜应矣!"[1]在陆王处,学问之究竟乃在体证作为本体的宇宙心。它是道德与存在的双重依据,亦是一切德目之所出,故"苟此心之存,则此理自明,当恻隐自恻隐,当羞恶,当辞逊,是非在前,自能辨之"[2]。问题就在于,当学者以体认"本心"为终极依归时,经典似乎自然降格为"复印件"的地位——因为"本心"亘古如一,在尧舜不加,在凡夫不减,一念千古,一证超凡。经典只是圣人应世之"迹",如果完整的话,它是本心之外显,但"迹"又必然是时间中的存在,它不可能是完整的,所以六经必然成为"陈编"[3]。这又重新回到了前面所提"诠释困境"和经典的独立性问题。

解决这一困境的唯一途径也许在于我们必须重新认识"道"——"道",实乃酝酿于经典中的"醪",流淌于经典中的"血脉"。狄百瑞指出,"道"并非僵死于过去,而是对人类新的境域兼具生命力与适应性。宋明理学家尤重"道"生生不已的活力和创造力。"再现"和"再生"使人们可以在经典中找到真理,并当下应用到人心的更新上;反过来又对某些文化价值或经典文献赋予新的解释、意义与重要性,使经典重新成为共同体文化和精神融合的基础[4]。这一点既真切地体现在

---

① 王阳明:《王阳明全集·传习录卷中·答顾东桥书》,上海古籍出版社 1992 年版,第 50 页。
② 陆九渊:《陆九渊集·语录上》,中华书局 1980 年版,第 396 页。
③ 杨儒宾:《水月与记籍:理学家如何诠释经典》,《人文学报》廿/廿一期合刊,1988 年 12 月/1989 年 6 月。
④ [美]狄百瑞:《中国的自由传统》,李弘祺译,贵州人民出版社 2009 年版,第 7 页。

朱熹将经典视为"圣人之书"、以"体认天理"为旨归的读书法里①，也体现在王阳明以"良知"为基准、以"感"为"心"之大化流行的经典诠释思想里。在此意义上，王阳明与朱熹的经典诠释工作更多地展现出"道"之活生生的连续性，而非脉络上的断裂性；当然，这也不排斥朱、王在经典诠释模型、认知方法上有着不小的差异。在这种经典再生和创造的过程中，最怕的乃是将经典供上神坛，或者分支离析地拘泥于其章句，或者禁绝人们出自本心地理解和诠释经典。故王阳明尤其强调"道一而已"，"道"映现、涌流、朗照于一切"心"中，它如同树木之根本、源头之活水，乃是共通而普遍的。故王阳明对弟子说："道即是天，若识得时，何莫而非道？人但各以其一隅之见认定，以为道止如此，所以不同。若解向里寻求，见得自己心体，即无时无处不是此道，亘古亘今，无终无始，更有甚同异？……诸君要实见此道，须从自己心上体认，不假外求，始得。"②"心上体认"乃是经典始终体现出生命力的本源，然而"自程朱诸大儒没而师友之道遂亡。《六经》分裂于训诂，支离芜蔓于辞章举业之习，圣学几于息矣"③。

王阳明真切地体会到"寻章摘句老雕虫"，或者游离于枝节而忽略其大本的危险。没有良知和本心为"根本"，研读圣书对收敛、净化、提升自身的生命则没有意义。"人孰无根？良知即是天植灵根，自生生不息"④。他尤其注重"诚"，王阳明之"诚"如同朱子之"敬"，"诚"乃根，此根为天根：

> 诵古人之言曰："圣，诚而已矣。"君子之学以诚身。格物致知者，立诚之功也。譬之植焉，诚，其根也；格致，其培壅而灌溉之者也。后之言格致者，或异于是矣。不以植根而徒培壅焉、灌溉焉，敝精劳力而不知其终何所成矣。是故闻日博而心日外，识益广而伪益增，涉猎考究之愈详而所以缘饰其奸者愈深以甚。是其为弊亦既可睹矣，顾犹泥其说而莫之察也，独何欤？⑤

① 陈立胜：《朱子读书法：诠释与诠释之外》，李明辉编：《儒家经典诠释方法》，喜马拉雅基金会2003年版。
② 王阳明：《王阳明全集·传习录上》，上海古籍出版社1992年版，第21页。
③ 王阳明：《王阳明全集·别三子序》，上海古籍出版社1992年版，第226页。
④ 王阳明：《王阳明全集·传习录下》，上海古籍出版社1992年版，第101页。
⑤ 王阳明：《王阳明全集·书王天宇卷 甲戌》，上海古籍出版社1992年版，第271页。

所谓"修辞立其诚",如《孟子·尽心上》所说:仁义礼智根于心,其生色也,然见于面。盎于背,施于四体,四体不言而喻。说服打动人,很多时候也决定于演说者的美德,而此美德所发出的光辉和感染力,又必是内心"立诚"的结果。"立诚"乃是种根,"格致"则是浇灌,所以"汝辈学问不得长进,只是未立志……你真有圣人之志,良知上更无不尽"①。儒家的学问主要是成德之教、圣贤学问,所以王阳明强调必须立志,"夫学,莫先于立志。志之不立,犹不种其根而徒事培拥灌溉"②。立学圣、成圣之志,学问才能有所进步;认为学者若有效法圣人的志向,则良知必能不断扩充,学问亦将日进。故王阳明说:"吾教人'致良知',在'格物'上用功,却是有根本的学问,日长进一日,愈久愈觉精明。世儒教人事事物物上去寻讨,却是无根本的学问。方其壮时,虽暂能外面修饰,不见有过,老则精神衰迈,终须放倒。譬如无根之树,移栽水边,虽暂时鲜好,终久要憔悴。"③

王阳明要求学者体会到,"为学须有本原,须从本原上用力,渐渐盈科而进"④,亦曾勉励顾氏,"《四书》之言简实,苟以忠信进德之心求之,亦自明白易见"⑤,"德,犹根也;言,犹枝叶也。根之不植,而徒以枝叶为者,吾未见其能生也"⑥。德是根,言不过是叶。有此根深扎地下,生意繁茂,无言时乃是生长;有言时,因其生机活泛,凡言辞都可"达",根深叶茂。然而,倘若务虚过多,满头花叶,根基终究不牢,风吹不倒,自己也终究是要倒了。《传习录上》又载一则相似话头:

> "种树者必培其根,种德者必养其心。欲树之长,必于始生时删其繁枝。欲德之盛,必于始学时去夫外好。如外好诗文,则精神日渐漏泄在诗文上去。凡百外好皆然。"又曰:"我此论学,是无中生有的工夫,诸公须要信得及。只是立志。学者一念为善之志,如树之种,但勿助勿忘只管培植将去,自然日夜滋长,生气日完,枝叶日茂。树初生时,便抽繁枝,亦须刊落,然后

---

① 王阳明:《王阳明全集·传习录下》,上海古籍出版社 1992 年版,第 104 页。
② 王阳明:《王阳明全集·示弟立志说》,上海古籍出版社 1992 年版,第 259 页。
③ 王阳明:《王阳明全集·传习录下》,上海古籍出版社 1992 年版,第 99—100 页。
④ 王阳明:《王阳明全集·传习录下》,上海古籍出版社 1992 年版,第 14 页。
⑤ 王阳明:《王阳明全集·书顾维贤卷》,上海古籍出版社 1992 年版,第 274—275 页。
⑥ 王阳明:《王阳明全集·书玄默卷 乙亥》,上海古籍出版社 1992 年版,第 274 页。

根干能大。初学时亦然。故立志贵专一。"①

为学者要善做自我修剪的工夫,立志专一,使有限的精力用在壮大根基、主干上。譬如蓬蓬一丛灌木,终究长不成高木;蓬蓬满是花叶,就无法结出饱满的种子。王阳明与马子莘也说到一样的话:"缔观来书,其字画文彩皆有加于畴昔,根本盛而枝叶茂,理固宜然。然草木之花,千叶者无实,其花繁者,其实鲜矣。"②

这样一整套研读经典的功夫,首先要"立志用功","此念如树之根芽,立志者长立此善念而已"③;其次要"以德立心",还要时时"栽培灌溉"和"修剪繁枝"以扩充良知、推己及物。研读圣书,不是"吃药"和"进补",而是"心"中以"志之所向"为引导,植种和栽培一棵茂盛的良知之树,在经典里汲取"道"的源头活水滋养它。这样一种心灵和人格的自我修养、造型、教育,正与伽达默尔所强调的Bildung的原义相符合④。在这种生命体的隐喻基础上,经典的力量亦是活的。人类社群必然生存在一个有"经典"流传、存在的世界——无论它们以口头形式的诗歌、神话还是圣书的形式存在。在这样的世界里,我们无时无刻不浸泡在传统中,吸收过去的流传物。倘若"以德立心",内在地从生命体验来读书,滋养心灵,自然能够"养心"而变化气质:所有被吸收的东西都被同化,从而被保存在了内在的生命中。在此意义上,经典不是一个丧失其作用的手段、阶梯,它被吸收和同化进我们的心灵,滋养了我们德性和智性的萌芽⑤,然后重新凝结成新的整体,给予经典以新的时代精神和新的生命力。

由此,研读经典而滋养萌芽,乃是一种在立志的前提下,遵循生长"天秩"、盈科而进的过程。张载《正蒙·动物》云:"生有先后,所以伪天序;小大、高下相并而相形焉,是谓天秩。天之生物也有序,物之既形也有秩。知序然后径正,知秩

---

① 王阳明:《王阳明全集·传习录上》,上海古籍出版社 1992 年版,第 32—33 页。
② 王阳明:《王阳明全集·与马子莘 丁亥》,上海古籍出版社 1992 年版,第 218 页。
③ 王阳明:《王阳明全集·传习录上》,上海古籍出版社 1992 年版,第 19 页。
④ [德]伽达默尔:《真理与方法》上册,洪汉鼎译,商务印书馆 2007 年版,第 20 页。
⑤ 经典即使是"糟粕",然而"糟粕"何为? 糟粕的精髓和灵魂是酒,酒滋润了我们的肠胃,被我们吸收。这是经典的精义所在,而不在于言词。言词本身并没有滋养人的能力,它以另一种形式保存、活跃在我们的心灵和生命中。

然后礼行。"①张载所说"天秩",小大高下相并而相形,大大小小之天生百物,都是秩序、时序;知晓自己的秩序、时序所在,就能得到生长的"正道",才能成就自己的"全形"(Gestalt)。这种"天秩",必然是从内在生长出来的——它盈科而进,枝干花叶参参差差,形成独特的美感。如王阳明用倒推法说道:"立志用功,如种树然。方其根芽,犹未有干;及其有干,尚未有枝;枝而后叶,叶而后花实。初种根时,只管栽培灌溉,勿作枝想,勿作叶想,勿作花想,勿作实想。悬想何益?但不忘栽培之功,怕没有枝叶花实?"②由此陶冶出来的人格,并非一模一样,而是由于各自根器的差异而自成一体,并共同构成和谐的社会共同体。相比较而言,王阳明的另一个比喻,就似乎没有切中经典乃为一种生命整体形式的至要:"圣贤之学,心学也。道德以为之地,忠信以为之基,仁以为宅,义以为路,礼以为门,廉耻以为垣墙,《六经》以为户牖,《四子》以为阶梯。"③这样一种有些外在的、可拆装的功能性说法,不能展示出圣贤之学乃是有机整体地将活的真理展示在经典之中。

王阳明赞扬良知的"感触神应,有不言而喻之妙"④"触类而通"⑤"一节之知即全体之知"⑥,程子则说:"至微者,理也;至著者,象也。体用一源,显微无间。"⑦他们的脑海里,显然浮现的是有机的树木模型,而非外在建构的机械物。《传习录》里的"下学上达"问题,也可如此理解:

　　王嘉秀问:"佛以出离生死诱人入道,仙以长生久视诱人入道,其心亦不是要人做不好,究其极至,亦是见得圣人上一截,然非入道正路。如今仕者,有由科,有由贡,有由传奉,一般做到大官,毕竟非入仕正路,君子不由也。仙、佛到极处,与儒者略同,但有了上一截,遗了下一截,终不似圣人之全。然其上一截同者,不可诬也。后世儒者又只得圣人下一截,分裂失真,流而为记诵词章、功利训诂,亦卒不免为异端。是四家者终身劳苦,于身心无分毫益。

① 张载:《张子正蒙》,王夫之注,上海古籍出版社 2000 年版,第 126 页。
② 王阳明:《王阳明全集·传习录上》,上海古籍出版社 1992 年版,第 14 页。
③ 王阳明:《王阳明全集·应天府重修儒学记》,上海古籍出版社 1992 年版,第 900 页。
④ 王阳明:《王阳明全集·传习录中》,上海古籍出版社 1992 年版,第 55 页。
⑤ 王阳明:《王阳明全集·补录》,上海古籍出版社 1992 年版,第 1181 页。
⑥ 王阳明:《王阳明全集·传习录下》,上海古籍出版社 1992 年版,第 96 页。
⑦ 程颢、程颐:《二程集·易传序》,中华书局 1981 年版,第 582 页。

视彼仙佛之徒清心寡欲、超然于世累之外者,反若有所不及矣。今学者不必先排仙佛,且当笃志为圣人之学。圣人之学明,则仙佛自泯。不然,则此之所学,恐彼或有不屑,而反欲其俯就,不亦难乎? 鄙见如此,先生以为何如?"

　　先生曰:"所论大略亦是。但谓上一截、下一截,亦是人见偏了如此。若论圣人大中至正之道,彻上彻下,只是一贯,更有甚上一截、下一截?'一阴一阳之谓道',但仁者见之便谓之仁,智者见之便谓之智,百姓又日用而不知,故君子之道鲜矣。仁智可岂不谓之道? 但见得偏了,便有弊病。"①

　　所谓"上一截""下一截",当时只是流行的方便话语,却颇让人误导。这个修辞,本就是"机心"的产物,要是拿个有机物来看,哪有上下两截之分呢! 凡是截断了,就必是死物、标本或者工具,而非有生命和生机的活物。故王阳明用"一贯"来解,"大中至正之道,彻上彻下",这显然是一棵打通天、地、人的宇宙树纵轴的意象。《传习录上》还有一则亦能更好地说明我们的论证:

　　"问上达工夫。先生曰:'后儒教人,才涉精微,便谓上达未当学,且说下学。是分下学、上达为二也。夫目可得见,耳可得闻,口可得言,心可得思者,皆下学也。目不可得见,耳不可得闻,口不可得言,心不可得思者,上达也。如木之栽培灌溉,是下学也。至于日夜之所息,条达畅茂,乃是上达,人安能预其力哉? 故凡可用功、可告语者皆下学,上达只在下学里。凡圣人所说,虽极精微,俱是下学。学者只从下学里用功,自然上达去,不必别寻个上达的工夫。'"②

　　这段话里有几个重要的地方值得分析。首先是"一贯",王阳明很清楚地用了"木"的喻象,栽培灌溉乃是下学,"日夜所息、条达畅茂"乃是"上达"。这样的一贯,正是一棵活生生的生命之树。

　　其次,王阳明又说,"目可得见,耳可得闻,口可得言,心可得思者,皆下学也。

①　王阳明:《王阳明全集·传习录上》,上海古籍出版社1992年版,第18页。
②　王阳明:《王阳明全集·传习录上》,上海古籍出版社1992年版,第12—13页。

目不可得见,耳不可得闻,口不可得言,心不可得思者,上达也"。这说明,"上达"是一种"下学"所达到的效果和境界,如同树木,给它施了肥、浇了水,自然会向上长大。而这样的成长,如同知行合一的默会知识,似乎是潜移默化,让人难以察觉——在境界上看,目耳口舌自然更不可能见闻言思。只是,这种功夫是自然的,不需要另寻个斩成半截的上达工夫,"一贯"作为树木的主干,它下面连着根,上面连着细枝树叶花实,顶天立地,总是活生生的。

再次,"凡可用功、可告语者皆下学","凡圣人所说,虽极精微,俱是下学"——如此说来,即使四书五经、圣人所言,也都是下学而已。它们都是成道、悟道的阶梯,或者是树木将吸收、同化的养分,或者是滋养灵魂的酒剩下的糟粕⋯⋯而从这样活的生命隐喻模型出发,存载"常道"的经典构成某种文化集体自我意识,即"大我"之核心,它是一个民族精神传统之形成与发展的血脉;也可以说经典乃是一个民族精神的脊梁,文化传统与社会共同体内部活生生的精神巨木。它不断从活生生的"道"之深渊汲取活水生长,不断吸收时代精神长出新枝新叶,也担负着要给一个时代提供道德、价值和伦理支撑的重任。

第三节　朱王经典诠释思想之异同

朱熹和王阳明都强调"为学为己""在自心上体当""体当自心所见","体认者,实有诸己之谓耳,非若世之想象讲说者之为也"①。也就是说,一要在"合符于圣人之心"②的基础上,"解释圣人之言,要义理相接去";二是要将圣人之言"反之于身",亦即躬身"践履",也即通过对圣人之言的理解和切己应用,达到自我道德境界的升华与完善。如此,才能通过"体认"和"践履"的功夫,在研读经典时达到"此心"与"常道"之活生生的交融。王阳明指出:"圣贤垂训,固有书不尽言,言不尽意者。凡看经书,要在致吾之良知,取其有益于学而已。则千经万典,颠倒纵横,皆为我之所用。"③这里似乎王阳明更加体现出一种个人对经典的自由和灵

---

① 王阳明:《王阳明全集·与马子莘》,上海古籍出版社 1992 年版,第 218 页。
② 吴展良:《合符于圣人之心:朱子以生命解经的中心目标》,《新宋学》2003 年第 2 期。
③ 王阳明:《王阳明全集·答季明德》,上海古籍出版社 1992 年版,第 214 页。

活性。

然而追根溯源,按狄百瑞的看法,此发端却可从程朱而来。宋神宗在位时,有谓胡瑗授儒家之"道"有"体""用""文","文"即垂法后世之经典。程朱则更为强调"体""用",虽然他们不轻视经文或学术,但他们确实较少提到"文"。程朱自由重编《大学》以便适应自己的思想,他们的学生又接受他们新订的文字,这就使对经典的理解已经具有一定的灵活性。此后程朱心学的主要发言人真德秀,又提出"体""用""传",以"传"取代"文",似乎有意提高"心"在此过程中直接体认的重要作用。对经典理解的重心这么一转,实际上让读者的主观性扮演更重要的角色,对客观记载或成文经典的重视反趋式微,于是个人对传承文献与经典传统获致更大自由的基础就奠立起来了①。而发展到王阳明这里,大力推崇"良知"之普遍性和共通性,更使经典所面向的受众大大扩展。无论高德大儒,还是村夫愚妇,他们都是"经典"广泛意义上的读者和受众,"良知"则是人人皆可成圣的基础。如同路德翻译《圣经》,提倡"因信称义"和坚持"圣经自明"原则,王阳明眼里的儒家经典虽然仍是圣书,但它们所面对的却不仅仅是解经者、批评家,而是平常拥有良知的求道者、修行者,是尊道、尊经、尊圣之儒家信仰共同体中的一员。这一受众的变化,使王阳明解经一是尤重"坦易明白"而反对繁琐曲奥②,二是认为四书五经皆是大本一源而不应溺于枝节。

从前者来说,王阳明指出:"圣人之学所以至易至简,易知易从,学易能而才易成者,正以大端惟在复心体之同然,而知识技能非所与论也。"③湛甘泉托人送来其著作《学庸测》,王阳明读后回信说:"如此节节分疏,亦觉说话太多,且语义务为简古,比之本文,反更深晦,读者愈难寻求……莫若浅易其词,略指路径,使人自思得之,更觉意味深长也。"④因为圣人无隐,"圣人之道,坦若大路,夫妇之愚,可以与知"⑤,"道之大端易于明白"⑥。从后者来说,王阳明强调:"道一而已,

---

①　[美]狄百瑞:《中国的自由传统》,李弘祺译,贵州人民出版社 2009 年版,第 13—14 页。

②　其实某种意义上朱熹也赞同王阳明的这种看法。他写道:"圣人言语,皆天理自然,本坦易明白在那里。只被认不虚心去看,只管外面捉摸。及看不得,便将自己身上一般意思说出,把做圣人意思。"朱熹,黎靖德:《朱子语类》(第 1 册),中华书局 1994 年版,第 179 页。

③　王阳明:《王阳明全集·传习录中·答顾东桥书》,上海古籍出版社 1992 年版,第 55 页。

④　王阳明:《王阳明全集·答甘泉》,上海古籍出版社 1992 年版,第 181 页。

⑤　王阳明:《王阳明全集·复唐虞佐》,上海古籍出版社 1992 年版,第 176 页。

⑥　王阳明:《王阳明全集·传习录中·答顾东桥书》,上海古籍出版社 1992 年版,第 49 页。

论其大本大原,则《六经》、《四书》无不可推之而同者。"①他也指出:"自古圣贤因时立教,虽若不同,其用功大指无或少异……孔子谓'格致诚正,博文约礼',曾子谓'忠恕',子思谓'尊德性而道问学',孟子谓'集义养气,求其放心',虽若人自为说,有不可强同者,而求其要领归宿,合若符契。何者?夫道一而已。道同则心同,心同则学同。"②这种"简易"和"求同"导致陆王对经典往往说出"总括语",这是朱熹深恶之处。然而,从立志、养德、成圣的角度来说,陆王并无太大差异,他们延续着同样的"道"之脉络——孜孜不倦地追求人格的内在完美和社会共同体的完善。

---

① 王阳明:《王阳明全集·答方叔贤》,上海古籍出版社 1992 年版,第 184 页。
② 王阳明:《王阳明全集·示弟立志说》,上海古籍出版社 1992 年版,第 261 页。

第十一章　孟庄"心"学殊异考

　　在孔子和老子之后,经过一两百年发展的战国中期,对"心"之论说已由隐含性题材成为受到热烈关注的哲学议题。实际上,孟子和庄子以各自的方式,发展出独特型态的心学,汇成一股以关怀生命为主题的时代思潮。孟子"心"的工夫是推扩、保养,是"达""充",姑且称为"正"的工夫;庄子"心"的工夫是收摄、保聚,是"减""忘",姑且称为"负"的工夫。前者用的意象多为:泉、木、芽、谷(种);后者用的意象多为:鉴、镜、光、风、窍等。孟庄、乃至王阳明对"心"的关注,正反映出在特定苦难、价值失范,或者生死存亡的极限困境中,我们对于安顿身心性命的迫切需求,总是会一次次回到"心"这个源泉上来。

　　按陈鼓应考证,《论语》谈到"心"只有 6 处,《老子》谈到"心"也只有 10 处①。孔子把"心"与"仁"做过一次松散的联系;老子则把"心"和"虚"做过一次紧密的联系②。孔老都以较为素朴的方式,偶尔谈及"心"。但实际上,"仁""虚"这两个对"心"之不同维度的认识,相关联的正是"木"之"生生"与"鉴"之"虚明"这两个重要意象。

　　以孟庄为例,"心"在前者中出现约 121 次③,后者中出现约 180 次④。追其根由,如陈鼓应所指出的,恐怕却是因为此时诸侯各国相互侵伐、礼崩乐坏、民不聊

---

　　①　陈鼓应:《〈庄子〉内篇的心学:开放的心灵与审美的心境(上)》,《哲学研究》2009 年第 2 期。亦参杨泽波:《孟子性善论研究》,中国社会科学出版社 1995 年版,第 35 页。

　　②　《论语·雍也》:"回也,其心三月不违仁。"《老子》第三章则云:"虚其心,实其腹,弱其志,强其骨。"

　　③　3 次用于人名的不含在内。参杨泽波:《孟子性善论研究》,中国社会科学出版社 1995 年版,第 28、35 页。

　　④　陈鼓应:《〈庄子〉内篇的心学(上)》,《哲学研究》2009 年第 2 期。

生,时代之先知者、思想者不得不尝试在"心"上为生民立命。如孟子痛语:"老弱转乎沟壑,壮者散而之四方。"(《孟子·梁惠王下》)庄子亦云:"今世殊死者相枕也,桁杨者相推也,刑戮者相望也。"(《庄子·在宥》)[①]《庄子·逍遥游》篇末云"安所困苦哉!"暗示着当时生存环境的恶劣,"子独不见狸狌乎?卑身而伏,以候敖者;东西跳梁,不辟高下;中于机辟,死于罔罟",这与后来王阳明所叹——仕途最磨人志,如同烂泥坑、失脚的样子,时人常为求荣而反得辱——是多么的一致!孟庄、乃至王阳明对"心"的关注,正反映出在深受苦难而价值失范、或生死存亡的极限困境中,我们对安顿身心性命的迫切需求,总是会一次次回到"心"这个源泉上来。

杨泽波认为,"抽去了心字,《孟子》就不成其为《孟子》了。如果说心是孟子整个思想大厦的基石,那是一点也不过分的"[②]。实际上,孟子和庄子以各自的方式,发展出独特形态的心学,汇成一股以关怀生命为主题的时代思潮。从"心"之理论上来看,可说处于古代文明"轴心时期"的孟、庄,各自开创了心学的两大领域——孟子是在道德领域,庄子是在审美领域。这是两种全然不同的途径,在精神生活中,一个注重道德意识的阐发,一个注重审美意识的高扬。他们都企图实现"以道抗势"的理想:孟子打开一条士人入仕的路途;庄子则由士人塑造了一个独特风格的文人传统[③]。

第一节　孟子论心:"谷"之实达

杨泽波指出:"孟子在创立道德本体之前,首先将认知之心、邪恶之心、利欲之心统统排除在外,将一般所论斑驳混杂的心清理干净,只以良心本心为道德本体。"[④]所以,下述"心"皆主要指道德心:"人皆有不忍心之心"(《公孙丑上》),"大

---

①　陈鼓应:《〈庄子〉内篇的心学(上)》,《哲学研究》2009年第2期。

②　杨泽波:《孟子性善论研究》,中国社会科学出版社1995年版,第36页。

③　陈鼓应:《〈庄子〉内篇的心学(上)》,《哲学研究》2009年第2期。

④　杨泽波:《孟子性善论研究》,中国社会科学出版社1995年版,第183页。普通意义如:"于心终不忘(《滕文公上》)","其操心也危"(《尽心上》);引申为心志、意愿,如"我四十不动心"(《公孙丑上》)、"必先苦其心志(《告子下》)";还可引申为民意,如"失其民者,失其心也(《离娄上》)";"心"也可能混杂善恶,如"作于其心,害于其事"(《滕文公下》)。只有谈到学弈时,说"不专心致志,则不得也",似乎有些强调认知方面的涵义,但谈及语境,这句在"牛山之木"后,故可能还是强调道德心。杨泽波将之概括为,"道德之心占有崇高地位认知之心几乎没有位置"。同前,第29页。

人者,不失其赤子之心者也"(《离娄下》),"君子所以异于人者,以其存心也"(《离娄下》),"至于心,独无所同然乎"(《告子上》)。尤为重要的是:

> 恻隐之心,仁之端也;羞恶之心,义之端也;辞让之心,礼之端也;是非之心,智之端也。人之有是四端也,犹其有四体也。有是四端而自谓不能者,自贼者也;谓其君不能者,贼其君者也。凡有四端于我者,知皆扩而充之矣。若火之始然,泉之始达。苟能充之,足以保四海;苟不充之,不足以事父母。(《公孙丑上》)

所谓"达",乃是一种内在生生不息向上的动力[①],因为"仁义礼智,非由外铄我也,我固有之也,弗思耳矣"(《告子上》)。人"心"犹如一颗内含生机的谷种,所谓"端倪"如嫩芽破壳而出,渐渐扩充生长,日夜不息,而其所凭借的正是"所不学而能者,其良能也;所不虑而知者,其良知也"。"良心"在《孟子》中虽只出现了一次,即关于"牛山之木"的描述,对后世思路的影响却极为深远:

> 牛山之木尝美矣,以其郊于大国也,斧斤伐之,可以为美乎?是其日夜之所息,雨露之所润,非无萌蘖之生焉,牛羊又从而牧之,是以若彼濯濯也。人见其濯濯,以为未尝有材焉,此岂山之性也哉?虽存乎人者,岂无仁义之心哉?其所以放其良心者,亦犹斧斤之于木也,旦旦而伐之,可以为美乎?其日夜之所息,平旦之气,其好恶与人相近也者几希,则其旦昼之所为,有梏亡之矣。梏之反覆,则其夜气不足以存;夜气不足以存,则其违禽兽不远矣。人见其禽兽也,而以为未尝有才焉者,是岂人之情也哉?故苟得其养,无物不长;苟失其养,无物不消。孔子曰:"操则存,舍则亡;出入无时,莫知其乡。"惟心之谓与?(《孟子·告子上》)

孟子启发人的良心本心多从正面出发,如"仁义礼智,非由外铄我也,我固有之

---

① 《说文》将"道"解释为:"所行道也,从辵从首,一达谓之道"。艾兰将"达"英译为 penetrate(穿透)或 break through(穿越);它们被用作"破"土而出、生长发芽的意思。[美]艾兰:《水之道与德之端》,张海晏译,上海人民出版社 2002 年版,第 76 页。

也"(《告子上》),"君子所性,仁义礼智根于心"(《尽心上》),"吾固知王之不忍也"(《梁惠王上》)等。所谓"四端之说"也是强调此"心根"所萌发之生生幼芽。但"牛山之木"却从其光秃讲起,牛山的树木曾经很茂盛,但后来不茂盛了。这不是因为没有"萌蘖"生长,而是受到了破坏。人也是一样,"岂无仁义之心",但不断地放失、破坏,"舍则失之",良心也被蒙蔽了。"日夜之所息,雨露之所润"和"萌蘖之生",都说明"良心"开始时只是一种善端,需要扩充滋养,然后才能"苟得其养,无物不长;苟失其养,无物不消"。

这里还引出了一个后来在宋明理学里不断探讨的话头,即"夜气"。王阳明曾说:"夜气,是就常人说。学者能用功,则日间有事无事,皆是此气翕聚发生处。圣人则不消说夜气。"(《传习录上》)确实,所谓萌蘖并不只是在夜间,但在夜里,雨露滋润,少些破坏和干扰,如同给了幼芽休养生息的时间:"周公思兼三王,以施四事,其有不合者,仰而思之,夜以继日,幸而得之,坐以待旦。"(《孟子·离娄下》)王阳明指出:"孟子说'夜气',亦只是为失其良心之人指出个良心萌动处,使他从此培养将去。"(《传习录中》)"良知在夜气发的,方是本体,以其无物欲之杂也。"(《传习录上》)这里内隐而贯穿始终的,仍然是生生不息的木芽隐喻。

《孟子·告子上》中关于"生芽"的论证还有:

> 虽有天下易生之物也,一日暴之,十日寒之,未有能生者也。吾见亦罕矣,吾退而寒之者至矣,吾如有萌焉何哉?(《告子上》)
> 拱把之桐梓,人苟欲生之,皆知所以养之者。至于身,而不知所以养之者,岂爱身不若桐梓焉?(《告子上》)

这里将"身"与"木"的意象完美融合,也开了宋明理学家如此运用的先河。还有"(美)熟""五谷"之喻:

> 五谷者,种之美者也;苟为不熟,不如荑稗。夫仁,亦在乎熟之而已矣。(《告子上》)
> 富岁,子弟多赖;凶岁,子弟多暴,非天之降才尔殊也,其所以陷溺其心

者然也。今夫麰麦，播种而耰之，其地同，树之时又同，浡然而生，至于日至之时，皆熟矣。虽有不同，则地有肥硗，雨露之养、人事之不齐也。故凡同类者，举相似也，何独至于人而疑之？圣人，与我同类者。（《告子上》）

五谷如果只种不熟，不如次米和稗子；仁心如果只有端倪，没有扩充，同样不能成全大事。然而，"心"要善养、浇灌，却也不能拔苗助长：

> 王知夫苗乎？七八月之间旱，则苗槁矣。天油然作云，沛然下雨，则苗浡然兴之矣。其如是，孰能御之？（《梁惠王上》）
> 必有事焉，而勿正；心勿忘，勿助长也。无若宋人然：宋人有闵其苗之不长而揠之者，芒芒然归，谓其人曰："今日病矣！予助苗长矣！"其子趋而往视之，苗则槁矣。天下之不助苗长者寡矣。以为无益而舍之者，不耘苗者也；助之长者，揠苗者也，非徒无益，而又害之。（《公孙丑上》）

然而，倘若田间杂草丛生，也必须要"耘苗"清理，如"山径之蹊间，介然用之而成路；为间不用，则茅塞之矣。今茅塞子之心矣"（《尽心下》）。可以说，架构整部《孟子》的基本喻象，都来源于这种具有诗性的农作经验和对植物生长的内在体察。

"四端"的意象，用了芽、火和泉，而其结合点正在"本"[①]上。如：

> 源泉混混，不舍昼夜，盈科而后进，放乎四海。有本者如是，是之取尔。苟为无本，七八月之间雨集，沟浍皆盈；其涸也，可立而待也。（《离娄下》）

所以，"有为者辟若掘井，掘井九轫而不及泉，犹为弃井也"（《尽心上》）。换一种说法，这个"本"也是"不忍"而"无欲害人之心"、"不为"而"无穿踰之心"，其如同种子内部充溢着"无受尔汝之实"：

[①]　《论语·学而》："君子务本，本立而道生。孝弟也者，其为仁之本与。"艾兰认为：虽然这里最初的隐喻是一种植物——当仁之苗从孝弟之本苗壮长出时，便产生了道——如我们已经知道的那样，一眼清泉，即溪流之渊源，也被描述为"本"。于是，水与植物的隐喻在这里会合。水流被视作有生命的事物，就像植物一样。参［美］艾兰：《水之道与德之端》，上海人民出版社2002年版，第78—79页。

人皆有所不忍,达之于其所忍,仁也;人皆有所不为,达之于其所为,义也。人能充无欲害人之心,而仁不可胜用也;人能充无穿踰之心,而义不可胜用也;人能充无受尔汝之实,无所往而不为义也。(《尽心下》)

但其方法同样是"推""充",使其能够"然""达"而"大":"故推恩足以保四海,不推恩无以保妻子。古之人所以大过人者,无他焉,善推其所为而已矣。"(《梁惠王上》)

第二节 庄子论心:"镜"之虚灵

唐君毅认为:"中国思想之核心,当在其人心观……道家庄子一派,其言人心者尤多","吾人生于今世,尤易觉到庄子所言人心之状,远较孟子、墨子所言人心之状,对吾人为亲切有味"①。但如陈鼓应指出的,目下学界对孟子心学讨论较多,关注庄子心学者却甚为罕见。这似乎颇有些奇怪之处,因为实际上《庄子·田子方》里温伯雪子和孔子交谈的寓言,就已直接批评儒家"明乎礼义而漏于知人心",此言中的! 孟子宗"道德心",庄子却宗"审美心"(同时也以"镜"和"观"的意象带出了"认知心")②——与拥有"心斋""坐忘""虚室生白"之炫美境界的庄子相比,孟子反归"道德本心"的路径则显得颇为粗线。

孟子谈及"寡欲""放心""反身"和"思""自得""养(养气、养性)""尽心(尽性)"③,认为"惟圣人然后可以践形"(《尽心上》),其境界是"万物皆备于我矣。反身而诚,乐莫大焉"。但这些毕竟是从大处说,让人有些无法找到下手处。庄子

---

① 唐君毅:《孟墨庄荀之言心申义》,《新亚学报》1995年第2期。
② 蒙培元指出,中国思想里的"心"大体有三重涵义:一是孟子"道德之心",是道德理性范畴;二是荀子"理智之心",是认知理性范畴;三是佛道的"虚灵明觉之心",指虚而明的本体状态或精神境界,是超理性的本体范畴。这几种涵义在宋明理学中被进一步融会发展。蒙培元:《理学范畴系统》,人民出版社1989年版,第195页。笔者则认为,其一"虚明灵觉心"更近似于"审美心",并与"理智心"有重叠处,因二者基本喻象都是"镜""鉴"。其二,无论"理智心""审美心"还是"虚明灵觉心",其源头都可前追至老庄,而后经稷下道家阐发,并被荀子、韩非一脉多所申论。
③ "养心莫善于寡欲"(《尽心下》),"学问之道无他,求其放心而已矣","君子深造之以道,欲其自得之也。自得之,则居之安;居之安,则资之深;资之深,则取之左右逢其原,故君子欲其自得之也"(《离娄下》),"心之官则思,思则得之,不思则不得也"(《告子上》),"尽其心者,知其性也。知其性,则知天矣。存其心,养其性,所以事天也"(《尽心上》)。

对"心"的多维分析却极为精微,正好与孟子反其道而行之。按照陈鼓应的分析,《庄子》的内七篇虽然各自独自成篇,却有一个整体性的关联:道德之旨、有无之境、虚明之心的主题,贯穿各篇而成为中心思想;"心"论,即心神、心思作用的阐发,尤属内核①。

　　除了对"心"的普通用法②,庄子分外强调作为"止""明"之镜的"认知心",同时也比孟子更强调"心"易受"七情"③扰动,"心"的脆弱、易感(即"和")、失序和易受外界的侵扰——如"兽死不择音,气息茀然,于是并生心厉。剋核大至,则必有不肖之心应之,而不知其然也"(《人间世》),"时其饥饱,达其怒心"(《人间世》),"是于圣人也,胥易技系,劳形怵心者也"(《应帝王》),"郑有神巫曰季咸……列子见之而心醉"(《应帝王》),"心和而出,且为声为名,为妖为孽"(《人间世》)。以上诸种,真是"喜怒哀惧爱恶欲"七情扰动皆有,犹如水上风波。庄子还指出"成心",即"业已形成的偏执之见"的危害:"夫随其成心而师之,谁独且无师乎? 奚必知代,而心自取者有之? 愚者与有焉! 未成乎心而有是非,是今日适越而昔至也。是以无有为有。无有为有,虽有神禹且不能知,吾独且奈何哉!"(《齐物论》)

　　此外,庄子常将"形""心"对举,如"形莫若就,心莫若和"(《人间世》),"其形化,其心与之然,可不谓大哀乎"(《齐物论》),"固有不言之教,无形而心成者邪?"(《德充符》)他还将"心"称为"形骸之内"而"内""外"对举:"今子与我游于形骸之内,而子索我于形骸之外,不亦过乎?"(《德充符》)还有一个用来指称"心"的词是值得注意的,即"灵府":

死生、存亡、穷达、贫富、贤与不肖、毁誉、饥渴、寒暑,是事之变,命之行

---

①　陈鼓应:《〈庄子〉内篇的心学(下)》,《哲学研究》2009 年第 3 期。

②　如"名闻不争,未达人心","自事其心者,哀乐不易施乎前","子之爱亲,命也,不可解于心","目将荧之,而色将平之,口将营之,容将形之,心且成之"(《人间世》);也可引申为民意,如"故圣人之用兵也,亡国而不失人心"(《大宗师》)。

③　"情"在《孟子》中虽多次出现,但几乎都指"实情""实际",并无宋明理学"性情之辩"的涵义。《庄子》也时将"情"字用作"实情",但更强调"喜怒哀惧爱恶欲"之"七情"意义上的"情",强调"情"对人心的扰动。如惠子曰:"人而无情,何以谓之人?"庄子曰:"道与之貌,天与之形,恶得不谓之人?"惠子曰:"既谓之人,恶得无情?"庄子曰:"是非吾所谓情也。吾所谓无情者,言人之不以好恶内伤其身,常因自然而不益生也。"(《德充符》)

也。日夜相代乎前，而知不能规乎其始者也。故不足以滑和，不可入于灵府。(《德充符》)

庄子凸显了一个"灵"字，这点出了"心"的审美妙用，如稷下道家的代表作之一《管子·内业》云："灵气在心"。在庄子那里，"气"有时亦指"至虚空明"的精神境界，也指保有生命原生灵慧、无杂于世俗的心性。同时，"灵府"这种带有实体性的描述①，可能由列子将"心"称为"方寸之间"所肇端。可见，庄子认为"心"的重要特性不是"实"，而是"虚""灵"。

结合孟子对"身"的使用就会发现，在先秦时代，"身"指涉的往往是一个"身心连续体"，只不过孟子强调"体有贵贱，有小大"(《告子上》)，而庄子则进一步区分了"形""身"表述侧重点的不同：

> 惠子曰："不益生，何以有其身？"庄子曰："道与之貌，天与之形，无以好恶内伤其身。今子外乎子之神，劳乎子之精，倚树而吟，据槁梧而瞑，天选子之形，子以坚白鸣！"(《德充符》)

会被"好恶内伤"的"身"显然是一个身心的统一体，而"形"则指显现于外的躯体、形体。"心"并不是与"身"(德语 Leib)对举，而是与"形骸"(德语 Körper)对举。那么，"心"与"形"是什么关系？在《德充符》里，庄子写道："所爱其母者，非爱其形也，爱使其形者也。"从上下文来看，所谓的"使其形者"显然是指"心"，这说明了"心(内)"对"形(外)"的"主宰"作用。

在《齐物论》里，庄子举了南郭子綦的例子：

> 南郭子綦隐机而坐，仰天而嘘，荅焉似丧其耦。

所谓"耦"是匹对的意思，"心""形"既对立又合一，"丧其耦"指"离形去知""身心

---

① "府"，是古代储存财物的地方，庄子还使用"天府"："若有能知，此之谓天府。注焉而不满，酌焉而不竭，而不知其所由来。"(《齐物论》)它们都让我们想起王阳明将"良知"形容为"自家宝藏"的说法。

俱忘"。故南郭子綦的学生颜成子游看到老师苔(放松)然嘘气、不同寻常的样子,不禁问道:"形固可使如槁木,而心固可使如死灰乎?"子游的提问仍然暗示了一种形、心的对立,故子綦答道:"偃,不亦善乎,而问之也! 今者吾丧我,汝知之乎?"由破除偏执成心的"小我"("丧我"),而呈现"万物与我为一"的"大我"("吾")之境界——所谓"吾丧我",是指形骸和心之间的"耦"瓦解、消逝,"心"丧失了对"形"的"真君""真宰"作用。如此,往常基于这种"耦"而对"我"的认知也随之瓦解:"非彼无我,非我无所取。是亦近矣,而不知其所为使。"(《齐物论》)

除此之外,庄子和孟子对"大"的凸显角度不同。孟子赞扬的是"充实而有光辉[①]"的"大(体)","大而化之之谓圣":

> 体有贵贱,有小大。无以小害大,无以贱害贵。养其小者为小人,养其大者为大人。……从其大体为大人,从其小体为小人。……先立乎其大者,则其小者弗能夺也。此为大人而已矣。(《告子上》)
>
> 有大人者,正己而物正者也。(《尽心上》)

庄子凸显的则是"鸢飞鱼跃""磅礴万物以为一"之"天地视角"的"大(知)":

> 小知不及大知,小年不及大年。奚以知其然也? 朝菌不知晦朔,蟪蛄不知春秋,此小年也。……穷发之北有冥海者,天池也。有鱼焉,其广数千里,未有知其修者,其名曰鲲。有鸟焉,其名为鹏,背若太山,翼若垂天之云;抟扶摇羊角而上者九万里,绝云气,负青天,然后图南,且适南冥也。斥鴳笑之曰:彼且奚适也? 我腾跃而上,不过数仞而下,翱翔蓬蒿之间,此亦飞之至也。而彼且奚适也? 此小大之辩也。(《逍遥游》)

庄子的"小大之辩"凸显与囿于一方的狭隘心灵,即"蓬心"相对的"大其心"[②]的重

---

① 《孟子·尽心下》:"充实之谓美,充实而有光辉之谓大,大而化之之谓圣,圣而不可知之之谓神。"
② 《管子·内业》则将其发挥为"大心而敢"。

要。孟子曾经贬斥"阉然媚于世"之"乡原"和"终身不知其道"之"众"①,庄子则慨叹那些囿于一方的狭隘心灵的"蓬心",自囿而不自知:"今子有五石之瓠,何不虑以为大樽而浮于江湖,而忧其瓠落无所容? 则夫子犹有蓬之心也夫!"(《逍遥游》)"蓬"乃草名,其状弯曲不直,"有蓬之心"喻指见识浅薄不能通晓大道理。如此"蓬心"与"大心"的重要差异就在于:"蓬心"弯曲不直,而"大心"却是"中通而直"②。

第三节　圣人之异:"养心"和"游心"

孟子强调"存心"(《离娄下》)、"养心"、"不失其赤子之心"(《离娄下》),"必有事焉,而勿正;心勿忘,勿助长也"(《公孙丑上》);庄子则更爱"游心③""坐忘"和"止",如"游心乎德之和"(《德充符》),"且夫乘物以游心,托不得已以养中,至矣"(《人间世》),"汝游心于淡,合气于漠,顺物自然而无容私焉,而天下治矣"(《应帝王》)等。

"游心"主题最鲜明的乃是《逍遥游》④。从"小大之辩"开始,依次描写"有所待""无所待"而"游于无穷","有我之境"到"无我之境"。所谓"一官""一乡""一君""一国",其实都是如同蜩和学鸠一般的"乡愿",而如同"大"心之"鲲鹏"拥有着"天地视角","至人""神人"和"圣人"也拥有着"大知""大心",从而"无(私)己""无功""无名"。"乘云气,御飞龙,而游乎四海之外",这正是对庄子的理想人格"若夫乘天地之正,而御六气之辩,以游无穷者"之最高境界的写照。

---

① "何以是嘐嘐也? 言不顾行,行不顾言,则曰'古之人,古之人'。'行何为踽踽凉凉? 生斯世也,为斯世也,善斯可矣。'阉然媚于世也者,是乡原也。"(《尽心下》)"行之而不著焉,习矣而不察焉,终身由之而不知其道者,众也。"(《尽心上》)

② 这可用《人间世》颜回自述为证:"然则我内直而外曲,成而上比。内直者,与天为徒。……外曲者,与人之为徒也。"

③ 《庄子》"游"字达106次,犹如孔子倡"仁"(《论语》中"仁"字109见)。王阳明19岁时亦"已游心举业外矣",虽与庄子之"游心"精神有些不同,但"游"字在此会通儒道也是可观。如《论语·述而》亦云:"志于道,据于德,依于仁,游于艺。"

④ "逍遥"一词最早见于《诗经·郑风·清人》:"河上乎逍遥。""逍遥"乃为"游"之写状,"游"为主体"自得""自适"之心境。故王先谦《庄子集解》云:"无所待而游于无穷,方是《逍遥游》一篇纲要。"

从这样全新的"天地视角"和心灵视域出发,庄子充满美感地描绘出一幅崭新的"世界地貌":

> 野马也,尘埃也,生物之以息相吹也。天之苍苍,其正色邪? 其远而无所至极邪? 其视下也,亦若是则已矣。(《逍遥游》)

是啊! 春日林泽原野上蒸腾浮动犹如奔马的雾气,低空里沸沸扬扬的尘埃,都是大自然里各种生物的气息吹拂所致。天空是湛蓝湛蓝的,难道这就是它真正的颜色吗? 抑或是高旷辽远没法看到它的尽头呢? 鹏鸟在高空往下看,不过也就像这个样子罢了。《齐物论》则更进而描写一幅"吹"的壮美画面:

> "汝闻人籁,而未闻地籁,汝闻地籁而未闻天籁夫……夫大块噫气,其名为风,是唯无作,作则万窍怒呺,而独不闻之翏翏乎? 山林之畏佳,大木百围之窍穴,似鼻,似口,似耳,似枅,似圈,似臼,似洼者,似污者。激者,謞者,叱者,吸者,叫者,濠者,宎者,咬者,前者唱于而随者唱喁。泠风则小和,飘风则大和,厉风济则众窍为虚。而独不见之调调之刁刁乎?"子游曰:"地籁则众窍是已,人籁则比竹是已,敢问天籁。"子綦曰:"夫吹万不同,而使其自己也,咸其自取,怒者其谁邪?"

这幅"天籁、地籁、人籁"奏鸣的世界地貌,是南郭子綦隐机而坐"听"到的。这时,"相吹"之"风"的意象就极为重要,"大块噫气,其名为风"——"风"是大地吐出的气,风的重要特性是"吹",吹过陡峭峥嵘的各种岩石,吹过大地上空虚的窍孔,吹过山谷,吹过长天,吹过水面起波,吹过万物使其随风曳动……我们自然而然想起,日后佛教中重要的话头体用风波之议,也会想起慧能"风动还是心动"的公案。

孟子曾引用"君子之德,风也;小人之德,草也。草尚之风,必偃"(《滕文公上》),它凸显"风"之"偃",强调"君子"和"大人"的教化作用[1];而庄子对"风"之偏

---

[1] 《孟子·尽心下》又云:"圣人,百世之师也,伯夷、柳下惠是也。故闻伯夷之风者,顽夫廉,懦夫有立志;闻柳下惠之风者,薄夫敦,鄙夫宽。奋乎百世之上,百世之下闻者莫不兴起也。"可见"风"撼动万物,因动而能化,故可使"闻者兴起"也。

爱则犹如对"游"之偏爱,"泠风则小和,飘风则大和,厉风济则众窍为虚"。确实,还有什么比"风"更符合"游于天地之间""无所待"的期许呢?"风"是"以息相吹",瞬间,我们明白了,那些嘈嘈切切、时而柔和的私语、时而怒吼的呼啸,甚至风突然停止时"万籁俱寂",它们来自风、来自人、来自万物,其实却是来自这生生不息的天地整体。所谓"大象无形,大音希声","地籁则众窍是已,人籁则比竹是已",那么"天籁"呢?天籁正是那涵纳着"人籁""地籁",最深远广大的寂静本身!

庄子认为,要"听"到这幅"壮美"的"吹"之画面,要达到"隐机而坐""吾丧我""听之以气"的境界,关键即在于"心"上作工夫——"堕肢体,黜聪明,离形去知,同于大通"而"坐忘"(《大宗师》)、"撄宁"(《大宗师》)和"心斋(《人间世》)"①:

> 若一志,无听之以耳而听之以心,无听之以心而听之以气! 听止于耳,心止于符。气也者,虚而待物者也。唯道集虚。虚者,心斋也。

"心斋"的关键是"虚",但这种"虚而待物"的静坐工夫,其表现似乎是枯木死灰,却绝非"近死之心,莫使复阳"(《齐物论》),而是如同列子老师壶子那般与天地交感应和、应称生机、浑然凝一。庄子曾用"朝彻",即早晨太阳初升时的清新明彻,来形容这种"物我皆忘的凝寂空灵":

> 已外生矣,而后能朝彻;朝彻,而后能见独;见独,而后能无古今;无古今,而后能入于不死不生。(《大宗师》)

这一境界又被称为"才全":"……灵府。使之和豫,通而不失于兑,使日夜无郤而与物为春,是接而生时于心者也。"(《德充符》)如此,心灵安然自在、通畅随和,

---

① 陈鼓应指出,"心斋"重在心境内收、内通,由耳而心、由心而气,层层内敛——"徇耳目内通",即收视反听于内而通于大道;"坐忘"则重在心境外放,由忘仁义、忘礼乐而超越形体拘限、智巧束缚,层层外放——"同于大通"而通向大道境界。"心斋"着重心境之"虚","坐忘"则要写心境之"通"。"撄宁"则兼凝"守"和"忘":"吾犹守而告之,参日而后能外天下;已外天下矣,吾又守之,七日而后能外物;已外物矣,吾又守之,九日而后能外生;已外生矣,而后能朝彻;朝彻,而后能见独;见独,而后能无古今;无古今,而后能入于不死不生……其名为撄宁。"参陈鼓应:《〈庄子〉内篇的心学:开放的心学与审美的心境(下)》,《哲学研究》2009 年第 3 期。

"乐物之通""饮人以和"(《则阳》),心神接触外物像春天般有生气,与人相处满怀着春日般情性盎然。达此境界的则是"真人":

> 古之真人,不知说生,不知恶死;其出不䜣,其入不距;翛然而往,翛然而来而已矣。不忘其所始,不求其所终;受而喜之,忘而复之,是之谓不以心捐道,不以人助天。是之谓真人。若然者,其心志,其容寂,其颡頯;凄然似秋,暖然似春,喜怒通四时,与物有宜而莫知其极。(《大宗师》)

孟子将其理想人格,寄托于能推、扩充道德心的"君子""大人":"可欲之谓善,有诸己之谓信,充实之谓美,充实而有光辉之谓大,大而化之之谓圣,圣而不可知之之谓神"(《尽心下》)。而上述那种"与物为春"活泼生动的"情",如刘勰《文心雕龙·物色》所云"献岁发春,悦豫之情畅",即"心"对"物"观照所产生的"美"感,并没有进入孟子的视域。在庄子的世界里,却恰恰是人的情意与大自然连为一体,心神活动反映出大自然的节奏,就像郭熙所说"春山烟云连绵,人欣欣;夏山嘉木繁阴,人坦坦"(《林泉高致·山水训》)。

如果我们再将孟庄的圣人观作一比较,上述结论似乎更为明显。孟子不再像孔子那样对圣人抱着极高的期许。在他眼里,伯夷、柳下惠都可成为圣人,圣人只是"出于其类,拔乎其萃"(《公孙丑上》),是"奋乎百世之上,百世之下闻者莫不兴起也"(《尽心下》)。但他对"圣人"是"规矩""百世之师"(《尽心下》)和"人伦之至"(《离娄上》)的期许并没有变。而庄子推许的却是:

> 圣人之心静乎!天地之鉴也,万物之镜也。(《天道》)

这是一幅多么美的画面呢!圣人的心如同万物的镜子,静静地映照着日月、蓝天漂浮的白云,青山、飞鸟和柔嫩的新叶。圣人不是万物方圆的"规矩",而只是如同碧野里晶亮的水域,或者一泓静水流深、玄冷的"渊",静静地、毫无隐藏地映照着四时流转、万事万物。这里的"静"是真正的"静"吗?"休则虚、虚则实、实者伦矣;虚则静、静则动、动则得矣",世界万物日夜不息地流转,"镜"中显现的万象也在随之不停地流转变化呢!对此,庄子举了映照万物、澄澈透亮的"至人"之"心"作为例子:

> 无为名尸，无为谋府；无为事任，无为知主。体尽无穷，而游无朕；尽其所受乎天，而无见得，亦虚而已。至人之用心若镜，不将不迎，应而不藏，故能胜物而不伤。（《应帝王》）

正因为"虚"和"静"，至人之心才能澄澈空明，"不将不迎，应而不藏，故能胜物而不伤"，才能"真实"地映照出这些永恒流转的万事万象。

由此，庄子的理想人格更多地寄寓在"喜怒通四时，与物有宜而莫知其极"的"真人"和"用心若镜"的"至人"身上。"六经"少有"真"字，唯庄子将"真人"作为理想人格，将"真知"作为天地"大知"①，就如葛瑞汉曾指出的："儒家要确定准则，智者依此把自发性调整到合乎一定的节；而道家却是把智慧本身归结为其本质，要像照镜子一样不偏不倚地、不动感情地反映客观事物。"②可见，老庄"心镜说"是中国古代思想史里"反映—认知心"和"求真"意识之源头，而后稷下道家提出"静因之道""舍己而以物为法"，乃至荀子"虚壹而静"，都可说是对老庄"心镜说"的进一步领会和发挥。

《齐物论》又谈及"成心"与"以明"："成心"是指业已形成的偏执之见；"以明"则是要摒除这种"成见"，使心的思维功能空明灵觉，如明镜一般如实呈现、反映外物的客观景象而无所隐蔽——相应工夫则是"止"，所谓"止"，即停息"形骸"之"感知"川流不息的扰动，获取天地之淡定的"大知"。孟子《尽心上》倾心于"流水"意象，"观水有术，必观其澜。日月有明，容光必照焉"。庄子却倾心于"止水"："人莫鉴于流水而鉴于止水，唯止能止众止。"（《德充符》）"止水"的重要特性，一是"静"，而是"平"。故《德充符》曰：

> "何谓德不形？"曰："平者，水停之盛也。其可以为法也，内保之而外不荡也。德者，成和之修也。德不形者，物不能离也。"

---

① 《庄子·渔父》载孔子愀然曰："请问何谓真？"客曰："真者，精诚之至也。不精不诚，不能动人。……真悲无声而哀，真怒未发而威，真亲未笑而和。真在内者，神动于外，是所以贵真也。……礼者，世俗之所为也；真者，所以受于天也，自然不可易也。故圣人法天贵真，不拘于俗。"

② ［英］葛瑞汉：《中国的两位哲学家：二程兄弟的新儒学·增附一：葛瑞汉论文：程朱人性说的新意》，程德祥译，大象出版社 2000 年版，第 281 页。

这里所达到的"平""内保之而外不荡"的境界,恰如《大宗师》里的"撄而后成",在万物纷繁变化的烦扰中保持着内心的清净安宁。然而,"心镜"映照的万物万象却是变动不居的,当福善之事都止于凝静之心的"止止",达成的境界却是"不止":"吉祥止止。夫且不止,是之谓坐驰,夫徇耳目内通而外于心知,鬼神将来舍,而况人乎。"(《人间世》)所谓"内通",使我们想起庄子将"心"称作"灵府""天府"。实际上,二者都形容"虚"心,前者形容心灵生机蓬勃,后者形容心灵涵量广大。《人间世》强调"唯道集虚",并直接将"心"称为"虚室",所谓"瞻彼阕者,虚室生白,吉祥止止"[①]。

第四节 "心"之正负功夫

孟子强调像谷种一样的心。谷种内含"仁"是充"实"的、善的,心要绽露、发芽,需要合适的条件,光、土、水、灌溉、耕耘。因此和"动水"隐喻紧密联系,体现"动"的生长秩序,即"诚""乐"。"心""志"的生长虽日夜不息,却不可一曝十寒,亦不能拔苗助长。"身"为心"志"所扩充,一则养气、践形;二则耳目之官不思,容易迷乱,需要"反身而诚""思之"工夫;三则如"水之就下",必须采取"疏导",而非"堵截"的方法。

庄子强调像止水、明镜一样的心。它是静、虚、空、通的。水易混浊、被风所动,需要澄净,这个功夫就是心斋、坐忘和撄宁。明镜自己没有光源,因此与"火光"隐喻相联系,体现"静的反照"状态,即"真知"。"身"为"柴薪""形骸",如《养生主》所言"指穷于为薪,火传也,不知其尽也"。这里将"心"(精神)比喻为火,将"烛薪"比喻身体(即形骸)——"形体"(烛薪)有时而尽,人的思想、精神生命却代代传承。禅宗《传灯录》也受此思路的影响。

---

① 可见,在庄子看来,心的重要特性乃"虚""灵"——"虚"是涤除贪欲与成见,"灵"是主体心境之灵动涵容。倘若细追,"心"之"虚""静",可前溯至《老子》第十六章:"致虚极,守静笃。"老子言"虚",既言道体天地之状,"道冲,而用之或不盈"(第四章),"虚而不屈,动而愈出"(第五章);亦言破除成见之主体心境,如"虚其心"(第三章)、"上德若谷"(第四十一章)。庄子则在主体心境上进一步推进"虚"之义涵,将"虚"与动、静观念相联结,"虚则静,静则动,动则得矣"(《天道》)。

由上可知,孟子"心"的工夫是推扩、保养,是"达""充",姑且称为"正"的工夫;庄子"心"的工夫是收摄、保聚,是"减""忘",姑且称为"负"的工夫。前者用的意象多为"泉""木""芽""谷(种)";后者用的意象多为"鉴""镜""光""风""窍"等①。总体来说,原始儒家"心性之学"不如老庄所述精微。魏晋玄学之后,经由中国本土化佛教天台、华严、三论、禅宗等的冲击,宋明儒家以伪《大禹谟》"人心惟危,道心惟微;惟精惟一,允执厥中"为基础,在渐渐融合中建构起自己精微圆融的心性理论。这一流脉持续的时间长达600年。

如钱穆所言,宋代周敦颐、张载、二程到朱熹、陆象山是提出问题,到明代王阳明及其后学如刘蕺山,才算圆满地回答了这一问题②。如王阳明立基于"心"的"虚—通—明"性,以"明镜"之"虚"形容"良知"之体,以"山木"之"仁"充实"良知"之用,并继承了老庄—佛教—宋明道学流衍出的"磨镜"说。而从前所述,孟、庄心学之殊异亦近似于南辕北辙。故王阳明将这两个本有不洽的"心"之功夫理论熔为一炉,给后世造成了不少混淆,也随之产生了后学中不少理论攻伐。对"心"之问题看得透彻的,莫过于王船山所云:

> 所放所求之心,仁也;而求放心者,则以此灵明之心而求之也。仁为人心,故即与灵明之心为体;而既放之后,则仁去而灵明之心固存,则以此灵明之心而求吾所性之仁心。以本体言,虽不可竟析之为二,以效用言,则亦不可概之为一心也。(《读四书大全说·孟子下》)

亦即"仁心"与"灵明之心",虽从本体上乃是一心,从功能、效用来说却是两个维度:二者一"实"一"虚",或指向"仁"(种子为喻)或指向"知"(明镜为喻)。

在研究王阳明心学之时,容易只从儒学内部谈问题:如将"良知"上溯至陆象山、再到孟子的"良知""四端","心"学则谓之直承陆象山"心即理";王阳明与

---

① 倘若再前追至老子,则会发现孟、庄所用意象显然部分源于老子,例如作为柔弱微细之物的不仅是"水"——"上善如水,水善利万物而又静""天下莫柔弱于水……"还有"芽":"万物草木之生也柔脆,其死也枯干。故曰:坚强者,死之徒也。柔弱微细,生之徒也。"

② 钱穆:《阳明学述要》,正中书局1990年版,第1页。

"禅"的问题,亦是聚讼纷起①。陈鼓应曾指出孟子所呈现的伦理特色、庄子所呈现的艺术精神,正好反映出儒道两家"道德境界"与"天地境界"的不同——让这两种看似截然不同的孟庄"心学"进行对话,是值得深思的一个议题。王阳明"心"学正好是两种异流而古老的泉水交融而成,亦成为一个最好的对话平台。

① 陈荣捷:《王阳明与禅》,台北学生书局 1984 年版。

下篇　教化

第十二章　驯养、教化和自然

在公元前 3 世纪，当《旧约》的希伯来文本被七十贤士译成希腊文译本时，παιδεία 一词取代了 musar(mussar，מוסר)，后者意指驯养、养护、教导并更贴近后世的教育概念，前者则指教化和文化，由此开始了对人类教育想象的理智化进程①。耶格尔(Werner Jaeger)将 παιδεία 看作跨越政治、宗教和文化从而联结并理解古希腊文化的内在纽带②。通常 παιδεία 可被翻译成"指导""训练""教育"或"纪律"等，耶格尔更倾向于将其译为"教化"，相应于 18 世纪以来德语的 Bildung。在西方源远流长的教化传统里，不同时期的教化理论也是伴随着人对自身、上帝和自然(φύσις)关系不断变化的理解为基础而形成的。从古犹太的驯化观到古希腊罗马的教化观的变迁过程中，φύσις 从最初意指成长过程而最终指向一种自然而然的人格化的完美事物。由此出发，παιδεία 意味着当时所有的人类努力，它指将人类培养成与绝对完美事物相一致的方法和路径，也是个体与共同体和谐存在的最终理由。

---

① G. Bertram, "Der Begriff der Erziehung in der griechischen Bibel", Heinrich Bornkamm hg., *Imago Dei. Beiträge zur theologischen Anthropologie*, Gießen: Alfred Töpelmann, 1932, S. 41.

② Werner Jaeger, *Paideia: the Ideals of Greek Culture*, New York: Oxford University Press, 1986, Vol. 1, xxii; Werner Jaeger, *Paideia. Die Formung des griechischen Menschen*, Berlin und Leipzig: W. de Gruyter & Co, 1933. 对该书的批评意见参 Bruno Snell, "Besprechung von W. Jaeger, *Paideia*", *Gesammelte Schriften*, Göttingen: Vandenhoeck & Ruprecht, 1966。

第一节　musar：驯养与训育

在《旧约·箴言》里，以色列王大卫儿子所罗门说："要使人晓得智慧和训诲"（箴1：2），在希伯来语境里，musar 的语义场主要指向对抗异教崇拜的威胁以及对家庭的特殊重视，试图通过道德规训和训诲来完成"对伦理人格的塑造"，其内涵涵盖了培养、教导、告诫、警示、限制、责备和惩罚等①。这是因为耶和华使他的民族自由并向其宣告自己的法则，这要求子民的顺从，而神对子民悖反的惩罚，既可能在现实中，也可能在精神中发生。在这一神圣语境下，"鉴于在神和人类方面的训诲，《旧约》唯一的目的是将人抛入'对神的惧怕'之中，即与人类有着盟约和预告的神……《旧约》中提到的所有教育，最终意图都是要求顺从于神。"②

在希伯来《旧约》文本的 musar 被翻译成 παιδεία 之后，古希腊内含自由的教化观念以一种充满紧张的方式与对看护法则之神的顺从联系起来，并对后世产生深远影响。这尤其形成了一种对人类教育进行重新想象的基本图式，并延伸到了如今我们的时代。这是因为 musar 包含的指引、教导（Torah，תּוֹרָה）不仅对单个个体是至关重要的，而且涉及很多普遍性的东西，如自然法则、纯粹意志或社会规则。所谓 Torah，乃是犹太教的核心，音译为"妥拉""托辣"或"托拉"，其字面意思为是指引、教导，即指导犹太教徒的生活方式。在宗教语境中它的意义广泛，涵盖了所有的犹太教律法与教导——既指《塔纳赫》（*Tanakh*）25 部经的前 5 部（即《摩西五经》），也指从《创世记》到《塔纳赫》结尾的所有内容，而且还可将拉比的注经也包括在内。

在从希伯来语 musar 到希腊语 παιδεία 的圣经语词翻译转换中，看似犹太宗教传统被打破了。但在此后持续世俗化的进程中，这一观念所内含的传统神学问题及其充满张力的内容并没有被彻底消除。从中世纪开始，尤其在 19 世纪针

① Georg Herlitz, Bruno Kirschner, *Jüdisches Lexikon: ein enzyklopädisches Handbuch des jüdischen Wissens in vier Bänden*, Frankfurt/Mainz: Athenäum Verlag, 1987, Bd. II, S. 493.

② Walther Zimmerli, "Erziehung in der *Bibel*", H.-H. Groothoff, M. Stallmann hg., *Pädagogisches Lexikon*, Stuttgart: Kreuz, 1961, S. 243.

对欧洲启蒙运动和哈斯卡拉犹太启蒙运动的挑战,立陶宛正统犹太教徒中兴起了慕沙运动(Musar Movement)。该运动致力于相对"行之信仰"而言的"心之信仰",提倡感性体验和冥想活动,以更具灵性的伦理规训来压抑恶的倾向。同时,在德国启蒙运动语境里,古希腊式的"教化"(παιδεία-Bildung)理念与古犹太式的"训育"(musar-Erziehung)理念也继续交缠在一起。无论是早期的泛爱主义者还是康德、黑格尔等启蒙的反思者,尽管对训育的思想进行了修正,却都没有将教化与训育完全区分开来。

例如康德将训育看作是必要的,提出除了陶养(Kultivierung)、文明化(Zivilisierung)和道德化(Moralisierung)之外,还需要有利于人性法则的对野性的"规训"(Disziplinierung)。"规训或训育改变着人性中的兽性。"①康德借此研究了使单个人屈从于更高普遍性下的现象。在康德看来,训育的必要性就植根于人类的动物性中。人类不同于野兽,野兽的动物性从自身来说是正常的,而人的动物性必须受到压制和驯服。只有人类,为了既不损害自己也不损害他人的生存,必然需要理性。人类的动物性在否定方面需要训育,在肯定方面则需要教导和指导,这是一个持续的发展过程。《判断力批判》在阐释"作为一个目的论系统的自然的最后目的"时就指出:

> ……管教(训练)的文化,它是否定性的,它在于把意志从欲望的专制中解放出来,由于这种专制,我们依附于某些自然物,而使我们没有自己做选择的能力,因为我们让本能冲动充当了我们的枷锁,大自然赋予我们这种冲动只是充当指导线索,为使我们中的动物性的规定不被忽视乃至于受到伤害,然而我们毕竟有充分的自由,由于理性的目的的要求,而使这种动物性绷紧或是放松,延伸或是压缩。②

赫尔德则代表了另一种观点,认为人基于其本能的贫乏乃是一种缺陷生物,

---

① Immanuel Kant, "Über Pädagogik", W. Weischedel hg., *Werke*, Darmstadt, 1983, Bd. 10, S. 693-761;[德]康德:《论教育学》,赵鹏、何兆武译,上海人民出版社2005年版,第9页。

② [德]康德:《判断力批判》,邓晓芒译,人民出版社2002年版,第287页。

因此也必须成为一种理性的生物,这也体现在人类所具有的原罪问题上①。人类这种受囿于天性的特征,首先体现为黑格尔所说的"盲目的命运"。在具体的教育语境里,黑格尔主要致力于肯定性地思考训育问题。黑格尔确认父母对子女的支配权利是合法的,"以目的来管教和教育他们。惩罚的目的不是公正,而是作为主观和道德的自然,威慑仍然被限于天性的自由,将普遍性的东西提升到他们的意识与其意愿之中"②。黑格尔也从历史上看到了犹太民族的功绩,这种"对训育的确定,从自身乃是对其自己本有的虚无性之痛苦的确定,是对本己的不幸、是对这种超出内在状态的渴望之痛苦的确定"③。这种原罪显现为"精神的永恒历史"与"和解的预兆"。上帝肯定了人,使人能够通过认知来把握自己,分裂的人也必须首先为自己赢得这种洞见。人的不幸将成为"渴望的无尽驱力",使其在回溯主体性时能够融合自身为"主体与神相等同"的状态④。训育在这里主要作为自我训育,这部分触及了 19 世纪极为流行的教化观念之内涵。

现代教育学的奠基者之一赫尔巴特也考虑了训育问题。他在 1806 年《普遍教育学》(*Allgemeinen Pädagogik aus dem Zweck der Erziehung abgeleitet*)的最后两章致力于探讨训育,而不只是停留于将训育理解为制服性的技术手段。按照赫尔巴特的观点,训育不能与"操控"相混淆。尽管"操控"也直接作用于人的性情,但"训育"要将伦理人格的教化作为目的,而不是控制人的非理性活动。为了"正确地发展未来的理性生命",孩童的意愿必须"得到教化,为了其他的意愿——使兽类生物习惯于其生存的社会条件——他们一直被扭曲了……直到教化代替扭曲"⑤。"赤裸裸的驯养"(Zucht)不是绝对必要的,为了更高贵的人类形式必须克服这种活动。

---

① K. Wünsche, "Kulturen der Zucht", F. Hager hg., *Körper Denken. Aufgaben der historischen Anthropologie*, Berlin: Reimer, 1996, S.183 - 194.

② G. W. F. Hegel, J. Hoffmeister hg., *Grundlinien der Philosophie des Rechts*, Mit Hegels eigenhändigen Randbemerkungen in seinem Handexemplar der Rechtsphilosophie, Hamburg: Felix Meiner, 1955, S.158.

③ G. W. F. Hegel, E. Mollenhauer und K. M. Michel hg., *Werke*, Bd. 12, *Vorlesungen über die Philosophie der Geschichte*, Frankfurt/M: Suhrkamp, 1970, S. 388f.

④ Ibid., S. 390f.

⑤ J. F. Herbart, H. Holstein hg., *Allgemeine Pädagogik aus dem Zweck der Erziehung abgeleitet*, Bochum: Ferdinand Kamp, 1965, S. 160.

可以说,这一纠结于训育还是教化的问题流脉,从古犹太的 musar 还是古希腊的 παιδεία 观之争,一直延续到了启蒙运动和现代教育学的理念之中。驯养思想甚至到 20 世纪盖伦(Arnold Gehlen)的人类学仍在发挥作用。无论康德、黑格尔和赫尔巴特对训育问题做出什么样的解释——例如康德称之为对抗"欲望的暴政"(Despotism der Begierden),黑格尔称其为"受囿于自然",规训和训育的实践目的都是为了尽力实现人的自由。黑格尔和赫尔巴特提升训育活动的努力,实际上指向现代人类世界里在日益形成的精神冲突,即人越来越被理解为有能力自我决定的个体,不断增长的个体性的自我内涵使这种自我不能再仅仅通过隶属于某种普遍性的东西来把握了。

第二节　παιδεία:转化与教化

Παιδεία 一词最早出现于公元前 5 世纪,意指"抚养孩童"(παιδεύειν,paideúein)。当时在智者学派如普罗泰戈拉的影响下,众神的存在遭到质疑,它们被认为仅仅是诗意的虚构或社会习俗的反映。公元前 4 世纪开始,παιδεία 与人可能达致的最高潜能即 arete(ἀρετή)观念相联系,表示"心智与身体的全然完美",这一趋势在伊索克拉底和柏拉图时期被进一步加强。Arete(ἀρετή)一词在原初意义上就与希腊教育观念紧密相连,本指文武双全、术德兼修的高贵品质,通常译成"virtue"(美德)或"excellence"(卓越)。智者学派认为理性的敏锐、修辞的精确和演说的技巧是基本的美德。因此,παιδεία 作为一种系统的培养美德的教育训练,也涵括了体操、语法、修辞学、诗歌、音乐、数学、地理学、自然史、天文学、物理学、社会史、伦理学和哲学等,其目的是培养受到充分教育并多才多艺的公民。

在 παιδεία 概念诞生之初,普罗泰戈拉认为所有人的生活是文化教育的中心,人是万事万物的度量;柏拉图则指出神才是万事万物的度量。这成为 παιδεία 观念日后不断生发的两个维度。随着新的时代境遇里新思想的发展,当传统形式必须与新观念协调起来时,παιδεία 也随之发展出双重内涵,而柏拉图主义和斯多亚主义的解经者们则建构出了双重真理原则。他们既认为诗歌和宗教传统对人有益,是儿童教育以及城邦宗教的基础;也认为过去的诗人们实际上是在以隐秘的方式讲述隐藏于神话面纱下的整个自然科学,通过巧妙的寓意解释(allegoría, ἀλληγορία)即可发现隐藏在文本背后的哲学意蕴。

一方面,παιδεία 观念以人为中心,但同时亦十分注重个人与共同体之间的联系。"人,认识你自己",是古希腊人理解的教育的核心思想。但这里的人并不是个体主义,而是近乎人文主义。所谓完美的人,是指所有个体的人都要仿效的普遍正确的人类典范,这里个体的人性恰恰能够展现整个人类的共性:"美是绝对的、简单的、不朽的……是个体在总体中的闪亮。"①人的尊严、人所崇拜的诸神、人的城邦都要从这个角度来理解。城邦是由人构成的实体:斯巴达人将城邦看作教育的力量,宗旨是培养公民的尚武精神和正义秩序;诡辩派的智者则将城邦阐释为一切教育的完美理想和目标②。也因此,希腊时期表达人类存在境况的最好作品是悲剧,它描述个人挣脱命运控制必将失败的尝试,人类并没有能力能够真正改变自己的存在处境。Παιδεία 将个体之形象指向共同体塑造的特征,经过希腊化时期之后逐渐在基督教教化(Christian paideia)观念中转而指向基督教—教会共同体的教化作用。

另一方面,παιδεία 观念与追求神圣意义相关。在荷马史诗里,凡人与众多希腊城邦中并行的永恒诸神之间仍有着相对严格的限制。早期希腊思想家所指的"神圣"多指宇宙的原动力或创造所有的精神。但柏拉图的 παιδεία 观念则主要是从教育和伦理的角度,将"神圣"视为超越一切世俗标准的标准,神是"标准的标准,是万事的度量"③。柏拉图主要是在《理想国》第七卷"洞穴隐喻"中谈到"教化—转化"(periagoge, περιαγωγη)涉及的旋转、转身、引导和变化过程,这是人类在认知理论上的转向,试图摆脱显相世界的阴影而朝向理念的原型。起先,人们被锁在洞穴中面朝墙壁坐着,他们看不到背后被移动并被火光照亮的物体,而只能看到它们投射在墙上的阴影。现在,倘若有一个人被解脱桎梏(柏拉图没有给

---

① 〔美〕依迪丝·汉密尔顿:《希腊精神:西方文明的源泉》,葛海滨译,辽宁教育出版社 2005 年版,第 295 页。

② Werner Jaeger, *Paideia: the Ideals of Greek Culture*, New York: Oxford University Press, 1986, Vol.1, p. 105, p. 321.

③ Plato, Thomas L. Pangle ed., *The Laws of Plato*, New York: Basic Books, 1980, p. 295.

出其原因)并转头环视,他将摆脱这些阴影,而在他经历通向洞穴之外的辛苦路途之后,他将最终看到日光照耀下的原型。因此,柏拉图在此提出的"洞穴隐喻",暗示灵魂通过教育得以提升,而这正意味着灵魂的内在能力在这一过程里发生着"教化—转化"。从这一视角来看,知识并非被机械外在地灌注到灵魂之内,人是通过灵魂里内在存在的能力,以最深的生命根基来汲取知识。以 $\pi\alpha\iota\delta\epsilon\iota\alpha$ 为主导的文化生活,由此不仅折射和预示了灵魂不朽的幸福生活,还展现出获得这一幸福的途径即静观思考和追求科学艺术,它们正是净化受到尘世污浊的灵魂并使之摆脱这些束缚的可靠方式[1]。

在柏拉图的理念世界里,神的力量对人类灵魂转化具有重要作用。柏拉图认为灵魂最终的努力乃是观看"善",神是确实存在的,人的灵魂通过哲思和静观之路也能获得自身神圣不朽的知识。神是光亮的来源和主宰,是真理和理智的持有者,是一切正确美好事物之因[2]。神与世界的关系,在《法律篇》里被展现为神是整个世界的导师,每种律法都有其神圣的基础[3]。幸福之道在于培养人的善好光亮的德行,使人尽可能与神的形象相似,如《泰阿泰德篇》(Theatetus)所说:"我们必须尽其可能肖似神明,亦即藉智慧之助而成为义人。"[4]柏拉图由此实质上创造出一种宗教,而 $\pi\alpha\iota\delta\epsilon\iota\alpha$ 在此则被理解为是以宗教和道德为目标的教育理念,它服务于灵魂与神,而不是诡辩派所认为的服务于人和世俗。

第三节　$\phi\acute{u}\sigma\iota\varsigma$：生长与技艺

从古犹太 musar 向古希腊 $\pi\alpha\iota\delta\epsilon\iota\alpha$ 观念的转变,与当时自然($\phi\acute{u}\sigma\iota\varsigma$)理念和人对自身理解的变迁密不可分。这一时期,最初意指成长过程的 $\phi\acute{u}\sigma\iota\varsigma$ 最终指向一种自然而然的人格化的完美事物,它也显示出古希腊人对事物整体的经验,从而

---

① Werner Jaeger, *Paideia: the Ideals of Greek Culture*, New York: Oxford University Press, 1986, Vol.1, p.301.

② [古希腊]柏拉图:《理想国》,顾寿观译,岳麓书社 2010 年版,第 324—326 页。

③ Plato, Thomas L. Pangle ed., *The Laws of Plato*, New York: Basic Books, 1980, p.103.

④ [英]弗雷德里克·柯普斯登:《西洋哲学史》(一),傅佩荣译,黎明文化事业公司 1986 年版,第 278—279 页。

带着自身的支配性的威力和美。这个概念有三点值得注意的地方。首先，φύσις 的源始意义是泉水、植物般活的创生、出现、生长或显现的行为①，该词让人很自然地想起植物的生长这一原始意象，它是既在生长又已经结束生长的幼苗。就如海格德尔将这个过程描述为"涌现"所强调的，φύσις 说的是什么呢？它说的是从自身绽开……说的是展开和打开，说的是在这种展开中显现，并将自己保持在这种显现之中。"②其次，在西方转化—教化观念的创始者柏拉图那里，该词的原初涵义已经部分地被遮蔽了。因为柏拉图把显相经验为从 eidos(εἶδος)而来得以显现的东西，而 εἶδος 乃是理念，即涌现在其中得以定形的外观。由于强调外观，致使 φύσις 的"涌现活动"的涵义遭到遗忘和遮蔽。柏拉图在《蒂迈欧篇》中的相关描述在西方教化传统中非常重要，后世因此往往回到这样一种观念，即必须根据艺术品的制作来构想自然在教化里的作用。最后，基于上述两个方面，最初意指成长过程的 φύσις 最终指向一种自然而然的人格化的完美事物。它同时也容纳了"生长"与"技艺"两种隐喻之间的张力，并将这种矛盾引入 παιδεία 理念之中。

在公元前 5 世纪 παιδεία 概念诞生时，φύσις 的涵义正从诸多史诗和赫拉克利特的用法逐渐扩大，其内涵维度扩展到事物"天生"是什么、器官的构成方式以及作为生长结果的机体。恩培多克勒用混合色做类比来解释"人"是如何由四元素形成的，并使用手工艺的隐喻来描述阿佛洛狄忒的造物工作，如用钉子、陶器和胶组装起来的绘画。在希波克拉底派著作《古代医学》里，φύσις 也扩展到了对人是什么以及人的形成问题的关注：

> 比如关于 φύσις，恩培多克勒等人通过追溯到起源，写了人是什么，人最初是如何形成的，由什么元素凝结而成。但我认为，由某位学者或医生给出的所有这些关于自然(Περὶ φύσεως, Peri physeōs)的说法或著述更多是与绘画技艺(γραφική, graphike)相关，而不是与医学技艺相关。我认为确切自然知识的唯一来源就是医学……我指的是这样一种研究(ἱστορία, historia)或探究，

---

① ［法］皮埃尔·阿多：《伊西斯的面纱：自然的观念史随笔》，张卜天译，华东师范大学出版社 2015 年版，第 337 页。

② ［德］海德格尔：《形而上学导论》，熊伟、王庆节译，商务印书馆 1996 年版，第 16 页。

即确切地认识人是什么，人形成的原因，以及所有其他东西。①

在这种对 φύσις 理解的基础上，古希腊自然哲学家区分出两种活动，即没有思想干预而发生的自然活动与预设思想建构流程的技艺活动。柏拉图则认为这种对立是错误的②。他指出，φύσις 也是技艺，不过是"神的技艺"，"所谓自然的物品是一种神的技艺的作品，用这些作品来创作的人的作品是人类技艺的作品"③。自然过程源于只有神才知晓的操作，这些过程同时也在不断变化而属于发生的事件或流变，并不像正义或真理的"理型"那样是永恒的。《蒂迈欧篇》提到用蜡、陶器、冶炼合金工艺和建筑技术来建立模型，神的技艺通过从外面作用于世界的巨匠造物主、养育者的形象表达出来。在这一对 φύσις 理解的语境中，παιδεία 观念更多地指向神对被造的人类灵魂的引导作用，神是"全人类的导师"④。

在亚里士多德那里，φύσις 指形成过程的结果，从而也指形成过程最后出现的那种形态，"在这一领域以及其他领域，最好的方法是看到事物的出生和成长"⑤。"自然"像一位铸模工，它用坚实的框架来完成塑造；或者像一位画家，在用色之前先画草图。亚里士多德承认"自然"和"技艺"之间存在类似，关键的问题却是二者之间的对立以及重新统一。人的技艺仅仅是原初而根本的自然技艺的特例。在"自然"和"技艺"的作品中都有质料被塑造和赋形：自然的作品中，被施加于质料的"形式"乃是该过程所导向的目的，自然不做推理，其操作和作品本身一致而毫不费力地塑造着物质；技艺的作品中，工匠将所思考的形式赋予物质，他边行动边推理，分析应当采取何种操作才能使他心灵中的形式合理地出现在质料中，技艺被强迫性地施加于质料。因此，自然有一种内在的目的性，形式直接从内部对合适的质料进行塑造，自然过程的目的乃是自然本身，也就是说它变成

---

①　［法］皮埃尔·阿多：《伊西斯的面纱》，张卜天译，华东师范大学出版社 2015 年版，第 26 页。

②　《法律篇》第十卷提到致力于"自然研究"的人，他们把火水土气等通过自发生长（physei，φύσει）而产生的东西与通过技艺或理智活动而产生的东西对立起来（889b2）。柏拉图说这些人是完全错误的，因为他们把自发生长（φύσις）定义为与原初事物有关的诞生（982c2），并认为这种原初诞生或 φύσις 对应于火水土气等物质元素（891c2）。

③　Plato, *Sophist*, 265 e 3.

④　直到 19 世纪，柏拉图的造物主隐喻才逐渐被停止使用。神圣创造者的观念淡出科学话语，在哲学和艺术中也让位于世界的神秘、存在的神秘或生存的神秘观念。

⑤　转引自［法］皮埃尔·阿多：《伊西斯的面纱》，张卜天译，华东师范大学出版社 2015 年版，第 27 页。

它想要成为即它已经潜在地是的东西；而人的技艺有一种外在的目的性，是来自外界的动因将"形式"引入异质于它的质料之中①。对"人的技艺"的尊重和强调，使亚里士多德将灵魂视为白板，使人通过 παιδεία 成为人，而非仅仅将灵魂转向神。他更为重视 παιδεία 所具有的在人和世俗层面上教化、教育和文化的维度。

亚里士多德对"自然技艺"和"人的技艺"之对立和统一的辨析，为希腊 παιδεία 观念经古罗马到基督教教化直至近代德国的教化观念提供了一种内在张力和活力。在德意志运动之后，古希腊的 παιδεία 传统对德国的教化观念产生了重要的影响，尤其在灵魂的培育和性格的养成方面。而倘若回溯教化观念在古希腊罗马时期的涵义流变，又恰恰伴随着 φύσις 到 natura 自然观念的历史发展。就像希伯来语 musar 在新的时代语境里被希腊语 παιδεία 转译一样，古罗马人用 natura 这个拉丁语词来翻译希腊语 φύσις。Natura 源于动词 nasci，后者意为诞生、来源，在此意义上"自然"意味着"让……从自身中起源"，而不是像 φύσις 那样首先具有自身涌现和构形的涵义②。在古希腊语中实际上并没有与 natura 直接对应的语词，因此也没有由此引申的古罗马意义上的"大地的法"或自然法观念。

在晚期希腊的崩乱局面中，新柏拉图主义和早期基督教越来越强调人是独立且不可复制的，人在实践中能够认知自我，人的最终层面正是人本身。从这种日益下沉、拓深的精神视域出发，真理不再是神性的某物而是人本身，理解人自身具有特殊的意义。在这一语境下，亚里士多德"人是有逻各斯的动物"这一论断也被重新理解。古罗马人不再将"逻各斯"视为公共生活中的言谈和辨明，而是将其看作普遍理性或自然法。人由此被断言为一种"理性的动物"，这也成为早期人文主义的开端，并由此规定了后期人文主义的本质。古罗马人吸收了古希腊的 παιδεία 观以期提高罗马公民的德性，这种教化的核心被拟定为 humanitas（人性）。在这一意义上，"文化的人"也被界定为"人道的人"。这显示出希腊 παιδεία 思想与自居为人文主义的近代教化理论之差异。前者注重人类和神圣向度之间的关联，并不必然要求人在德性上的完美；而后者多承袭文艺复

---

① 文艺复兴时期的新柏拉图主义者菲奇诺（Marsilio Ficino）就此总结道："什么是人的技艺？一种从外部作用于物质的特殊的自然。什么是自然？一种从内部给物质赋形的技艺。"引自［法］皮埃尔·阿多：《伊西斯的面纱》，张卜天译，华东师范大学出版社 2015 年版，第 29—30 页。

② 可参［英］柯林伍德：《自然的观念》，柯映红译，华夏出版社 1999 年版。

兴以来的人性或人道理念,要求发展完善和谐的个体人格。就如皮科在《论人的尊严》里感叹的,直立的人(erecti homines)作为有理性的动物,并不像俯卧的动物(prona animalia)那样受制于特殊地点和视角。人站起身来凝视苍穹、赞叹它的秘密秩序,这并非仅仅面向神性并畏惧于它,而是更使人类超越了自己的自然位置并确定了人性的本质。这一倾向早已肇端于古罗马时期的 παιδεία,当时人性或人道的人对立于野蛮人,"人道的人"就是罗马公民。也就是说最初意指成长过程的 φύσις 指向一种自然而然的人格化的完美事物,而教化的差异则区分了人道的人和野蛮的人。由此,近代人文主义也可说是一种特殊的罗马现象。它产生于古罗马人与晚期希腊 παιδεία 观念的相遇,而古犹太 musar 向古希腊罗马 παιδεία 观念的转化则与当时自然理念的变迁密不可分。

第十三章　成形与教化：爱克哈特论"神人合一"

　　在爱克哈特（Meister Eckhart，1260—1328 年）生活的中世纪晚期（13—14 世纪），托马斯·阿奎那为代表的经院神学达到高峰、已近没落。在这样的历史背景下，爱克哈特作为多明我会的神秘主义者，将希腊哲学、基督教神学和新柏拉图主义融会一体，创造出自己独特而高度灵性化的"神人合一"的神秘主义神学。他主张上帝融合于万物，万物皆空无[①]，万物存在即为上帝的显现；人为万物之灵，基督则是人类的救赎者，人通过"成形—教化"（bilden-Bildung）的过程不仅能与万物合一，与基督合一，也能与上帝合一；人的灵魂内有一种神性的火花（Fünklein）或心灵之光，可以通过"纯化"与作为万有之源的最高神性相连，从而达到无所牵绊的泛爱自由境界。这些倾向使他在 1326 年被指控为异端。但爱克哈特注重内心信仰、轻视外在善功和圣事的宗教态度、推崇意志而贬抑理性的立场，对宗教改革时期马丁·路德的思想转化起到重要作用。伴随着 14、15 世纪欧洲文艺复兴的兴起和发展，爱克哈特的神秘主义随之复兴，其中在德国尤为显著，并对其后的宗教改革、新教及虔敬主义、浪漫主义和观念主义，甚至现代存在主义等有深刻影响。在源远流长的精神历史里，爱克哈特的灵魂火花、教化循环和神人合一的构想，是德国早期教化观念起源和转化的重要背景。他的教化观念蕴涵着一种时代精神的转变，架起了中世纪基督教神秘主义到德国古典观念论之间的桥梁。

---

　　① 　参胡永辉、周晓露：《艾克哈特对"空"义的阐释及其与僧肇之差异》，《宗教学研究》2013 年第 2 期。

第一节　永恒沸腾的灵魂火花

"教化"(Bildung)被伽达默尔视为西方人文主义传统的首要主导观念①，也是具有强烈德意志民族特点的关键理念。它作为一种带有源初宗教色彩的生命理想，可从黑格尔和德意志运动时期的赫尔德、洪堡等追溯到莱布尼茨与沙夫茨伯里，而从 17、18 世纪的虔敬主义还可以再往前追溯到中世纪基督教神秘主义，尤其是爱克哈特的神人合一论、新柏拉图主义直至《圣经·创世记》。从具体概念的起源来看，"成形—教化"作为具有精神哲学内涵的新观念谱系，很可能是爱克哈特融合"神的肖像"说、新柏拉图主义的流溢说(Emanation)以及再融合说(Reintegration)在观念史上的新创造。在这一源远流长的精神历史背景下，神秘主义成为打开整个德国哲学精神宝库的一把重要钥匙；而被伽达默尔称为 18 世纪最伟大观念之一的教化，则架起了中世纪神秘主义和德国近代观念论之间的桥梁。从爱克哈特神秘的灵魂火花说到马丁·路德的内在自由意识说，再到波墨的"神智学"(Theosophie)，都包含着一种在最高的神秘意识中、最终实现库萨的尼古拉式的"对立同一"(coincidentia oppositorum)的思想。这些精神传统乃是德国早期教化观念起源和转化的重要背景，也是德国古典哲学和古典教育学最重要的思想根源之一。

德语教化观念，归根究底可以说形成于基督教神秘主义"人神肖似性"(Gottesebenbildlichkeit des Menschen)学说的语境里。对中古德语 bildunge(即"Bildung"的早期形式)一词进行历史性探查，会发现该词首先通过 13、14 世纪的神秘主义者，才从仅仅是感官性的具体涵义层面转化进入精神性的神学层面，并作为"神的肖像"(imago-die)或"人的肖神性"学说里的专用术语而走上历史舞台。这些词语，即"成形"(bilden)、"教化"(Bildung)、"肖神性"(Gottesebenbildlichkeit)，在德语词语构成和概念形成史上彼此关涉而映射，其核心乃是 Bild(形象、图像、原

---

① Hans-Georg Gadamer, *Wahrheit und Methode*, Tübingen: J. C. B. Mohr (Paul Siebeck), 1986, S. 15.

型或像)，而 Bildung 则是动词 bilden 的名词化形式。在基督教神秘主义者的思考中，"成形—教化"乃是一个完美化的宗教事件。因为在创世过程中，人乃是作为神的肖像而被造。由此，神秘主义者最深的关切，就是追寻一条使人能够回返到人神相似之源始状态的神圣之路，也就是说在灵魂的不断追寻中重新成为神的纯粹"肖像"。在爱克哈特的"成形—教化"思想语境中，即要求人类灵魂趋近上帝，迈向似神的内在性，与灵魂中上帝的纯粹形象"合形为一"。

从词源上看，bilden 和 Bildung 的语言母体分别为古高地德语的 biliden[①]、bilidon 和 bildunga[②]，在从身体感受的意义上皆指涉物质性和材质性的东西即"质料"，由此具有"塑造—摹绘"(abbilden)"肖像"(Bildnis)、"形体"(Gebilde)、"形态"(Gestalt)等方面的涵义。这些意义指向也确定了创造性的制作生产活动与"范形"(Bild，Vorbild)、"摹本"(Abbild，Nachbild)关系具有相重合的要素。拉丁语的 imitatio(摹仿)、formatio(构形)和 imago(形象)、forma(形式)之间的联系也与此类似。晚期古高地德语就已将"创造"(Schöpfung)称作 bildunga，这里的宗教背景乃是《创世记》第一章第 26 节及以下所叙述创世论中的神人关系，即"当上帝造人的日子，他照着自己的形象造人"，人"是上帝的肖像和光荣"。人是按照上帝的形象创造的，人在自己的灵魂里就带有上帝的形象[③]，从而形成"人神肖似"的内在联系。人也必须在自身中去造就这种形象。古高地德语的教化一词在当时具有的这一意义指向，显示出中世纪的学者对"形象"(Bild)已经进行了内在精神化的想象。这可能是在语义学上极其多样、在哲学影响力上源远流长的拉丁语"形式"观念群的影响下形成的：figura(体形)和 imago、species(种属)和 exemplum(范例)等。这些对应的概念簇共同展现出"形式"观念所蕴涵的"多样中的统一"，也试图展现出隐藏于显相之后的本质和理念。在这一传统基础上

---

① Otto Springer, *Etymologisches Wörterbuch des Althochdeutschen*, Band II, Vandenhoeck & Ruprecht, 1998, S. 50.

② Friedrich L. Weigand, *Deutsches Wörterbuch*, Walter de Gruyter, 1968, S.237－238; "biliden: gestalten, formen, nachahmen, fingere, imitari." "bilidōn, ahd., sw. V.: nhd. bilden, gestalten, darstellen, schaffen, versinnbildlichen, sich vorstellen, abbilden, vormachen, nachahmen, nachmachen; ne. build, perform, imitate; W.: nhd. bilden, sw. V., bilden, *DW* 2, 13." "bildunga, ahd., st. F. (ō): nhd." Bild, "Abbildung", Vorstellung, Vorstellungskraft; ne. figure (N.), imagination; W.: nhd. Bildung, F., Bild, Bildung, *DW* 2, 22.

③ 参见《约翰福音》1：18,14：9;《歌罗西书》1：15;《希伯来书》1：3。

建构起来的"成形—教化"观念，即含括了摹本（Abbildlichkeit）和原型（Urbildlichkeit）之间的整个跨度，也指向 imago 和 similitudo（模仿）活动内在的紧密联系①。伽达默尔特别指出，对应于 Bildung 这个德语词的拉丁文是 formatio，在英语如沙夫茨伯里处则是 form（形式）和 formation（形成）。在德语里与 forma 相对应的推导词如 Formierung（塑形）和 Formation（成型），很长时间一直与 Bildung 处于竞争之中。自文艺复兴时期亚里士多德主义以来，forma 已经完全脱离其技术方面的意义，而以一种纯粹能动的和自然的方式加以解释。但是教化一词的胜利不是偶然，因为 Bildung 里包含 Bild（形象），"形象"可以指 Nachbild（摹本），也指 Vorbild（范本），而"形式"概念则不具有这种神秘莫测的双重关系②。

　　因此，从其漫长的发展史看，教化观念蕴涵着一种极其深刻的时代精神的转变。它起源于早期创世神话，经过中世纪基督教神秘主义者爱克哈特的神学转化后，被巴洛克哲学家如波墨（J. Boehme）在自然哲学思辨方面继续深化，并通过克洛普施托克（F. G. Klopstock）的史诗《弥赛亚》扩展了其宗教性的精神意蕴。18 世纪下半叶，这一极具有德意志民族特色的概念逐步向精神性的普遍意义领域过渡，在赫尔德那里被规定为"达到人性的崇高教化"，由此拓展出教育学、美学和历史学的多重维度，此后又在康德、门德尔松、黑格尔等对启蒙和教化关系的思考中赢得新的深度。尽管随着 1770—1830 年间现代教育在德国的逐步兴起，教化在日常德语中逐渐淡化成为教育的同义词，然而"教化宗教"（Bildungsreligion）一词仍然保存了这个概念最深层和最古老的神秘主义传统。在这样的思想史进程里，"教化"观念及其派生形式凸显出当时新创造出的思辨语言的独特价值。它指向这样一个广阔而深入的意义域群：灵性、内在性、源初性、彻底性和无根基性、理解与不可理解、内观和外在影响的辩证统一。就如密教历史学家费弗尔（A. Faivre）所指出的，"在爱克哈特思辨词汇的完整意义与词源意义中存在一种灵知"③。这种哲学思考方式以思辨神秘主义为内核，突破了

---

　　①　Ernst Lichtenstein, *Zur Entwicklung des Bildungsbegriffs von Meister Eckhart bis Hegel*, Heidelberg: Quelle & Meyer, 1966, S.4 - 6.

　　②　Hans-Georg Gadamer, *Wahrheit und Methode*, Tübingen: J. C. B. Mohr（Paul Siebeck）, 1986, S. 17.

　　③　[爱尔兰]汉拉第：《灵知派与神秘主义》，张湛译，华东师范大学出版社 2012 年版，第 171 页。

中世纪经院哲学中拉丁术语的僵硬外壳,借此超越了感性的具体意义,并使当时作为方言土语的中古德语的感性意义内在化,最终成为在"活的语言"中创造出的适应人类灵魂之内在经验和精神直观的新表达。

为了传达出他原创、复杂而异乎寻常的新观念,爱克哈特修改现有词汇或创造新的抽象词汇,大胆使用秘闻、隐喻和悖论,这使他的思想更加晦涩,也使德语神学和哲学的历史发展都留下他的创造性印记。为了使他的信众领悟属灵的劝告,他将拉丁文本译成当时尚不发达的德语,他的许多讲道使用的都是当时的俗语白话①。他永不满足的思辨把他引向"贫瘠之神""平静的沙漠"和"深渊"这些形象的描述,并用对"核心""根据""灵魂的顶点""顶峰"或"小火花"的强调来讲述"圣言"或"道"在灵魂最深和隐秘处神秘而永恒的诞生。"在悟性和欲求停止的地方,那里是黑暗,神在那里发出光。"②这里的"小火花"就是人身上源生的神性的形象和本质。"上帝在哪里,灵魂就在哪里,灵魂在哪里,上帝就在哪里,上帝要统治的殿堂就是人的灵魂。"③"火花"隐匿在人的灵魂深处,是良心(Synteresis)、道和宗教经验意识存在之所。"灵魂不过具有一小滴理性,一粒火星。"④灵魂之光与理性相等同,在这里也符合了爱克哈特形而上学的先验结构,因为人拥有灵魂的火花才能与上帝最终神秘合一。"灵魂在神内将神给予了神本身,完全与神在灵魂内将灵魂给予了灵魂本身一样。"⑤灵魂闪现为理性之光所带来的荣耀,正是神性所赋予人类灵魂的荣耀。在这里,永恒流溢的"灵魂的火花"作为"成形—教化"的人神合一论的基础,正是爱克哈特最富有特色的见解之一。

爱克哈特援引早期诺斯替主义的思辨,提出神性深处有着一种原始必然的"流溢"。他使用否定神学的表达方式,将隐藏的神性描述为"否定的否定和渴望的渴望","高处存在之上,就像最高的天使高处飞虫之上"⑥。爱克哈特强调极端

---

① 周锴:《埃克哈特的作品考据及研究建议》,《理论月刊》2009 年第 6 期。

② Meister Eckhart, *Dieu au-delà de Dieu. Sermons XXXI à LX*, Gwendoline Jarczyk and Pierre-Jean Labarrière (trans.), Paris: Albin Michel, 1999, p.88.

③ [德]埃克哈特:《埃克哈特大师文集》,荣震华译,商务印书馆 2003 年版,第 196 页。

④ [德]埃克哈特:《埃克哈特大师文集》,荣震华译,商务印书馆 2003 年版,第 183 页。

⑤ Saint Jean de la Croix: *Œuvres complètes*, Lucien-Marie de Saint-Joseph (ed.), Paris: Desclée de Brouwer, 2008, p. 800.

⑥ Meister Eckhart, *A Modern Translation*, by Raymond Blakney, New York: Harper & Row, 1941, p. 247, 219.

超越的神性时所使用的语言，与早期瓦伦廷派灵知主义者相类似："这智力推进深远，对神性不满，对智慧不满，对真理不满，甚至对上帝自身不满。说实话，对上帝观念的不满与对一块石头或一棵树的不满并无不同。"①因为"所有的被造物都是纯粹的虚无：我不是说它们微不足道……而是说它们乃是纯粹的虚无"②。这种源生的神性形象要自我表达和自我实现的原始冲动，是一种赤裸的存在，被爱克哈特描绘为一种"沸腾"（bullitio）或"来自源头（Ursprung）的沸腾"。滚烫的水在源源不断地涌溢翻腾，表达出生命受造于似乎无有、无色和无为的存在。"神触及所有的事物又不为事物所触及。神在所有事物之上，他是一在自身内的自在，他自在地包含一切受造物。"③就如爱克哈特的弟子所写："存在于物质当中的形式，永不停息地沸腾着（continue tremant），就像两片海域之间那沸溢的水流（tamquam in eurippo, hoc est in ebullitione）……这就是为什么，关于它们的一切都无法得到确定或持久的构想。"④

在此，"沸腾"是指对象在上帝或人的心灵当中（ens cognitivum）的颤动或内在张力，"沸溢"（ebullitio）则是指真实对象在心灵之外（ens extraanima）的状况。"形象是完全地融入了赤裸本质的一种纯粹而形式的散发……它是一种生命（vita quaedam），我们可以把它想象成某种在自身当中并且通过自身而开始膨胀并沸腾（intumescere et bullire）的东西，但同时，它又无需考虑向外的扩张（necdum cointellecta ebullitione）。"⑤与赤裸本质相一致的"形象"则变成"知识"，是心灵对象和真实物之间纯粹、完美而绝对的媒介。它既不是一个纯粹的逻辑对象，也不是一个真实的实体；它乃是"成形"，是某种活着的东西如"一个生命"，是"形象"在心灵中的沸腾以及借以被认识的颤动。神的诞生在此显现为"神自神性的沸起"，沸起、沸腾或沸溢作为隐喻，指神自生命源头开始就不断地沸起、翻滚、涌动而充满自身。"所有因不区分而区分的事物，它们越是不区分，就越区

---

① Meister Eckhart, *A Modern Translation*, by Raymond Blakney, New York：Harper & Row, 1941，p. 169.

② ［德］埃克哈特：《埃克哈特大师文集》，荣震华译，商务印书馆 2003 年版，第 528 页。

③ ［德］埃克哈特：《埃克哈特大师文集》，荣震华译，商务印书馆 2003 年版，第 217 页。

④ Vladimir Lossky, *Théologie négative et connaissance de Dieu chez Maître Eckhart*, Pairs：J. Vrin, 1973，1173n73.

⑤ Meister Eckhart, *Die deutschen und lateinischen Werke: Die lateinischen Werke*, vol. 3, Stuttgart：W.Kohlhammer, 1994，S. 425 - 426，"Latin Sermon 49".

分,因为使之区分的正是它自身的不区分。"①神的存在是一个丰富而生生不息的动态过程,流出的三种样式是存在、生命和光。这如同一种自流性的形而上学,"我的灵就是神的根,神的灵就是我的根","一切被造物都从父流出","万物在上帝的永恒不断的生养中流出"。神的"出"就是神的"归"。爱克哈特受奥古斯丁影响,认为回归比流出更为重要,他进而提出留内和守内的观点,作为出和归的整合辩证,并描述出一幅动人的流溢回返的教化循环之景象。

第二节　流溢回返的教化循环

爱克哈特将教化观念与"自省""纯化"这些概念联系在一起,认为普遍精神最早来自造物者,但由于与物质相接触而被玷污;在人类的灵魂与神再度结合之前,这种精神必须被纯化。新柏拉图主义者普罗提诺(Plotinos)已将这个过程称作"奥德赛",人们"必须祛除自己的不洁",直到灵魂变成一件"艺术品",借由达到自知的状态而变得贞洁。根据这个类似雕刻的隐喻,神秘主义者将"自省"称作 bilden(成形),指的不再是被动地臣服于神的介入,而是在上帝创造行为之外还需要基督徒个人主动的纯化。存在神性要素的内在性,与看起来无关紧要的整个外部世界相对立。这里,人的"教化"还只是神学、宗教的意义,尚不涉及人的整体生命和修养问题。它是指灵魂内在净化的过程,人应有意识地从物质生活偏离和脱离人相,与灵魂中的上帝形象合形、迈向其似神的内在性,最终具有纯粹的神的样式,从而得到更辉煌的荣耀。这些思考使爱克哈特进一步提升了基督教的伦理思想。此后的德国虔敬主义者更将教化视为一种具有美学特性的有机过程,年轻的修士要借此学习如何修身,进而担负起社会责任。实际上,"教化"观念在此时尚处在深厚的基督教神秘主义背景之中,与后来的教育学(Pädagogik)及其实体性的教育体系并无直接联系,后者也无法使人回想起教化概念内含的最古老的神学意义层面。

在高度思辨而复杂的神学背景中,爱克哈特将教化思考为这样一个过程:

---

① Emilie Zum Brunn (ed.), *Voici maître Eckhart*, Grenoble: Jérôme Millon, 1994, p. 441.

"神按照自己的形象创造出人"，因此人的灵魂也要趋近上帝，致力于与灵魂中上帝的纯粹形象合而为一，这就是人的内在目的。"我们应当在我们自己里面成为这个'一'。与万物分离开来，恒久不变地与上帝合一。在上帝之外，一切尽为虚无。""从一切属肉体的事物中解脱出来，专心致志，出于这样的纯真而投入到上帝里面去，与上帝合一。"①这一过程并非指创世之初发生的事情，而是在人类灵魂中每时每刻地发生。由于神"印刻"（ein-bilden）人的灵魂，这个灵魂就此成了神的形象。它也是充满着"诞生主题"和"突破主题"的新柏拉图主义式的循环过程②。"教化"的第一阶段，乃是神性在自我认知中的流溢，"这是一种令人惊奇的事物，它向外流溢却又存留于内"③，通过内在动力之循环和世界形成之循环中整一存在的分裂，形成分离中的主体和客体：

> 在永恒中，圣父按他自己形象生圣子。"圣言与上帝同在，圣言就是上帝。"圣言与上帝一样，有上帝的本性。而且，我说是上帝在我的灵魂中生的他。不但是灵魂像他、他像灵魂，而且是他在灵魂中，因为圣父在灵魂中生圣子，恰如圣子在永恒性中之所为而不是其他方式。圣父不停地生他的圣子，而且，把我生作他的圣子——同一个圣子。实际上，我断言，他生我不只作为他的圣子，也是作为他自己，而他自己作为我自己，以他自己的本性、他自己的存在生我。在那个最深的源头，我来自圣灵，而且只有一个生命、一个存在、一种行为。上帝所有的德行是一，因为他生我就如生他的圣子而没有分别④。

这一阶段有着鲜明的新柏拉图主义思辨的印记：首先，在此过程中初始的是非人称、"阿波非斯式的"（apophatisch）上帝概念，这个词来自古希腊语的"否定

---

① ［德］埃克哈特：《埃克哈特大师文集》，荣震华译，商务印书馆 2003 年版，第 258 页。
② Petra Hoeninghaus-Schornsheim, *Die Entstehung des Bildungsgedankens in der deutschen Mystik*, Duisburg, Univ., Diss., 1994.
③ Meister Eckhart, *L'Étincelle de l'âme. Sermons I à XXX*, Gwendoline Jarczyk and Pierre-Jean Labarrière (trans.), Paris: Albin Michel, 1998, p.263.
④ Meister Eckhart, *A Modern Translation*, by Raymond Blakney, New York: Harper & Row, 1941, p. 181.

神学"（theología apophatiké），神性在这里显现为中性的、自在静止的整一；其次，在神的自我展开的"第一圆环"中，不动的神性更新为动态的原则"神"，成为三位一体的、人格化的上帝概念；最后，从神的自我展开的"第一圆环"向"第二圆环"过渡，在动态的变化交替中"运作的神"和"自在静止的神性"成为世界过程的架式（Schema）。在爱克哈特这里，神乃是他所"不"是者和"无名者"，即非—上帝、非—灵、非—人格、非—形象。"只要人为了上帝而对自己加以否定，从而与上帝合而为一，那他就更成为上帝而不再是被造物了。"①"神高于所有的言说"②，没有任何实体、生命、光明、思想、理智能企及与神相类似的程度。因此任何肯定陈述都并不适当，而否定陈述却是真实的，即神的本质不可见、不可测、超越一切形象和比喻。"没有任何概念认识——无论是关于造物的，还是关于自己本身的，还是关于神的——能够把人引向与神的神秘契合，这种契合处于一个完全超概念的领域。"③

在第二阶段，教化是从流溢阶段向神的源始根基（Urgrund）的回返，是神秘的重新融合过程。也就是说，首先是神在灵魂中的诞生，此刻灵魂先是作为"神的肖像"而处在神性诞生的结构之中；随后返回到神的源始性"存在"之基础的隐遁（Abgeschiedenheit）状态里，灵魂"摆脱一切被创造的东西，返回自身，聚精会神，力图在自身中，在内心的最深处，达到自己的原型"；最后，乃是获得福祉、受到拯救的经验，灵魂与神融合为一并在神性之"静"里融为一体。这样，在含纳着整个存在范围的"成形—教化"过程中，邪恶也是一个必要环节，"甚至无，以及恶、匮乏、多样性的来源，也隐藏在真正和完满的存在本身中"④。因为神的形象真正贯穿于人的生命整体，而非存在于灵魂的某个部分。"只要我们的生命是一个存在，它就在上帝里面。只要我们的生命包容在存在里面，那它就与上帝亲近。"⑤也就是说，这种内在的贯通是动态和始终进展的，甚至在自我之恶的深处也在活动着。教化被理解为人之"神性化"（deificatio），这种思想在后世也重新出

---

① ［德］埃克哈特：《埃克哈特大师文集》，荣震华译，商务印书馆 2003 年版，第 292 页。

② Meister Eckhart, *Et ce néant était Dieu. Sermons LXI à XC*, Gwendoline Jarczyk and Pierre-Jean Labarrière (trans.), Paris: Albin Michel, 2000, p.168.

③ 张志伟主编：《西方哲学史》，中国人民大学出版社 2002 年版，第 283 页。

④ James M. Clarke, *Meister Eckhart. An Introduction to the Study of His Works with an Anthology of His Sermons*, New York: Thomas Nelson & Sons, 1957, p. 51.

⑤ ［德］埃克哈特：《埃克哈特大师文集》，荣震华译，商务印书馆 2003 年版，第 175 页。

现在舍勒那里。值得注意的是，按照爱克哈特的观点，没有人的灵魂，神就是难以理解的。因为神借助人的灵魂才能实现从"让渡自身"（Veräußerung）到"自身再印入"（Wiedereinbildung）的全过程，从而实现由多样到统一的回旋。

对爱克哈特来说，"教化"是绝对的和超越的进程。这样的教化活动不能想象为亚里士多德式的"使……行动"，因为追求目标和实现目标被理解成了两回事。在爱克哈特那里，人类灵魂"没有中介地"（ane mittel）地"成形"为神，亦即没有媒介因，没有混合掺杂，也没有黑格尔意义上的调和。依照"神性的永恒形象"，以纯粹的"形式"作为理念，这些受造物在神的永恒的"示范"（vorbilden）下不再是障碍，而恰恰是通向神的道路。就其自身而言，"成形—教化"乃是超越理性和意志的神的纯粹"在场"和"对神的领受"；是灵中儿子的诞生，是"涌出一股神灵般的爱的泉流"；最终使人向着崇高的神性升华，从内在返回到上帝之中而达到最高的完满①。这个过程同时既是"成形化"（Bildwerden），也是"无象化"（Bildloswerden），"圣子是一种没有形象的形象，他是自身隐秘神性的形象"②；是"一"，是创造中多样的统一，是神作为灵魂之形式的纯粹统一，"（人的）精神应穿过所有的数，从所有的多样性中突围出来，这样，神就进入他内。就像神进入我内，我也进入神内。神引导人的精神进入沙漠，进入他的一内，在那里只有一个澄明的一，围浸在他的周围"③。也就是说，"自我"和"神"在人的灵魂的最隐秘深处达到同一，形成了"不可分的结合"，即"单纯的一"（ein einfaltiges Eins），"纯净、纯粹、清明的太一"。此刻，"上帝的核心也是我的核心，也是我灵魂的核心，而我的灵魂是上帝灵魂的核心"④。"完美的灵魂不受任何羁绊。它希望灵魂与万物的联系并置身万物之上，以便获得神性自由。因为这给灵魂带来极大快乐。"⑤

如此，在爱克哈特对人的灵魂的重新思考中，有限、偶然和被造的自我对上帝绝对必然存在的隶属关系被颠覆了。他从更高的立场出发，甚至把绝对的创

---

① Josef Quint (hg.), *Meister Eckharts Predigten*, Stuttgart: W. Kohlhammer Verlag, 1958, S. 265, 268.

② Meister Eckhart, *Et ce néant était Dieu. Sermons LXI à XC*, Paris: Albin Michel, 2000, p.103.

③ Meister Eckhart, *L'Étincelle de l'âme. Sermons I à XXX*, Paris: Albin Michel, 1998, p.256.

④ Meister Eckhart, *A Modern Translation* by Raymond Blakney, New York: Harper & Row, 1941, p. 126.

⑤ Mathew Fox (hg.), *Breakthrough: Meister Eckhart's Creation Spirituality in New Translation*, New York: Doubleday, 1980, p. 366.

世活动也含纳为已被神性化的内在自我："在我永恒性的诞生中，万物被生。我是我自己的第一因也是任何其他事物的第一因。如果我不在，那么也就没有神在。"①在这种"永恒性的顶峰"的突破后，爱克哈特说"他的眼睛和上帝的眼睛是同一个眼睛、同一个视野、同一个认识、同一个爱"②。他提倡一种取消被造物和创造者之间差别的泛神论观点，"神既不是这也不是那，他不是多样性，而是一"③。这种灵知化解人类世界的一切奥秘，化"多"为"一"："上帝不会被事物的数目所分散，人也不会，因为他是一中之一，在其中，所有分开的事物拢聚为一体，没有分别。"④在此过程中，灵魂与上帝的交融如同"无词无音的言说"，"清心的人有福了，因为他们必得见上帝"（《马太福音》5：8）。上帝不具有任何定形或固定形象，而是心灵之言、朝霞之光、花朵之芬芳、清泉之奔涌。此后，波墨继续深化了爱克哈特的这些思考，也沿袭了他的语言方式。

第三节　神人合一的纯化之路

爱克哈特对"成形—教化"观念的灵性思考，植根于他对"形象"概念同样具有神秘主义特性的再建构。这一点尤其明确地体现在他对保罗"in eandem imaginem transformamur"（正在被改变成与主同样的形象）（《哥林多后书》3：18）这句中 transformare（转化）一词的理解翻译上⑤。在《创世记》中，人是按着

---

① Meister Eckhart, *A Modern Translation* by Raymond Blakney, New York: Harper & Row, 1941, p. 231.

② Josef Quint, *Meister Eckhart*, *Deutsche Predigten und Traktate*, München: Hanser Verlag, 1995, S. 216, "Predigt: Qui audit me, non confundetur", Sir 24, 30.

③ Meister Eckhart, *Et ce néant était Dieu. Sermons LXI à XC*, Paris: Albin Michel, 2000, p.72.

④ Paul M. Zulehner, *Gottes Sehnsucht. Spirituelle Suche in säkularer Kultur*, Ostfildern: Schwabenverlag, 2008, S. 56 f.

⑤ 该句拉丁文为"nos vero omnes revelata facie gloriam Domini speculantes in eandem imaginem transformamur a claritate in claritatem tamquam a Domini Spiritu"。1912 年路德版《圣经》(*Lutherbibel*)译为："Nun aber spiegelt sich in uns allen des HERRN Klarheit mit aufgedecktem Angesicht, und wir werden verklärt in dasselbe Bild von einer Klarheit zu der andern, als vom HERRN, der der Geist ist."《圣经》现代标点和合本译为："我们众人既然敞着脸得以看见主的荣光，好像从镜子里返照，就变成主的形状，荣上加荣，如同从主的灵变成的。"中文标准译本译为："而且脸上的帕子既然被揭去了，我们大家就像镜子返照出主的荣光，正在被改变成与主同样的形像，从荣耀归入荣耀，这正是出于主——圣灵。"

"神的形象"造的。这就等于说神所造的人性分有一切善，因为神是完备的善，而人是他的形象，那么这形象必与原型一样也充满完备的善。这里的 transformare，在神学上乃是特指神圣精神通过"超化"（überformen，überbilden）而形成的灵性转变。在此，"形式"（forma）和"形象"（imago）被看作是"一"，"转化"则被看作是新形式（niuwen forme）的诞生，此时"人的重生就等同于神的重生。去形、印入和超化是神性化的层级"①。这里的"去形"是指去除感性想象，或者说摆脱自己的感知世界和经验的牵绊纠缠。"你不要执着任何的形式，因为神不在任何的形式内，非此非彼"，"在凡有形象的地方，神都隐退了，神性都消失了"②。只有当灵魂摆脱这些"形象"，它才可能被引导到灵魂的根基里面并将完整的神印刻其中，从而在神秘的完善过程中超化为神："神在万物内。神越是在万物内，他就越是在万物外，他越内在就越外在，越外在就越内在。"③

在这种创造和重生的神秘主义语境中，教化观念显示的是原型和摹本之间的内在联系：神自身在人中诞生，就像神按照自己的形象创造了人，"圣子与他完全相似，是圣父的完满肖像"④；因此人应该再次诞生神或塑造神。原型只有通过形象才能成象，而形象却无非只是原型的显现；只有通过形象，原型才能真正成为原始—形象（Ur-Bilde）。这一教化过程建立在新柏拉图主义式的形而上学基础上。就如爱克哈特弟子海恩李希·苏索（H. Seuse）对教化的描述："一个泰然自若的人必须从被造物去形，与基督一起成形，并超化为神性。"⑤此外，苏索显示出从思辨神秘主义到情感神秘主义的过渡，这是与基督神秘主义内在联系中教化观念的逐渐心理学化。人类保持着"形象"，"应该将自我构形为这样的形象"，"在爱内，我更像是神而不是我自己……人因此可在爱内成为神"⑥，"爱是在行为

---

① I. Schaarschmidt, *Der Bedeutungswandel der Worte "bilden" und "Bildung" in der Literaturepoche von Gottsched bis Herder*, Elbing, Phil. Diss. Königsberg，1931，S. 31.

② Meister Eckhart, *L'Étincelle de l'âme. Sermons I à XXX*, Paris：Albin Michel，1998，p.71，p. 78.

③ Ibid., p.263.

④ Meister Eckhart, *Dieu au-delà de Dieu. Sermons XXXI à LX*, Paris：Albin Michel，1999，p.146.

⑤ Wolfgang Klafki, *Beiträge zur Geschichte des Bildungsbegriffs*, Weinheim：Beltz, 1965, S. 29.

⑥ Meister Eckhart，*L'Étincelle de l'âme. Sermons I à XXX*, Paris：Albin Michel，1998，p.68.

中,而不是在存在中使其合一"①。也就是说,"与基督一起成形",即"自我内在构形为基督"。这种"构形"环节蕴涵着优势:"灵魂必须在某种程度上是具象性的,即耶稣的充满爱意的形象……由此他被构造成这样的形象……由此他将被神的精神……超越形象地构成。"②如爱克哈特所言,神释放出神性的东西来创造人,人将自身印刻入神,使这部分重新融合于神性并取消自身的受造物身份,而超化为他的创造者。在这样的纯化之路上,灵魂与神性达到神秘合一(unio mystica):"神奇的想象变成性感的:人被变成他热爱着的直观的东西。"③爱克哈特超验性的"形象"思考,后来被费希特的教化学说所继承。

按照新柏拉图主义的观点,流溢的本质在于流溢出的总是一种剩余物,因此并不会削弱自身。从原始的"一"中流出"多",自身没有减少什么,存在却因此变得更丰富了。神的"形象"从创世开始,就像处于人类灵魂中的一颗谷种,不断生长、绽开花蕾而显现出来。"你们得以重生,不是出于会朽坏的种子,而是出于不朽坏的种子"(《彼得前书》1:23),"他按自己的旨意,用真道生了我们,叫我们在他所造的万物中好像初熟的果子"(《雅各书》1:18)。神的"形象"作为内在于世界的"形式"绝非静止的实体,而是始终萌动并内在更新的动力,由此而驱使人不断向善。就如伽达默尔所指出的,古高地德语的 bilidi(即 bilden 的早期形式)似乎首先总是意味着"力"(Macht)④。只是,"神的形象"在人的躯体里受质料所累,被造物的"形象"所遮蔽,使其变得如同透过模糊的镜子观看而暗淡无光。因此人类必须要重新创造,使神的形象像谷种或者果核一样发芽生长,绽开枝叶和花蕾而最终清晰显现出来。而这又恰恰是人类在最初受造中所获的自由的恩典,也就是说,神性始终在受造的人类中按照普遍形式在展露。人类超脱的动力不是来自人自身,而是作为原型的神的形象的纯粹光照的"流溢"。上帝"用仁爱浇灌灵魂,使灵魂充溢,并在仁爱中把自己交付给灵魂,从而携灵魂超升,直观到

---

① 〔德〕埃克哈特:《埃克哈特大师文集》,荣震华译,商务印书馆 2003 年版,第 171 页。

② Wolfgang Klafki, *Beiträge zur Geschichte des Bildungsbegriffs*, Weinheim: Beltz, 1965, S. 29.

③ I. Schaarschmidt, *Der Bedeutungswandel der Worte "bilden" und "Bildung" in der Literaturepoche von Gottsched bis Herder*, Elbing, 1931, S. 31.

④ Hans-Georg Gadamer, *Wahrheit und Methode*, Tübingen: J. C. B. Mohr (Paul Siebeck), 1986, S. 148.

上帝"①。人类灵魂需要去除所有与"自性"相联系的"已形成的受造物形象"，向上帝敞开，纯粹的光照不断注入自我的灵魂之中，自我在纯粹性之中也不断进入神的镜像而看到自身。"神比我自己更靠近我；我的存在依赖神靠近我和临在于我的现实。"②我们在神之中才是自我和万物，是"无形象的"永不朽坏的纯粹的神的形式，是完满的印入人类灵魂之中的神性。由此，原型之美在人里面"成形"而恢复神的形象即"复形"，"复活"正是指"我们的人性按它源初的形式重新构造"。人不是静止的存在，而是成长绽放的过程，教化的结果总是处在经常不断的继续和进一步教化中，就如古希腊语的 physis（自然）所具有的涌动和生长的涵义。

　　这一思想实际上也继承了早期希腊教父的哲学隐喻。克里索斯托（Saint John Chrysostom，约 347—407 年）曾用锻铁和麦子这两个隐喻来说明人类灵魂的纯化过程。在锻铁隐喻里，要锻造一个良好的铁器，必先有炼铁的过程，将铁冶炼煅烧。铁一定要经历苦难，经过烈火焚烧，除去原有的外在斑斑铁锈和内在的杂质，才能够铸造成一个合格的器皿。麦子的隐喻是指，麦子冬天下种，要经过地的严寒、种子的蜕变，舍弃自身才可能真正地结出它的果子，换来秋后丰硕的果实，这是生命从不成熟到成熟的过程。铁和麦种都必须经历这样的熬炼，即经历一个净化和纯化自身的过程，新的更丰富的生命才可能就此展开③。生命的本质在于舍弃，舍弃而不是拥有才是其真正的内涵。在灵魂的纯化之路上，人的成长重获恩典的尊贵。一方面由恩典中所生长出的是高贵的、与原型一模一样的果子，它已经分开良善和坏恶，不再像麦粒和稗子一样混合生长起来，以致无法分辨；另一方面，这复活成为原型的永驻，从"发生青草"又结出种子，种子又长出与原型一样的植物，它的荣耀、尊贵、强壮和光辉是一种向着神敞开的完成状态。"复活"恢复的是上帝创造之美的普遍形式，就如再生的麦穗高挑挺拔、匀称美观，这样的美和善不再在人的眼目之前隐藏，而是显示着被恢复的丰富而成熟的灵性。在这里，神的创造不仅得到新的理解，而且得到"完全的"理解。这是一条无尽的"纯化之路"（via purgativa），也是一条生命的自我纯化之路。

---

①　[德]埃克哈特：《论自我认识》，《德国哲学》第 2 辑，北京大学出版社 1986 年版，第 189 页。
②　Meister Eckhart, *Et ce néant était Dieu. Sermons LXI à XC*, Paris：Albin Michel, 2000, p.69.
③　石敏敏、章雪富：《古典基督教思想的"自我"观念》，中国社会科学出版社 2010 年版，第 340 页。

基督教神秘主义者安格鲁斯·西勒修斯(Angelus Silesius,1624—1677 年)曾说,在每个人面前都竖着一幅他应该成为的形象。只要他还不是,就不会有完满的平静,"每一滴水流入海洋后,就成为海洋。同样的,当灵魂终于上升时,则成为上帝"。从这种语境出发,"教化"是自我认同,是人及其人格理想之间的紧张。在这里,神秘主义的"教化"概念正在渐渐转化为教育学意义的"教化",它关系到人类整体的生命目的。"人的肖神性,应该在与基督的同化(conformitas mit Chiristus)过程之中,借助教育(Erziehung)而成为现实。"①这里,"同化基督"(conformitas Christi)是相对于"模仿基督"(imitatio Christi)而言,后者主张基督是我们的模范,他的劳作驱使我们向他模仿(ad imitationem),他是我们跟随的对象。此后,克洛普施托克在对宗教神秘主义和世俗化教育学的教化观念做出区分时也继承了这条线索②。

总体而言,爱克哈特的超验思想虽然被此后持自然神秘主义观点的帕拉塞尔苏斯(Paracelsus)有意回避,却被有第一个条顿哲学家之称的波墨所继承。通过讨论"精神"在语言里"成形"(Bildwerdung)的过程,波墨为基督教神秘主义的"教化"观念赢得新的意义维度。但是教化在这里还不是人文主义的,而是仍旧出自人类源初的语言力量。这样一种教化观念内在联系着马丁·路德的"精神"概念,并指引着其后德国哲学家从历史哲学和语言哲学上对"教化"进行新的理解。这尤其体现在从哈曼经赫尔德、洪堡、费希特到黑格尔的"德意志运动"(Deutsche Bewegung)、浪漫主义运动以及对启蒙运动的反思之中,而在现代伽达默尔的语言诠释学中达到高峰③。

---

① W. Flitner, "Bildung als Werk der Erziehung", *Allgemeine Pädagogik*, Stuttgart: Klett-Cotta, 1997, S.116.

② Ernst Lichtenstein, *Zur Entwicklung des Bildungsbegriffs von Meister Eckhart bis Hegel*, Heidelberg: Quelle & Meyer, 1966, S.4 - 6.

③ 按照黑格尔的观点,人类教化的本质是使自己成为一个普遍的精神存在,教化从而就作为个体向普遍性提升的一种内在的精神活动。伽达默尔则确证,哲学正是"在教化中获得其存在的前提条件","精神科学也是随着教化一起产生的,因为精神的存在是与教化观念本质上联系在一起的"。Hans-Georg Gadamer, *Wahrheit und Methode*, Tübingen: J. C. B. Mohr (Paul Siebeck), 1986, S.17.

第十四章 "内在形式"：沙夫茨伯里的新自然神论

"内在形式"(inner form)概念在近代语言哲学里至关重要。它常被追溯到洪堡对语言精神形式的阐述,但它在近代欧洲观念史里最有活力的思想根基,却是沙夫茨伯里(The Third Earl of Shaftesbury)诠释过的"inward form"。这个概念最初来源于柏拉图—新柏拉图神秘主义传统,在文艺复兴时期与自然观、艺术观的内在建构密切相关,并被发展为18世纪探讨自然与艺术关系的核心理念之一[①]。沙夫茨伯里重新构造文艺复兴时期的"内在形式"理念,在《人、风俗、意见与时代之特征》(*Characteristics of Men*，*Manners*，*Opinions*，*Times*)里,他将宗教神秘主义的"成形"过程转化为世俗审美和道德活动,也将"道德的美"和"道德品味"概念引入18世纪英国学界。以此为基础,沙夫茨伯里不仅使"内在形式"观念从神秘主义转向世俗化和普遍化,也由此建构起以情感陶冶为核心的道德哲学,并奠定自然哲学、道德哲学和美学融为一体的新自然神论。

17世纪末,古老的自然法观念以及知识主义在英国哲学中仍起重要作用。沙夫茨伯里以道德情感主义为基础,反对洛克的功利主义,并通过哈奇森(F. Hutcheson)等影响了休谟的伦理思想,也有助于开启卢梭和康德的人学研究。然而,沙夫茨伯里的内在形式说及其道德哲学作为近代欧洲最独特而重要的思

[①] T. Otabe, "Die Idee der inneren Form und ihre Transformation", in *Prolegomena*, 2009, 8 (1), S. 5 - 21.

想史现象之一,由于其风格特质等复杂原因,使其在中文学界仍处在近乎隐而未明的状态之中①。沙夫茨伯里对道德感、审美感等自然情感能力的推崇,使理性认知为核心的近代认识论问题在其哲学中较为边缘,也使他的思想长期处在现代道德哲学的主流视野之外。然而,伴随着 20 世纪的认知主义革命,情感能力是人类道德能力的核心重新得到了认识②,这也给沙夫茨伯里道德哲学研究提供了新的视域。实验心理学上的进展,使人们意识到以身体为根基的情感在道德和认知判断里的基本作用③。现代英美主流政治哲学坚守道德理性主义,推崇认知、推理和判断等理性能力而发展出种种抽象而复杂的话语体系。然而这些精致理论的地基已经不再坚实如故,它们被质疑为仿若建立在流动沙子上的城堡④。那么,是否可以从认识沙夫茨伯里的"内在形式"观念出发,以对道德情感和共通感的思考为基础,重新考虑目前道德哲学和政治哲学的整体建构? 这一建构如何处理道德能力与情感的首要性,既克服理性道德学空洞的形式主义,也回答自由和秩序、个体和群体之融通的问题? 这里对沙夫茨伯里的内在形式说及其以情感能力为基础的道德哲学做一剖面探究,正可以给这一反思提供助力。

第一节　内在形式和活的自然

沙夫茨伯里不像法国启蒙学者如笛卡尔那样,认为精神和物质是相互独立存在的实体,或像拉美特利那样将人视为一架机器。他认为,内在形式是才是世界生机勃勃、一体运作的精神性力量,是组织起人类身体的"独特本性"(peculiar

① 例如《人、风俗、意见与时代之特征》(*Characteristics of Men, Manners, Opinions, Times*)这部沙夫茨伯里的代表作,是 18 世纪英国再版次数最多的著作之一。在 1750 年左右,欧洲尤其是德国文化界对其著作的译介和评论达到高潮。沙夫茨伯里的思想对狂飙突进运动、古典主义的美学以及启蒙运动都产生了影响,并且受到莱布尼茨、哈曼、莱辛、维兰德、门德尔松和温克尔曼等人的热烈赞扬。但该书实际上是风格迥异的散论、狂想与杂议文章的汇集,这尤其给学界清晰地把握其思想脉络增加了难度,这也体现在相关中文研究文献的稀少上。

② J. Haidt, "The Emotional Dog and Its Rational Tail: A Social Intuitionist Approach to Moral Judgment", *Psychological Review* 108 (4), 2001, pp. 814 – 834.

③ A. Damasio, *The Feeling of What Happens: Body, Emotion and the Making of Consciousness*, London: Heinemann, 1999, p.283.

④ 张曦:《道德能力与情感的首要性》,《哲学研究》2016 年第 5 期。

nature)及其和谐驱力,也是创造外在形式的个体力量和显现为精神—肉体的具体形态。在此基础上,沙夫茨伯里划分了三种形式观念：首先,"死的形式"即被造之物的外在形态或外观,它以材质显现出"艺术"或"设计",如"无论它们四散隔开还是彼此合拢"的蜡、沙、云等,"都不存在任何一种使它们能彼此沟通的本质"①；其次,"活的形式"(livings forms)或赋形的形式是行动着的心灵主体,它们通过理智创造性将有序的设计施加于材质,在个体内部持续产生作用并使身体、灵魂或艺术作品具有秩序,"美的、好的、秀丽的,都不在物质本身以内,而在于艺术和设计……在于构成它们的那股力量"②；最后,赋予能赋予形式的形式本身既是神圣的心灵,也是真正的活的创造力量之整体,即"一切美的原则、根基和源泉"。这三种形式在自然界和人类社会里是内在融为一体而不能区分彼此的,并显现为自然之美、道德之美和神性之美的三重真实秩序③。

沙夫茨伯里特别指出道德的美与自然秩序有着内在关联。人类对美的感受是内在的,如我们可以轻易说出建筑结构与沙石堆之间的差异,并宣称"这一差异是被一种单纯内在的知觉所直接感知到的"④。这一感知的源泉正是所谓的"共通感"。在人类对神性和宇宙"生命原则"的心领神会中,最高的真善美不是被静观的、超出物理世界之外的理型,而是实实在在的自然界流变历程并显现为神性和心灵的善美秩序。一方面,美代表着事物的整体秩序,是和谐的比例或"数"。"人类灵魂的美",是"内在本性的和谐与数"⑤,是灵魂的"内在构造""秩序或对称"⑥。另一方面,代表整体利益的道德之善也是美的最高体现,心智的美比形体的美更为根本,它是"情操之美、行为的优雅、性格的转变和人类

① ［英］沙夫茨伯里：《人、风俗、意见与时代之特征》,李斯译,武汉大学出版社 2010 年版,第 330—331 页,根据英文原文有改动,下引文同。

② ［英］沙夫茨伯里：《人、风俗、意见与时代之特征》,李斯译,武汉大学出版社 2010 年版,第 353 页。

③ Shaftesbury, *Characteristics of Men*, *Manners*, *Opinions*, *Times*, London：Cambridge University Press, 1999, p. 323.

④ Shaftesbury, *Characteristics of Men*, *Manners*, *Opinions*, *Times*, London：Cambridge University Press, 1999, p. 66.

⑤ Shaftesbury, *Characteristics of Men*, *Manners*, *Opinions*, *Times*, London：Cambridge University Press, 1999, p. 63.

⑥ Shaftesbury, *Characteristics of Men*, *Manners*, *Opinions*, *Times*, London：Cambridge University Press, 1999, p. 194.

心灵的匀衡"①。美与善在根源上"一而同样",美并不能完全取代善,但可以启示和象征善。"活的自然"恰恰体现着善好的价值,神学与人类学在此结合起来。

在沙夫茨伯里这里,神性显现为创造性的自然,而非人格化的上帝。神是一切人类完美的原型和源泉,人神之间的同象性为个体的成形教化提供了可能。而自然世界是由神的灵魂或心灵所灌注的活的有机体,"构造万物的,只有心智本身……没有形式的物质就是丑陋本身"②。世界不是"一大团被加工过的材质",而是具有内在目的的神性自我或心灵所显现的有秩序的身体:"那守护者必然是王中之王,在创造的间歇里,由于没有形式,在神圣心智之外的任何地方也没有物种存在,一切不过是神性:一切都是一,一切都归集于它自身之内"。③"人……是最初之美的模糊身影"④,作为内在形式的上帝之象,在此为道德价值的绝对性奠定了基础,并为一切存在提供了"根源"。神圣的自然显现为涌动的内在形式之力量,赋予人以善、美德和理性,而这些又以情感能力的形式显现出来。它既是对善的热爱,也是对美的热爱。"美德之完善与至高之境,一定源自对上帝的信仰。"⑤这种道德超越个体,又通过情感的振动与每一个个体紧密相连。

沙夫茨伯里就此将目光转向世界的内在,发展出"内在构形"的哲学,其根基正是永恒而本源的创造之力。因此,从个体由内而外的成形过程出发,"内在形式""内在结构""内在构造""内在秩序""内在特征""内在价值""内在自由""内在情感"和"内在原则"等都是其著作中出现的高频词汇。在《道德主义者》里,沙夫茨伯里将人类"被封闭于如此脆弱的肉体里"的"灵魂和性情"称为"内在形式"⑥,并将"人格"比拟为树的特别本性。尽管"林中的树木彼此不同",但"这棵树就是一棵真实的树,它生存,它发枝,仍然是同一棵树"。⑦ 相似地,造就个体的人,就

---

① Shaftesbury, *Characteristics of Men*, *Manners*, *Opinions*, *Times*, London: Cambridge University Press, 1999, p. 62.

② [英]沙夫茨伯里:《人、风俗、意见与时代之特征》,李斯译,武汉大学出版社 2010 年版,第 333、354 页。

③ [英]沙夫茨伯里:《人、风俗、意见与时代之特征》,李斯译,武汉大学出版社 2010 年版,第 335、344 页。

④ [英]沙夫茨伯里:《人、风俗、意见与时代之特征》,李斯译,武汉大学出版社 2010 年版,第 348 页。

⑤ [英]沙夫茨伯里:《人、风俗、意见与时代之特征》,李斯译,武汉大学出版社 2010 年版,第 179 页。

⑥ [英]沙夫茨伯里:《人、风俗、意见与时代之特征》,李斯译,武汉大学出版社 2010 年版,第 255 页。

⑦ [英]沙夫茨伯里:《人、风俗、意见与时代之特征》,李斯译,武汉大学出版社 2010 年版,第 331 页。

像不同种子生根发芽成形为独特的树，这种内在力量会卓越地完善这个人成形的人格。在这里，"自然"总是赋予每一种由它形成的事物原初而特别的特性，万物有"际"，从而将它们彼此区分开来。内在形式从内而外有机生成秩序的和谐力量，使其不可能成为"变态"（Missgestaltetes）或伯林所说的"曲木"。我们自身人格的同一性不是产生于单纯耗尽的物质，而是产生于内在构成无穷涌动的神圣力量，是精神统治着身体，而非身体统治着精神。

与正统基督教和清教教义里比较黑暗沉闷的人类形象相比，沙夫茨伯里不仅展现出一种内在化的世界观，而且更为关注灵魂内部的美与和谐的潜能进展如何。人类能够感受到"赋形力量"的持续作用以及从对立面生长出来的和谐，它是"印于我们心灵的或更为切近地与我们的灵魂相交织的东西"①。"这意识有助于使我的身体及其情感、我的激情、我的欲望、我的想象力、我的幻想以及其他一些情感，保持在这可容忍的和谐与秩序之内。"②如同自然界的生长物，人类同样是内含内在形式的有机体；众多人类个体又构造出社会共同体（community），并"必然在某处存在着人类的最后或最高目的"③。沙夫茨伯里在此以丰富的审美想象力奠定了教化（cultivation）的人类学，即信任人的自然能力并为其自治辩护，人性也能经由教养而达到神性，"从中形成对于智慧、善意和崇高之美的确认"④。内在形式的生生不息及自然展开的秩序，使人类个体具有独一无二性，而个体的道德进步会汇聚形成良好的社会秩序和宇宙秩序。"我们真正的美善即快乐"，并需要"在自己的快乐观念中引入一种公正和秩序"⑤。

这种对秩序的需求也会上升到宗教之中，它的根源正在于每种有机结构中主宰一切的对于和谐、均衡与对称的美学需求。因为"美德是所有卓越和美好情感中最主要和最令人愉悦的，它是人类事务的支柱和装饰，它支撑人类社

---

① Shaftesbury, *Characteristics of Men, Manners, Opinions, Times*, London: Cambridge University Press, 1999, pp. 273-274.

② ［英］沙夫茨伯里：《人、风俗、意见与时代之特征》，武汉大学出版社 2010 年版，第 336—337 页。

③ Shaftesbury, *Characteristics of Men, Manners, Opinions, Times*, London: Cambridge University Press, 1999, p. 48.

④ ［英］沙夫茨伯里：《人、风俗、意见与时代之特征》，李斯译，武汉大学出版社 2010 年版，第 292 页。

⑤ ［英］沙夫茨伯里：《人、风俗、意见与时代之特征》，李斯译，武汉大学出版社 2010 年版，第 77、261 页。

会的存在,维持彼此之间的团结、友情和来往,家庭与国家都借助美德而发达和幸福,而缺乏美德的话,任何美好、出色、伟大和有价值的东西都会消失并走向毁灭。"①这种植根于内在形式和道德之美的自然宗教设想既是社会化的、也是个体化的,与同时代思想家不同的是,沙夫茨伯里由此创造性地将基督教信仰转化为公民教养,即道德的培育和美的教养。宇宙秩序在此具有道德内涵,当我们发展了美的灵魂,"我们就与宇宙的善的秩序相一致""与自然相和谐并生活在与神和人类的友谊之中"②。由此,沙夫茨伯里将愉悦而热情的情感灌注进入"内在形式"说,使这一"活的自然"观里的人类形象更为明亮、柔情而乐观。

第二节 情感教化和绅士理想

在沙夫茨伯里道德哲学的框架内,美学的教化和教育更近似于"修养"(Kultivierung),或者像后来席勒所说的"情感之净化",这种情感之净化正是定位于人性理想的人之完善的意义。因为健全的情感和"与其联系的满足感,是丰富而高贵的,与其自身最高的目标呈比例,而这最终目标包含着所有的完美……是以符合天性以及符合终极智慧的裁决与规则的方式生活。这就是道德、公正、虔敬与自然宗教"③。与德国虔敬主义划分"世界性"(Weltlichkeit)和"内在性"(Innerlichkeit)并主要在纯粹主观应用的意义上理解"成形"不同,沙夫茨伯里始终强调在共同体里个体锻炼的积极作用。"心灵要找到合并更多美的方法,由此它要形成一个美好的社会……它为自己树立了更高尚的目标,它以更高的热情寻求人类利益。它乐于栖身理性与秩序,并在这个基础上确立美好的一致与可观的利益。法律、宪政、民事与宗教仪式,无论任何能够教化或完善粗俗人类的东西都行。还有科学与艺术、哲学、道德、德行,人类事务的繁盛状态,以及人性

---

① [英]沙夫茨伯里:《人、风俗、意见与时代之特征》,李斯译,武汉大学出版社 2010 年版,第 234 页。

② Shaftesbury, *Characteristics of Men*, *Manners*, *Opinions*, *Times*, London: Cambridge University Press, 1999, p. 334.

③ [英]沙夫茨伯里:《人、风俗、意见与时代之特征》,李斯译,武汉大学出版社 2010 年版,第 199 页。

的完美。"①这也使沙夫茨伯里的思想结构不同于传统的新柏拉图主义,即他的首要认知兴趣不是形而上学,而是伦理学。

沙夫茨伯里以"内在形式"为基础构想出新的个体意识,探究以"活的直觉"从内部来感受塑造人和事物的精神力量。他批评当时投身形而上学思辨的启蒙哲学家,"既不考虑主体的真正运作或能力,也不将人作为真正的人和作为人类施动者来考虑,而是将其看作钟表或者普通机器"②。对沙夫茨伯里来说,统一"自我"的建构必然指向灵魂的内在和谐。就个体来说,内在形式如同种子一样展开为人类个体的人格及其外在表现,亦即单个人通过情感与审美的陶冶趋向神性的自我成形和自我教化;同时,内在形式作为不断涌动的整体创造性力量,它又自然地指向宇宙最高的善与和谐秩序,使其显现为个体身上的道德感等情感能力并指向共同体的成形与发展。内在形式,在这里正是贯通其自然观和道德哲学的生机勃勃的内核。"要配得美善之名,一个造物必须使其所有的倾向与情感、他的思想与性情的品格都适合并符合他那个类的善,或他包括其中并构成其中一个部分的那个体系的善。"③这样一来,人类个体的陶冶、养育就与共同体的命运紧密相连。人类内在具有比例性、稳定性和规则性的情感正属于这种来自自然的良好天赋,并指向个体和总体所一致朝向的教化目标。个体与共同体、具体与普遍,在这一思路里并非矛盾,而恰恰是融通的整体。因此,沙夫茨伯里的绅士理想也部分来自古希腊,完美的人是全面和谐发展的共同体中的公民,亦即内在形式完美展开的人。

17世纪末,哲学家和神学家流行将作为造物主的神比喻为制表师和机械师,而被造物则比喻为钟表和机械。与此不同,沙夫茨伯里将宇宙理解为"某种自我组织材质的精致体系"。这是交织混杂着动力而形成的宇宙,是活动着和呼吸着的有机体,是"有生命的建筑"④。此间的历史演化必然在每一阶段都产生个体形式,即使这些形式在一定程度上混杂典型而普遍的形式,成为处于多元性历史现

---

① ［英］沙夫茨伯里：《人、风俗、意见与时代之特征》,李斯译,武汉大学出版社2010年版,第253页。
② Shaftesbury, *Characteristics of Men*, *Manners*, *Opinions*, *Times*, London: Cambridge University Press, 1999, p. 131.
③ ［英］沙夫茨伯里：《人、风俗、意见与时代之特征》,李斯译,武汉大学出版社2010年版,第180页。
④ ［英］沙夫茨伯里：《人、风俗、意见与时代之特征》,李斯译,武汉大学出版社2010年版,第349页。

象中的"个体性"主体。对《特征论》里"characteristics"一词的理解和运用,也凸显出沙夫茨伯里对个体如何塑造自我(self)并将人格体现在共同体里的关注。"character"在词源上可追溯到古希腊语的动词 kharasso,指磨锋利、烙印和雕刻等。它既指烙印主体又指被烙印的客体,同时兼指烙刻活动的意涵①,正契合了个体人格如何从内在构形并在共同体中获得各具特色外在表达的问题阈限。这内外两个维度,对沙夫茨伯里来说同样重要。美德或德性显现为诚实、正义和信任等"特征",它们使个体能够在与其他人共处的社会之中生活并实现其目的。这些美德特征正是"人之为人的部分",它使我们成为完全的人并"按照自然来生活"②。他甚至将"决心、原则、毅力、行为"等称为"更大更好的形式"③。

沙夫茨伯里指出,"所谓'有风尚的绅士',我理解,就是指,或者具备天然的良好才具,或者具备良好教育所教授的能力,能知道什么是文雅的和得体的。有些是单纯来自天赋,另一些则出自艺术和实践"④。情感的陶冶对文化来说具有重要的意义,这也被称为通过"磨冶"(polish)而获得"文雅"(politeness)。沙夫茨伯里对"文雅的""有教养"的人,亦即能够节制自己欲望、情感的人的设想,是从行为定向,亦即行为规定的角度来进行考察。人类基于与神的同象性,在内在形式的展开过程里被天赋了分辨善恶美丑的内在感官能力。在一定的境遇条件下,赞同或不赞同行为的"情感"会自然地出现。正因为人具有这种能力,才能形成关于事物的普遍概念,公共福利的概念也从属于此。"普遍的善,或称全体的善,及其自身私有的善,都必然是一模一样的。"⑤"热爱公众,研究普遍的善,并在力所能及的范围内促进全世界人们的利益,这才是最高的善,并构成我们称为神

---

① 古希腊语动词 kharasso 的"变锋利"的意义也引向 kharax 和 kharaktes,指立桩界、围墙和栅栏等;而烙印、雕刻的意义则引向 kharaktēr,既指作为主体的雕刻师、烙印者,也指被用的钢模、印章和烙铁,还指被刻烙的印记。总体上,kharasso 既指被雕印对象的可塑性,也指印模的坚固性;既指外在显相,也指潜在的样式。由此,它将可塑性和耐久性、内在和外在表征意义融为一体,由此也引申为个人或事物区别于他者的鲜明记号或样态。参 L. E. Klein, *Shaftesbury and the culture of politeness*, Cambridge: Cambridge University Press, 1994, S. 91 - 92.

② Shaftesbury, *Characteristics of Men, Manners, Opinions, Times*, London: Cambridge University Press, 1999, p. 50, 52.

③ [英]沙夫茨伯里:《人、风俗、意见与时代之特征》,李斯译,武汉大学出版社 2010 年版,第 356 页。

④ Shaftesbury, *Characteristics of Men, Manners, Opinions, Times*, London: Cambridge University Press, 1999, p. 62.

⑤ [英]沙夫茨伯里:《人、风俗、意见与时代之特征》,李斯译,武汉大学出版社 2010 年版,第 24 页。

性的性情。"①离开了人类整体就无所谓道德,道德不等于对个体有利,而是具有普遍的和先天的特性。这种能力与什么有益于或有害于公共福利的这种意识相联系,它将假设我们默识地知道,某种确定的特性、倾向和行为方式对"公共福利"有益处。情感是人感知善恶对错的一种先天能力,但只有面对整体利益时,人才会感到愉悦。"由于一种生物只有通过情感才能被认为是善或恶的、自然或非自然的,我们的任务就是要审查哪些是善的和自然的情感,哪些是恶的和不自然的情感。"②也就是说,沙夫茨伯里给人类提供了独特的定位,以选择出有价值的情感、抛弃反自然的情感。这种社会情感应该被要求和提升,并与人的"自利"倾向一起形成和谐的关系,同时尽可能阻止不自然情感的形成。

沙夫茨伯里重新发掘了马可·奥勒留的 koinonoemosune 观念,并将其理解为对"共同的善"(common good)的感知③,它体现为美感、道德感(moral sense)和历史感等。对人类的教化就是要激活这种具有普遍意义的感觉即"共通感"(common sense),但它并非概念或知性的普遍性:"共通感指公共福利,也指共同利益,或者指对社团或社会的爱护,指自然的情感,指人性、责任或从人的共同权利的恰当意义里产生出来的那种礼貌之举,还指同一种类里存在的天生的平等权。"④这一意义上的共通感乃是对共同福利与神圣秩序的感觉,是对社会共同体的爱,对人性、对自然情感和友善品质的爱。沙夫茨伯里由此探询,如何使得致力于伦理生活的教化目标得以实现,以何种条件才能使处在相互关联中的共通感、包括道德感得以确定。他进而区分出人类的情感冲动,认为艺术是唤醒、净化社交性情感的一种实践。"非功利性"既是道德原则也是审美原则,对美的兴趣支配着审美进路,对善的兴趣支配着伦理进路。但审美进路与伦理进路之间又存在着深刻关联,这也凸显了情感陶冶和伦理生活的重要性。

在《论美德或德性的探究》一文里,沙夫茨伯里指出,"在一种有理智的生物中,不因任何情感而行的事,在这生物的本性中既不能构成善,亦不能构成恶,只

① [英]沙夫茨伯里:《人、风俗、意见与时代之特征》,李斯译,武汉大学出版社 2010 年版,第 22 页。

② [英]沙夫茨伯里:《人、风俗、意见与时代之特征》,李斯译,武汉大学出版社 2010 年版,第 149—150 页。

③ Shaftesbury, *Characteristics of Men*, *Manners*, *Opinions*, *Times*, London: Cambridge University Press, 1999, p. 48.

④ [英]沙夫茨伯里:《人、风俗、意见与时代之特征》,李斯译,武汉大学出版社 2010 年版,第 57 页。

有当他与之存在某种关系的那个体系的善或恶,是推动他的某种激情或情感的直接对象时,这种生物才能被认为是善的"①。他划分出"私人的善"(private good)和"真正的善"(real good):前者指向个体的"自利"(self-interest),但并非病态的自私即"过度"地"与公众的利益相抵触";后者指向"美德",是立足个体的"私人的善"与立足整体的"共同的善"的相互和谐状态②。对沙夫茨伯里来说,"私人的善"只要不与共同的善相抵触,就是必要而自然的③。在这一哲学架构里,共通感识别"秩序和比例",使我们被一种朝向共同善的情感所驱动,"善的情感是所有真正善的行为的动力与来源"④。这一察觉善和美的能力是内在的,当我们感受到对象或行为时,我们立即就将美从丑区分开来⑤。沙夫茨伯里将道德机制运作与动植物器官的运作相比较:"一个造物朝向物种之善或共同自然的情感,对他而言是适宜和自然的,就像任何器官如动物或者仅仅蔬菜的茎干部分那样,以其所知的成长方式和路径来运作。"⑥

从这一道德学的设想来看,所有事物都具有某种程度的善,但只有人类才具有美德或"真正的善"⑦。美德的形成需要一种"受到反思的感觉"(reflected sense),这是反思何谓善和正确的带有理性特征的能力,即判断力。"人的性情也要服从判断力的指挥"⑧,它使人以更高尚的方式体验到所有的美与善。"我们从现在被视为仅仅是善的,而且处在一切有识别力的造物的范围和能力之内的东西,推进到只有人类才有的、我们称为美德或德性的东西上去:在一种能够形成事物的普遍观念的造物中,不仅自我呈现于感官的那些外在事物是情感的对象,

---

① 〔英〕沙夫茨伯里:《人、风俗、意见与时代之特征》,李斯译,武汉大学出版社 2010 年版,第 149 页。

② Shaftesbury, *Characteristics of Men*, *Manners*, *Opinions*, *Times*, London: Cambridge University Press, 1999, p. 167.

③ Shaftesbury, *Characteristics of Men*, *Manners*, *Opinions*, *Times*, London: Cambridge University Press, 1999, p. 170.

④ 〔英〕沙夫茨伯里:《人、风俗、意见与时代之特征》,李斯译,武汉大学出版社 2010 年版,第 169 页。

⑤ Shaftesbury, *Characteristics of Men*, *Manners*, *Opinions*, *Times*, London: Cambridge University Press, 1999, p. 326.

⑥ Shaftesbury, *Characteristics of Men*, *Manners*, *Opinions*, *Times*, London: Cambridge University Press, 1999, p. 192.

⑦ Shaftesbury, *Characteristics of Men*, *Manners*, *Opinions*, *Times*, London: Cambridge University Press, 1999, p. 171.

⑧ 〔英〕沙夫茨伯里:《人、风俗、意见与时代之特征》,李斯译,武汉大学出版社 2010 年版,第 72 页。

而且这些行为本身以及怜悯、慈爱、感激及其相反的情感，都由反思带入了心灵之中而成为对象。因此，通过这样受到反思的感觉，就出现了另外一种趋向这些情感本身的情感，这些情感已经被感觉到，现在又成为一种新的喜好或厌恶的主题。"①也就是说，私人的善被朝向整体之善的情感所驱动，而"受到反思的感觉"给予我们指向这些产生善的行为之动机的"新的情感"。这种受到反思的感觉是"对正确和错误的感知"，是我们的"良知"，是"一种情操或通过正当、公平和善的情感及其相反情感而产生对所做事情的判断"②。在沙夫茨伯里的美学和道德学话语里，道德上正确的动机形成道德的美，这些动机指向从目的论角度出发的整体社会的善；基于反思而赞成道德上正确的动机状态，则是具有"好的道德品味"。一个行动适宜的人已经被共通感所产生的正确情感所驱动，我们的道德情操或品味则是确认"正确的"第一序情感的第二序情感判断。心灵"不能没有……也不能拒绝"道德品味的判断，只有在第一序情感和第二序情感的平衡中才能达致美德状态。

人类具有这种心灵能力，即知道社会的善并反思性地赞成趋向这一善的动机。在这样的框架里，共通感激发了我们的道德行为和指向善、美的情感，品味则赞同或不赞同这种情感告知我们的东西，"给予我们关于人类激情的适当品质与尺度"③。并非每种偏爱对人性来说都是同等适宜的，在艺术和道德领域确实存在着"好的品味"。善的情感和直觉也可能因"恶"而丧失，"习俗和风尚都是强有力的骗子"④，"悖反的习性和习俗（即第二天性）能够取代"甚至最自然的直觉⑤。在这种情况下，"新的和不自然的情感就会培育出来，代替有秩序和自然的情感，所有内在秩序和治理都将因此消失"⑥。也就是说，共通感的根基虽然是内在的，它是发展善好品味的天赋潜能，但它也必须通过社会的良好教育，即合适

---

① Shaftesbury, *Characteristics of Men, Manners, Opinions, Times*, London：Cambridge University Press, 1999, p. 172.

② Shaftesbury, *Characteristics of Men, Manners, Opinions, Times*, London：Cambridge University Press, 1999, p. 172.

③ ［英］沙夫茨伯里：《人、风俗、意见与时代之特征》，李斯译，武汉大学出版社 2010 年版，第 121 页。

④ ［英］沙夫茨伯里：《人、风俗、意见与时代之特征》，李斯译，武汉大学出版社 2010 年版，第 133 页。

⑤ Shaftesbury, *Characteristics of Men, Manners, Opinions, Times*, London：Cambridge University Press, 1999, p. 179.

⑥ ［英］沙夫茨伯里：《人、风俗、意见与时代之特征》，李斯译，武汉大学出版社 2010 年版，第 211 页。

的社会化来激活。这就是教化,"一种合法的和正当的品味从不会被产生、制造、孕育或生产出来,如果没有经历劳作和批评的痛苦"。我们拥有"公正和美丽的前概念",这使个体能"循其天性,以必然而无反思的方式"来行动①。但是"荒谬的宗教或一般是从迷信及轻信中派生出来的狂热",也会造成"荒谬的正当感的形成"②。亦即"道德感"在未被其他欲望扰乱时,总是同有益或无益于人类之善的理性判断相协调。"在这样一种构造中,任何一个部分的损害必然立即导致其他部分的失序和破坏,也会对整体造成损害,因为各种情感之间存在必要的联系和平衡。"③共通感提供了追求善行的内在冲动,使自爱情感和社会情感平衡中的欠缺得以修正和补充。这种追求平衡和秩序的情感陶冶有益于人类共同的"伦理生活",后者对沙夫茨伯里来说乃是与"内在之美"的想象具有同等意义。

第三节　神圣秩序与和谐宇宙

在沙夫茨伯里的道德哲学中,个体和共同体的维度相互打通,世界秩序在社会中对个体具有巨大的吸引力:"就像那至高的艺术家或万有的可塑自然一样……他注意到激情的边界,也知道其准确的音调与尺度,他正是借用这些东西来适当地再现它们,标记出情操与行为的崇高,使美妙的与有缺陷的区分开来,使可爱的与臭名远扬的分开。道德艺术家借此模仿造物主,因此也了解同属造物的同胞的内在形式与结构。"④对秩序与和谐的自然追求不仅引起了道德的情感反应,也引发了人类行为的冲动。这里也在响应那种古老的传统,人的心灵本质上被理解成具有对整体秩序和"一"的永恒渴求:"特殊的意识会按照普遍的一寻求其幸福,并努力模仿它最高的简朴性和卓越性。"⑤从这种对和谐而富有内在目的的事物、对道德以及美学上确定的东西的喜爱出发,沙夫茨伯里援引"神圣

① Shaftesbury, *Characteristics of Men*, *Manners*, *Opinions*, *Times*, London: Cambridge University Press, 1999, p. 85, 408, 60.
② 〔英〕沙夫茨伯里:《人、风俗、意见与时代之特征》,李斯译,武汉大学出版社 2010 年版,第 166 页。
③ 〔英〕沙夫茨伯里:《人、风俗、意见与时代之特征》,李斯译,武汉大学出版社 2010 年版,第 223 页。
④ 〔英〕沙夫茨伯里:《人、风俗、意见与时代之特征》,李斯译,武汉大学出版社 2010 年版,第 113 页。
⑤ 〔英〕沙夫茨伯里:《人、风俗、意见与时代之特征》,李斯译,武汉大学出版社 2010 年版,第 337 页。

秩序"（divine order）来探究这种社会性的美和道德,认为这些对人类个体和社会的兴盛是必要的。"美德本身也不过是对社会里面的秩序与美的热爱"①,道德感和审美感等人类情感能力展现出的,正是个体的内在形式展开时对秩序的自动渴求。"对秩序和完美的爱……仅仅局部的美也不能使它满足,它要进一步延伸其沟通能力,追求所有人的利益,要促进全体的利益和繁荣"②。沙夫茨伯里将其称为"完美之手"③和"神匠之手"。在这种自然宗教里,神圣秩序显示在人类社会的领域里,表现为自然性的性格特征、倾向和行为方式,也反映在世界和人类共同体的和谐状态中。

在沙夫茨伯里眼中,自然不是一尊固定的雕像或机械。它是活的,变动不居而生生不息,于世间呈现出庄严之美和宁静的天真状态④。自然是一个自我展开的有机体,也是内在形式与外在形态的融合,内在形式作为自由的法则在大千世界展开为对称、比例与和谐。从观念史的发展来看,"创造的自然"（die schaffende Natur）或"可塑的自然"（plastic nature）这样的观念,经过英国新柏拉图主义者拉夫·科德伍斯（R. Cudworth）和亨利·莫尔（H. More）的发展,最终涌流到沙夫茨伯里"赋形的形式"观念之中⑤。而这一思路,与从帕拉塞尔苏斯（Paracelsus）到波墨（J. Böhme）的德国自然神秘主义之间也有着奇妙的类似⑥。沙夫茨伯里这一在新柏拉图主义思想土壤中里建构起来的"新自然法",在一定程度上松动了"旧自然法"僵硬的观念。这种历史观反对 17 世纪以来在欧洲思想界占据主导地位的机械论,而是通过有机论和目的论来驾驭对立面与矛盾,其根基正在于对形成整体、形式、构造、内在核心与有生命之物的内在赋形力量即"内在形式"的尊敬。但这里显现的不是理性主义的美之观念所要求的规则性和完美性,而是一种具有神性的"内在的感性综合体"。"这整个体系中存在着的秩

---

① ［英］沙夫茨伯里：《人、风俗、意见与时代之特征》,李斯译,武汉大学出版社 2010 年版,第 179 页。

② ［英］沙夫茨伯里：《人、风俗、意见与时代之特征》,李斯译,武汉大学出版社 2010 年版,第 253 页。

③ ［英］沙夫茨伯里：《人、风俗、意见与时代之特征》,李斯译,武汉大学出版社 2010 年版,第 339 页。

④ S. George, *Der Naturbegriff bei Shaftesbury*, Frankfurt am Main: Johann Wolfgang Goethe-Universität, 1962, S. 7 - 18.

⑤ D. Grossklaus, *Natürliche Religion und aufgeklärte Gesellschaft: Shaftesburys Verhältnis zu den Cambridge Platonists*, Heidelberg: C. Winter, 2000, S.129 ff..

⑥ Chr. F. Weiser, *Shaftesbury und das deutsche Geistesleben*, Leipzig: Teubner, 1916, S. 235 ff.

序、统一与协调。……整个自然作品……无数相互依存与对应"①。"内在形式"
之赋形力量在宇宙无穷地涌动，人们单纯依靠知识和理性的概念是无法如此深
入地理解这一生命整体的，"这世界并非为人完全或完整地知晓"②。

　　沙夫茨伯里将人类心灵对神圣秩序的内在倾向与乐器的"弦"相比较，弦的
音色优美取决于正确的定音，机智和幽默则体现出微妙的尺度把握③。这种预先
设定的对高尚、体面、正派和美的观点，通过想象力存留在人的意识中以供支配。
就像将道德的正确或者错误解释为好的或者坏的，沙夫茨伯里既以判断或者想
象的概念描述它，也以感觉或者感受的概念如审美感和道德感来描述它，进而建
立起道德学和审美性的形而上学。尽管我们很少有清晰的知识，什么对公共福
利有益或是有害，但是按照沙夫茨伯里的观点，它不是取决于事实知识，而是取
决于道德的情感反应。个体可以凭借自然赋予的情感主动地内在感知到普遍道
德，并基于一种审美性的愉悦而将其体现在现实行动之中。构成社会纽带的正
是这种基于内在形式不断展开所产生的超越性的情感，而非洛克所说的财产或
权利。这种基于秩序而指向人类共同体的道德感既超越个体，又通过情感能力
与每个人类个体紧密相连，从而打通了内在和外在、具体和抽象、个体和共同体
之间的界限。

　　沙夫茨伯里批评同时代的道德哲学家，"现代的设计师都意图甩开所有这些
天然的材料，他们愿意按照更一致的方式进行建造。他们愿意重塑人心，他们有
一个很大的幻想，希望将所有这些运动、平衡和重量缩减为一条原则或一个基
础，就是冷酷无情和有意为之的自私"④。当时，霍布斯试图以普遍道德原则为道
德哲学奠基，洛克为此发展了经验论的方法。而沙夫茨伯里则在经验主义、机械
论、泛意志论和自利主义中寻求新的路径，即在"更真实的自然之歌"中建构或捍
卫一种带有古典色彩的道德学和美学的综合。他的道德哲学反对将道德看作是
由习俗所建构的相对主义，反对道德是由个体想象力建构起来的主观主义，也反
对道德是由威权（无论洛克所说的"上帝"，还是霍布斯所说的"利维坦"）建立起

---

① ［英］沙夫茨伯里：《人、风俗、意见与时代之特征》，李斯译，武汉大学出版社 2010 年版，第 297 页。
② ［英］沙夫茨伯里：《人、风俗、意见与时代之特征》，李斯译，武汉大学出版社 2010 年版，第 297 页。
③ ［英］沙夫茨伯里：《人、风俗、意见与时代之特征》，李斯译，武汉大学出版社 2010 年版，第 187 页。
④ ［英］沙夫茨伯里：《人、风俗、意见与时代之特征》，李斯译，武汉大学出版社 2010 年版，第 64 页。

来的泛意志论。沙夫茨伯里试图为此提供自然的内在基础，在此基础上人可能并且应该形成伦理生活。这种道德哲学是有机规范性的，而非严格智性主义的。他勾画了道德学的认识论和美学体验，由此展现出人类道德经验中独特的现象，并将道德与审美的关系凸显出来，为哈奇森等人在该领域继续发展提供了起点。

第十五章　情感与教化：沙夫茨伯里道德哲学与审美话语辨析

　　哲学与其时代的关系并非简单的单线因果论所能解释，英国哲学家、美学家沙夫茨伯里的自然哲学、道德哲学和美学在 18 世纪曾风靡一时而又湮没，在现代西方学界又重新兴盛，正是这一现象的例证之一。与同时代的莱布尼茨、维柯相比，沙夫茨伯里的哲学并非当时最为深刻和重要的思想，在哲学史著作中也不像霍布斯、洛克那样引人注意。然而，他的哲学具有"一种风格与质地的丰厚感、一种异乎寻常的学问和英国语言中少有匹敌的精微思绪"①，这使其在当时及之后很长时间的整个欧洲知识界都产生了广泛而深远的影响。从哲学特质上说，沙夫茨伯里并不十分关注认识论问题，道德感、审美感等情感问题才是他的兴趣所在。他不满于经验主义的专断和理性主义的虚妄，其哲学方法诉诸直觉体验而非抽象思辨或经验归纳。作为道德情感主义的创始人，沙夫茨伯里被称为"第一个情感哲学家"②；而以情感为出发点的审美非功利性原则，恰恰也被认为是古典美学和近代美学的分水岭③。

　　当时英国盛行着道德功利主义，"利益即是真理"成为流行的格言。例如洛

---

　　①　引 1732 年版编者登尤尔(Douglas den Uyl)语，参见［英］沙夫茨伯里：《人、风俗、意见与时代之特征》，李斯译，武汉大学出版社 2010 年版，序言第 1 页。

　　②　Harald Hoeffding, *A History of Modern Philosophy*, trans. B. E. Meyer, New York: Humanities Press, 1950, Band 1, p. 393.

　　③　Jerome Stolnitz, "On the Significance of Lord Shaftesbury in Modern Aesthetic Theory", in *The Philosophical Quarterly*, 1961, Vol. 11, No. 43, p. 98.

克指出，"人们所以普遍地来赞同德性，不是因为它是天赋的，乃是因为它是有利的"①。而沙夫茨伯里则认为洛克"毁灭了所有基本原则，将所有秩序和美德（同样还有上帝）从世界上消失，使这些观念都成为非自然的，在我们头脑中失去了基础"②。沙夫茨伯里早年虽然受教于洛克，却深受剑桥柏拉图主义的影响，认为"神圣秩序"作为和谐与美的秩序，共振于自然和人类社会等一切宇宙领域，由此开启出新的历史观照。他反对洛克的功利主义，发展出"内在形式"自然神论及以情感陶冶为核心的道德哲学，通过哈奇森（F. Hutcheson）等间接地影响了休谟的伦理思想，也有助于开启卢梭和康德的人学研究。从其内在形式说的思想渊源和后续影响来看，沙夫茨伯里乃是沟通具有古老传统的新柏拉图主义到近代德国教化理论之间的一座桥梁。德国 13 卷本《哲学历史辞典》由利希滕斯坦（E. Lichtenstein）撰写的"教化"（Bildung）词条和德国 7 卷本《美学基本观念辞典》由弗兰克（Ursula Franke）撰写的"教化/审美教育"（Bildung/Erziehung, Ästhetische）词条，都凸显或以较大篇幅讨论了沙夫茨伯里在德国早期教化观念史上，尤其是促进其发生哲学化和审美化转向的作用③。他预见到现代性对人类整体生活的挑战，并建构了独树一帜的将真善美追求融为一体的道德哲学和审美话语。

沙夫茨伯里的美学不关注艺术作品或自然形态，而是探索支配人类心灵世界的情感规则以及理想的个体人格如何形成。这一思路使他笔下的整个社会生活都被审美化，伦理、美学和政治融合在一起。从写作风格上说，沙夫茨伯里的著作多以散文、随笔形式呈现。例如《人、风俗、意见与时代之特征》（*Characteristics of Men, Manners, Opinions, Times*）这部他逝世前两年

① ［英］洛克：《人类理解论》（上卷），关文运译，商务印书馆 1959 年版，第 29 页。
② Shaftesbury, *The Life, Unpublished Letters and Philosophical Regimen of Anthony*, London: Routledge Thoemmes Press，1992，p. 403.
③ 德国《教育学历史辞典》由教育学家本纳（Dietrich Benner）和布鲁根（Friedhelm Brüggen）撰写的"可塑性/教化"词条则没有提及沙夫茨伯里。本纳答复笔者，沙夫茨伯里的思想激发了德国对教化观念的讨论。但该词条主要阐释从古到今的教化和可塑性之间的关系，而沙氏没有彻底反思现代人的开放可塑性及其教育教化的关系，因此没有将其思想纳入其中。参 Joachim Ritter, Karlfried Gründer und Gottfried Gabriel, *Historisches Wörterbuch der Philosophie*, Basel: Schwabe Verlag, 1971–2007, Band 1, S. 921–937; Karlheinz Barck, Martin Fontius und Friedrich Wolfzette, *Ästhetische Grundbegriffe*, Stuttgart: J. B. Metzler Verlag 2005, Band 1, S. 696–727; Dietrich Benner, Jürgen Oelkers, *Historisches Wörterbuch der Pädagogik*, Beltz Verlag, 2004, S. 174–215.

即 1711 年首印的 3 卷本著作,实际上就是风格迥异的散论、狂想与杂议文章的汇集①。这是整个 18 世纪英国再版次数最多的著作之一,影响力波及法国、德国、瑞士和意大利,可与洛克的《政府论》相媲美。该书看似平白简易,却又难以把握而引人入胜。这源于沙夫茨伯里的写作观念:"理性推导,一旦开始就没完没了,极有必要打断冗余长篇大论,通过许多不同的扫视与断断续续的视角,把不便于凭借执拗偏好或一眼看不到头的通篇大论表示出来的东西印入人心。"②也正是基于这一特质,使沙夫茨伯里的写作与自己的时代保持了距离,当时迫切需要解决的问题似乎在其著作里找不到果断的回应。这既使读者清晰把握其字里行间的微妙之处殊为不易,也使其作品具有自身特别的美学品位。

18 世纪初,英国自然神论正是通过对沙夫茨伯里等人著作的译介和思想的传播扩展开来。而自然神论是欧洲启蒙运动的重要思想根源之一,也是中世纪启示神学和新教正统神学向近代泛神论、无神论和道德神学转化的关键性中介。回顾这一历史进程可以看出,沙夫茨伯里的内在形式说及其道德哲学,尤其在具有深厚理性主义和宗教改革传统的德国思想界产生了共鸣。也正是在这一时期,德语"教化"(Bildung)观念逐渐褪去神学色彩和神秘主义色调,泛化为具有普遍性的人文理念并最终超越"启蒙",成为德国新古典主义文学、美学、哲学和教育学理论的核心观念之一,这也是值得深思之处。但沙夫茨伯里以情感和教化之辨析为基础的道德哲学及其审美话语,其价值并非只存在于观念史上。面对现代性对人性和社会的分裂,他笔下的"道德主义者"认为人性和自然本身具有活生生的神圣秩序,这是在活的"内在形式"不断展开的基础上显现的真善美合一的自然秩序,这给人类共同体的价值观提供了有力的辩护。在人类伦理生活世界被后现代主义和解构主义日渐分离的今天,沙夫茨伯里对自然、教化和情感

①　1711 年出版的《人、风俗、意见与时代之特征》第一版体现了沙夫茨伯里对道德哲学和美学的思考建构历程及其理路:写于 1699 年的《对美德或德性的探究》(An Inquiry Concerning Virtue or Merit),探讨了人类美德或德性的基础乃是情感,并阐释了德性与美的关系;1708 年的《论激情》(A Letter Concerning Enthusiasm)主要是给激情正名,并批评当时的宗教狂热和迷信;1709 年的《共通感:论机智和幽默之自由》(Sensus Communis, An Essay on the Freedom of Wit and Humor)讨论了何谓共通感、道德感以及与机智、幽默的关系;1709 年的《道德主义者们:一曲哲学狂想曲》(The Moralists, A Philosophical Rhapsody)奠定了美德的宇宙论基础,展示了何谓道德的美;1710 年的《独白或给一位作家的建议》(Soliloquy, or Advice to an Author)则阐述了个体认同、如何认识自己和进行自我教化的问题。

②　[英]沙夫茨伯里:《人、风俗、意见与时代之特征》,李斯译,武汉大学出版社 2010 年版,序言第 2 页。

的思考恰恰展现出近代道德哲学的本源之一。这也促使我们思考和探索，如何给人类的道德和伦理提供一种新的自然法解释？如何克服理性道德学空洞的形式主义？如何建构一种人类共同体的价值观？对沙夫茨伯里道德哲学和审美话语的反思，为此提供了一条古老而又有新意的路径。

第一节　自然和教化

沙夫茨伯里的情感和教化思辨之核心乃是其具有新柏拉图主义色彩的"内在形式"说。他认为自然存在着一种"赋形的形式"（forming form），并将这种创造性的"构形力"或赋形力量（forming power）称为"内在形式"。沙夫茨伯里"内在形式"说里最富有创造力的源泉，是用以统一精神、身体和赋形形式的内在力量，以及在一切活跃的受造物种中可寻找到的运动的内在核心。这一生命原则反映了"超乎一切形式的形式"，它也是活生生的世界灵魂（the mind of the world）。在此，具有神圣秩序且由内在形式不断展开的自然本身即为完满，神向我们具体显现为自然。它是神性的化身和一切完美、完善的源泉，赋予人以善、美德和理性，即真、善、美的统一。体现善好的自然，是人性教养和人类秩序的起因，也是个体人格能够成形的可靠根基。沙夫茨伯里将自然定义为创造性和伦理性的，并在规范性上做出提升，以此来拒绝笛卡尔式的严格智性主义。在沙夫茨伯里所描述的生机勃勃的世界的一切领域，从塑形力量之内在核心的理念中生长出自由与必然的结合，不断流溢出具有自身独特形式的新财富。正是基于内在形式这一"活的自然"观，沙夫茨伯里将有机论和目的论发展到人类精神社会领域，认为道德感、美感等情感能力也是自然的，并受到宇宙"生命原则"的支配。

从源头来看，沙夫茨伯里从内在形式出发，进而对人类个体"内在教化"的构想，部分来源于新柏拉图主义的传统思考。柏拉图将对可塑质料的手工造型构想，转化为按照神之"范型"（paradeigmata）来生成人之灵魂，即"铸造自我"（heauton plattein）的教化过程①。这一转化的中间过程，近似于古希腊摔跤训练

---

① Platon，*Politik* II，377 C；*Republic*，500d6，540b1，592b3；*Phaedrus*，252d7.

学校中的教师通过训练和形塑,使身体获得特定的体形。柏拉图以此谈及青年灵魂的"可塑性"(Bildsamkeit，plasticity),即 euplaston①。在新柏拉图主义者普罗提诺那里,"我"的新概念即 ho egó 出现了,单个灵魂从"内在"出发获得其生命的形而上学深度,"成形"(Formung)的思想被内化了。对美的热爱体现为"理智的迷狂",美德应是"精神性的美"。在某种程度上,这也有些近似于中国古代传统里的"践形"一说。也就是说,灵魂按照"内在的形式法则"来形成内在的"美"和"形态"并且外在闪耀,"充实之谓美,充实而有光辉之谓大":

> 请返回到你自己和观察自己,假如你自己还不能被看作是美的,那就像个雕塑家那样做:就像他凿一个雕像,你也凿去自身所有多余的东西,时而打磨这儿,时而清洗那儿,……简言之,不要停下,在你的雕刻品上工作,直到神性的美德光辉照耀着你。②

普罗提诺将修身践形的整个过程描述为"奥德赛",通过这个过程,个体必须"刻除不洁",直到灵魂成为神这个最高艺术家的"作品",或者通过"自我认知"(gnothi seauton)而获得真正的美德。在德国神秘主义传统里,bilden 本指上帝以自己的形象造人。而在 17 世纪,爱克哈特大师将普罗提诺的太一流溢说与再融合说的元素融入其中,认为世界灵魂从造物主流溢而出显现于万物,但在接触材质的过程里被玷污,因此必须通过内省(introspection)来净化个体灵魂,使其可能与造物主重新融合。他也运用与普罗提诺相似的隐喻来描绘"内在的"或者高贵的人的外在显现,这让我们想起《老子》第二十一章:"道之为物,惟恍惟惚。恍兮惚兮,其中有象":

> 就像是一位艺术家以木或石造像:他不是将形象带入木中,他仅仅不断切去木片,这些木片隐藏着此形象并掩盖着它,他不是给予此木(形象),他行动,刨掘过厚的,切除多余的,然后最终隐藏其下的形象闪亮起来。③

---

① Platon, *Politik*, II, 377 B.

② Plotin, *Enneaden* I, vi, 8; 9.

③ Eckehart, *Meister Eckeharts Schriften und Predigten*, II, Jena, 1921, S.92.

这种宗教性的内省被称为"成形"（bilden），它往往与教诲、学习和构思等个体活动领域相联系，并具有有机的审美内涵。与之不同的是，沙夫茨伯里重新构造了具有新柏拉图主义思想根基的"内在形式"理念，并在《人、风俗、意见与时代之特征》里将这种当时具有神秘主义宗教色彩的"成形"转化为世俗化的审美和道德活动。可以说，人类学与神学在这种教化观上的结合，造就了他独特的人本主义。神是一切人类完美的原型和源泉，这为道德价值的绝对性奠定了基础，人类的完善取决于神："很难发现一个人是全然邪恶的，正如很难发现一个人是全然善的。因为只要哪个地方还有任何一丁点善的情感，就一定还有某种善或美德存在。"①在沙夫茨伯里这里，对个体的教化即是致力于使人性自然达到神性，通过践形而使"神性的美德光辉照耀着你"。人类要在"内在形式"不断展开的过程中，自由地运用自然赋予的天资来完善自身，使自己成为具有道德感和审美力的绅士，并最终安于个体在自然神圣秩序里的合适位置：

> 一个被造物必须使其所有爱好与情感、心灵与脾性的气质都适合于或符合于他的类或者他所从属于其中或构成其中一个部分的系统的善。不仅在涉及自身方面，并且在涉及社会与公众的方面都拥有良好的性情及正当和全备的情感，才能是正直和诚实的，也就是有德性的。②

也就是说，在沙夫茨伯里以内在形式为根基的有机的道德哲学里，人类学和神学是相通的，强调内在化的人类个体与注重社会化的人类共同体亦在理念上是相通的。作为创造性力量的内在形式，不是柏拉图式的静观理型，亦非纯然的客观形式。它活生生地发展着，既显现于个体也显现于人类共同体，并最终展现为整个宇宙的和谐秩序。宇宙是不断变化的艺术作品，造物主正是以美的形式显现。"神性本身肯定是美好的，也是所有美好事物中最明亮耀眼的，尽管它不一定有美好的身体，可是，一切美好的身体却都由它而来。那不是一片美丽的平原，但平原却因为它而显得美好。河流之美、大海之美、天空之美，以及星座之

---

① ［英］沙夫茨伯里：《人、风俗、意见与时代之特征》，李斯译，武汉大学出版社 2010 年版，第 159—160 页。

② ［英］沙夫茨伯里：《人、风俗、意见与时代之特征》，李斯译，武汉大学出版社 2010 年版，第 180 页。

美,一切都由此而来,就如同来自一个永恒和不朽的来源。由于现存的事物分享了它,这些事物就是美好的,就是繁盛与令人快乐的。假如没有了这一点,那些事物就会是丑陋的,就会消失,就会不见踪影。"①

这里展现出的宗教情感是平静、理性而带有美感的,而非当时现实状况里盛行的阴沉忧郁、狂热迷信或偏激的宗教殉道精神。沙夫茨伯里对此指出,"德行最残忍的大敌,竟然就是宗教本身"②,因为它"教导人们怀有对那种恶的热爱和赞扬,并要人们认为本性可憎和令人嫌恶的东西是善的和适宜的"③。由此,道德艺术家必须通过审美教育来承担起启蒙人性的责任,使个体从内在精神上形成和谐的社会关系。个体凭借情感主动地感知道德,并将道德体现在现实的行为中。在这里,情感内在地导向美并传达最高的道德法则,而非直接导向认知与利益。这样一来,艺术和审美所具有的教化作用就被凸显了,它成为净化社会情感的实践,艺术学也成为道德学④。艺术家应有"内在的节拍感"即内在形式展开的秩序感,也拥有社会美德方面的知识和实践即道德美。由此,沙夫茨伯里不仅改变了艺术在当时英国社会文化里的颓势位置⑤,而且还将其从道德哲学和美学的高度提升为人类教化活动的核心。

此后,在莱布尼茨、斯帕尔丁(J. J. Spalding)和厄廷格尔(Ch. Oetinger)等人的评介和翻译下,沙夫茨伯里的内在形式说及其道德哲学,对激发德国教化观念从中世纪神秘主义向现代审美、教育维度的转化也发挥了作用⑥。例如莱布尼茨认同自己与沙夫茨伯里之间的精神共鸣,认为人类的个体性如同扎根于神性的

---

① 〔英〕沙夫茨伯里:《人、风俗、意见与时代之特征》,李斯译,武汉大学出版社 2010 年版,第 301 页。
② 〔英〕沙夫茨伯里:《人、风俗、意见与时代之特征》,李斯译,武汉大学出版社 2010 年版,第 279 页。
③ 〔英〕沙夫茨伯里:《人、风俗、意见与时代之特征》,李斯译,武汉大学出版社 2010 年版,第 164 页。
④ 董志刚、张春燕:《审美化的政治话语:夏夫兹博里的美学解读》,《哲学动态》2010 年第 4 期。
⑤ 17 世纪英国社会盛行功利主义和清教主义,致使人们对文学艺术怀有偏见:"到 1600 年为止得到最高度发展的两种文学形式——戏剧和抒情诗,都出现了兴趣衰落的趋向,尽管偶尔也有短暂的繁盛期。……这种衰落曾被归诸于各种不同的来源,如清教主义、新哲学和科学,它们的一个共同之处就是具有日益增长的功利主义和现实主义。"例如霍布斯将文学诗歌"含糊不清的语词"斥为鬼火,洛克也反感将文学艺术植入儿童的教育。参〔美〕默顿:《十七世纪英格兰的科学、技术与社会》,范岱年等译,商务印书馆 2000 年版,第 46—47 页。
⑥ 这一学说在德国青年一代中产生深刻的影响,在 1750 年后对沙夫茨伯里著作的翻译和探讨在德国尤其成为热潮。O. F. Walzel, "Shaftesbury und das deutsche Geistesleben des 18. Jahrhunderts", in *Germanisch-Romanische Monatsschrift* 1, 1909.

生命基础里的根苗，"教化"是一种能动或推动性的精神，即有机物内部特种潜力的发展或展开。赫尔德指出不同民族既是普遍的、每个时刻又都是个体的，具有扎根于与上帝活生生关联之间的个体性，并将人类的教育规定为"达到人性的崇高教化"（Emporbildung zur Humanität）。歌德以自己明朗的理性和情感重新诠释个体的无限性，提出原始形式并发展了"内在形塑力"的设想。总体而言，沙夫茨伯里的道德哲学和审美话语对 18 世纪的德国精神艺术生活产生了重要影响①。

第二节　道　德　和　情　感

沙夫茨伯里的"形式"概念并不止于"活的自然"，即有机体领域，"赋形的形式"也是积极、主动的精神—灵魂的原则。借此洞察，他的哲学近乎成为个性（Persönlichkeit）哲学，表达出对个人主义原则最早的承认，也必然带入了他所谓如何培养"绅士"的理想和相应的"文雅哲学"②的问题，而审美活动、情感陶冶和伦理生活在其中尤其占有重要地位。沙夫茨伯里指出："所谓'有风尚的绅士'，我理解，就是指，或者具备天然的良好才具，或者具备良好教育所教授的能力，能知道什么是文雅的和得体的。有些是单纯来自天赋，另一些则出自艺术和实践。"③"完美的人"正是全面和谐发展的人，德育和美育被看作是塑造完美人格的理想手段。在《德性或美德的探究》中，沙夫茨伯里将古希腊的教化理念，即"至善至美"（καλοκἀγαθία，ἀυήρ καλὸς καὶ ἀγαθός）观念与文艺复兴的"艺术巧匠"（virtuoso）或"全才"（uomo universale）、"绅士"（gentleman）理念联系起来④。拉丁语和意大利语中的 uomo universale、homo universalis，又称为"文艺复兴人"

① Chr. F. Weiser, *Shaftesbury und das deutsche Geistesleben*, Leipzig：Teubner，1916，S. 554 - 559.

② 克莱因将沙夫茨伯里的哲学称为"文雅哲学"（the philosophy of politeness），参 Lawrence E. Klein，*Shaftesbury and the culture of politeness: moral discourse and cultural politics in early eighteenth-century England*，Cambridge：Cambridge University Press，1994.

③ Shaftesbury, *Characteristics of Men*，*Manners*，*Opinions*，*Times*，London：Cambridge University Press，1999，p. 62.

④ W. Grosse，"*Kalokagathia*"，J. Ritter und K. Gründner（hg.）：*Historisches Wörterbuch der Philosophie*，Basel：Schwabe，Bd. 4，1976，S. 681 - 684.

(Renaissance man),意为"通才""普遍的人",这是一种古老的希腊—罗马的人的教化理想在文艺复兴时期的体现。这个词语之所以产生,是因为在文艺复兴时涌现出不少这样的人,巴迪斯蒂·阿伯拉蒂(L. B. Alberti)和列奥纳多·达·芬奇就是其中的佼佼者。

面对着中世纪经院哲学教育的衰落,文艺复兴时期的人文主义教育主要包括文法、修辞、历史、诗歌和道德哲学等,认为古典精神为人类提供了透彻的道德指导和人类行为的理解方式。这种教育的目的在于形成一种"普遍的人":他拥有完善的心灵和品格,卓越的智力和体力皆备,从而在预想的任何情形下都能在共同体内正直地发挥个体作用;他就像哲学家一样,在生活的一切问题上,特别是在艺术和科学方面都显示其高雅的品位(polite taste),而不会被偏见所束缚①。"所有高雅都源于自由",乃是个体的内在形式合尺度地展开为内在的德性和外在的德行。人不仅在加工和改变着外在事物,同时也在建构和形成着自身,并使自己的生命转化为体现美德的艺术作品:"一个很好教养的(thorow Good-breeding)人,是不可能做出粗鲁的行为的。"(*Sensus Communis*,Part. IV,Sect.1.)在这里,高雅显现为审美性的思想、实践知识和道德的自由艺术,并柔化了个体内在感性愉悦与外在伦理法律的冲突。

这些在美学、伦理学上新兴的"通才""绅士"的教化理念,暗示了知识价值和心会价值(Beherzigung)的联系,后者尤其对人类希求至善至美的生活做出贡献。"至善至美"的理念存在于道德完善的绅士身上,表现在人类个体对"公正、慷慨、感激"等的喜爱和"怜悯、仁慈"的共振情感中。在此,默识的维度也被看作是富有价值的,并从根本上给"内在之美"或"内在形式"的概念打下烙印。沙夫茨伯里的这种修身、培养出绅士的美学和伦理学,就像苏格兰启蒙运动奠基人哈奇森一样,都是以对世界与人之间关系的洞察为基础的,这种洞察从自身来说也有着教育学的烙印,亦即都建立在对美学和美的教育作用的观察上。从古希腊、罗马

---

① Shaftesbury, "An Inquiry Concerning Virtue or Merit", *Characteristics of Men*, *Manners*, *Opinions*, *Times*, *etc.*, London: Grant Richards, 1900, Vol.1, p. 252. 此前,西班牙耶稣会士巴尔塔沙·格拉西安(B. Gracián)已经系统阐述教化和品位的内在关联,沙夫茨伯里也可能受其触动。参 W. H. Schrader, *Ethik und Anthropologie in der englischen Aufklärung. Der Wandel der moral-sense-Theorie von Shaftesbury bis Hume*, Hamburg: F. Meiner, 1984, S. 32 f.

时代以来，"美"就被强调是内在地与"真""善"相联系的，柏拉图主义和新柏拉图主义也蕴涵着美学教化和教育的思想。"美"不能取代善，但是可以启示和象征善。美学被相信具有这种力量，可以抵抗住习俗的野蛮化，而在当时的英国，习俗已经被如此撕裂了。沙夫茨伯里在《独语，或对作家的忠告》(*Soliloquy or Advice to an Author*，1710)里，通过一种对"滑稽可笑的性情"的嘲讽来刻画出英国人的特征，这种特征也在艺术之中，尤其是在戏剧之中得以展示。

在法国启蒙思想先驱如笛卡尔哲学中的认识主体，是"普遍的"主体和"自然法"所谓的"抽象人"。这种主体被机械因果法则所束缚，其疆域也从自然科学向精神科学进一步推进。与此不同，英国经验主义受到新柏拉图主义潜流的持续滋润。在此熏陶下，沙夫茨伯里从"内在形式"为根基的活的自然观出发，以目的论来保证道德的有机普遍性，以情感来肯定个体内在的独立自由。在他之前，没有人将自然情感作为伦理学体系的基点，或将伦理学的焦点明确地从理性转移到情感冲动上。《人、风俗、意见与时代之特征》一书因此成为英国伦理学史的转折点，即从对抽象理性原则的思考深入心理体验根基的研究。当时，沙夫茨伯里尤其引起争议的是他围绕着"激情"(enthusiasm)并为其正名的论述。该词在 16 世纪晚期从希腊语和拉丁语进入英语，从宗教性的狂喜、出神和圣灵充满的初指，很快成为一个高度贬抑、"黑暗而模糊的词语"[约翰·维斯勒(John Wesley)语]，认为它是既祛除了理性又祛除了启示的疯狂和狂热。然而，沙夫茨伯里将"激情"作为自己道德哲学的核心，这显示了他理论的革新性和面临的困难。他试图回到该词作为神性灵感的古典涵义，还指出恰恰是激情显示了人类参与世界不可避免的情感性，激情是创造性的情感和决定性的核心人类体验。它是一切审美创造性的源泉，是一切道德的基础，也是一切宗教启示及其核心的冲动。道德哲学在此成为美德宗教，显现为"理智的迷狂"(reasonable enthusiasm)。在沙夫茨伯里之后，借虔敬主义的内在化和情感化转向，"激情"也成为影响德国启蒙反思进程的复杂而多面的概念之一[1]。

在沙夫茨伯里看来，真正的哲学是自我反思，而真正的自我知识则来自对迷

---

① Jr. Ernest Boyer, "Schleiermacher, Shaftesbury, and the German Enlightenment", in *The Harvard Theological Review*, Vol. 96, No. 2 (Apr., 2003), pp. 185–188.

狂和激情的研究。因为"我"即"我的激情","特征"正是这些激情的外在显现。"这些激情,它们在我身上具有支配性,在比例上不同于另一个人,它们影响着我的特征,并使我自身和他人不同。"[①]如同内在的生命目的,我的激情指向我所要的快乐[②],而我的愉悦则是我之所是。它使主体知晓众多激情的指向并将其带入和谐状态,每时每刻"保留我的观点、喜好和尊重同样的东西"[③]。沙夫茨伯里问道,"你思考过人的思想结构,灵魂的构成,它的激情与情感的联系以及全部结构吗?只有这样才能相应地了解各个部分的秩序与对称情况,明白它如何或者有所改善,或者会遭受痛苦,假如它在原有的状态下得到自然的保护,那它会有何等的力量,而当人心败坏、遭受滥用的时候,又会导致哪些后果。……只有这一点得到仔细审查和理解,我们才能判断德行的力量或恶行的坏处,或者说这两种会以哪一种方式达致我们的幸福或招致灾祸"[④]。在这种反思中,我们"校正管理我们的想象、激情和幽默,使我们充分理解自身"[⑤],由此才能建构连贯和谐的自我人格特征。

沙夫茨伯里在此探讨伦理结构的心理基础,并区分了三种不同的情感冲动:"自然情感"是体现为情爱、自足、善良和怜悯同类的情感;"自我情感"或"自我激情"包含对生命的爱恋,对伤害的愤怒、兴趣,对闲散、赞扬或舒适的喜好;"非自然情感"则指除愤怒外一切含有恶意的冲动,也包括由于迷信、野蛮的习惯或堕落的欲望,甚至包括过量或不同程度上畸形的自我情欲。在这里,"自然情感"才是个人幸福的源泉,精神上的愉悦、仁慈情感的施行使人感受到本身并与他人幸福共鸣的快乐,这是基于别人的热爱和尊敬而产生的快乐。"不遗余力地获得这种自然和善良的情感,就是在获取自我愉悦的主要手段和根本动力;它们的缺

①　Shaftesbury, *Characteristics of Men, Manners, Opinions, Times*, London: Cambridge University Press, 1999, p. 132.

②　Shaftesbury, *Characteristics of Men, Manners, Opinions, Times*, London: Cambridge University Press, 1999, p. 132.

③　Shaftesbury, *Characteristics of Men, Manners, Opinions, Times*, London: Cambridge University Press, 1999, p. 134.

④　[英]沙夫茨伯里:《人、风俗、意见与时代之特征》,李斯译,武汉大学出版社2010年版,第300页。

⑤　Shaftesbury, *Characteristics of Men, Manners, Opinions, Times*, London: Cambridge University Press, 1999, p. 127.

乏,则是一种不幸和邪恶。"①而"自我情感"则需要保持在一定的限度内,才有利于个人之善,并进一步有利于公众利益或公众之善。自我情感处于良好平衡状态的人,本身就意味着应当全然地排斥"非自然情感",后者无益于公众之善,也无益于自我之善:"具有这种令人厌恶的、可怕的非自然情感将是最大的痛苦。"②

通过这种透彻而又明晰的经验分析,沙夫茨伯里指出自然欲望中无私和自爱的因素,并展示了人类社会情感的自然性。当情感的冲动和意向处于适度、平衡并促进群体之善时,才能成为善,这证实社会情感和经反思的自爱是可能达成完美和谐的。"道德建筑,这个内在的构造经过了如此的调节,其整体得到如此完善的建造,哪怕单独一点激情表现过当一丁点,或者持续的时间稍长一丁点,也能够造成不可扭转的毁灭与痛苦。"③这里重要的乃是尺度,即基于共通感而形成的分寸感。以此方式,共通感成为沙夫茨伯里伦理学和美学的必要组成部分。在虔敬主义和苏格兰常识学派那里,共通感学说显示出对抽象形而上学的公开攻击,它仍保留了其本来的批判功能,在日常感觉的原始而自然的判断基础上构造它的新体系。智性与想象力、情操与判断力相互联系,共通感在此隐藏着道德的也是形而上学的根基。它是精神性、社会性的而非个别的、自然的感觉,也可称为"健全感""社会感"。日常感觉即"常识"有助于指导日常生活,道德的和审美的判断并不服从理性,而推理能力的把捉、执定却可能使我们误入歧途。伽达默尔就此指出,共通感不是赋予一切人天赋人权的素质,而是社会品性,或者如沙夫茨伯里所说的比理性的头脑品性更丰富的心灵品性,后者有着情感的"感动"④。

沙夫茨伯里因此认为构成人类社会的纽带恰恰是超越性的情感,而非洛克所指的财产和权利。对善和美的判断都需要情感,正如人在审美上直观到事物形式的和谐比例,借助特殊的直觉人也可以直观到普遍道德。就像《德性或美德的探究》里所解释的那样,"道德感"显示为"正确或错误的感知"⑤,并指向这种天

---

① [英]西季威克:《沙夫茨伯里的伦理思想》,薛燕译,《世界哲学》1986年第5期。

② [英]西季威克:《沙夫茨伯里的伦理思想》,薛燕译,《世界哲学》1986年第5期,第76页。

③ [英]沙夫茨伯里:《人、风俗、意见与时代之特征》,李斯译,武汉大学出版社2010年版,第211页。

④ [德]伽达默尔:《诠释学 I：真理与方法》,洪汉鼎译,商务印书馆2007年版,第41—42页。

⑤ 该词最早出现在1709年出版的《道德家们》一文,而后来写作的《德性或美德的探究》则对其做了详细的阐释。Shaftesbury, *Characteristics of Men*, *Manners*, *Opinions*, *Times*, Indianapolis: Liberty Fund, 2001, Vol.2, p. 41, p. 235.

资的总体,它使我们有能力相互协调、感知及认知道德的"正确",并将其与"错误"相区分。对道德对象所产生的正当与不正当感,其实乃是源自内在形式力量的"自然情感",是每个个体"源自纯粹本性的东西"。他在这里也意识到,道德意识和由此而来的洞见,即某种确定的特性、行为有益或有害于"公共福利",这不仅取决于情感,也取决于类似于审美判断力的理性能力。所谓健全的道德情感,是指既有趋向于公共利益的"情感",又同时具备正确地分辨、评判这些情感的"能力"。沙夫茨伯里也将"道德感"描述为有益于公共福利的行动的脉冲传感器,而"偏见"以及"不自然的"宗教劝服则要对道德感和道德意志的歪曲承担不少责任①。道德判断由此也是自我反思,"心智与理性是人的尊严及最高的利益所在"②。

　　沙夫茨伯里认为,道德善也是美的最高体现。审美化的道德既可以保证道德本身的绝对性和普遍性,又不像纯粹理性的法律那样是强制性的。这种道德感正是他在新柏拉图主义的基础上加以发展的,这样一来就使伦理学也美学化了。"德行之美就会看上去成为终极和最崇高的美,就如同我们已经显明的一样,那是一切善与可爱事物的起源。"③由此,"审美"的对象不是自然界或艺术品,而是作为道德对象的人的行为及其动机。此后,哈奇森《对美和美德观念之起源的探寻》(*Inquiry into the Original of Our Ideas of Beauty and Virtue*,1725)以及伯克《对崇高和美的观念之根源的哲学探寻》(*A Philosophical Enquiry into the Origin of Our Ideas of the Sublime and Beautiful*,1757),都对此做了更进一步的探索,并将其发展为我们目前所拥有的道德哲学中最详尽的体系之一④。哈奇森这样阐释沙夫茨伯里的道德感理念,"外在感觉所发现的最精确的知识常常不能带来美或和谐的快感;我们恰恰可以为这些更高的、并且更愉悦的美与和谐的知觉起另一个名字,将接受这种印象的能力称作一种内在感(internal sense)"⑤。此外,休谟和亚当·斯密也与沙夫茨伯里渊源甚深,他们

　　① Shaftesbury, "An Inquiry Concerning Virtue or Merit", in Shaftesbury: *Characteristics of Men, Manners, Opinions, Times, etc.*, London: Grant Richards, 1900, Vol. 1, pp. 258 - 261.

　　② [英]沙夫茨伯里:《人、风俗、意见与时代之特征》,李斯译,武汉大学出版社 2010 年版,第 362 页。

　　③ [英]沙夫茨伯里:《人、风俗、意见与时代之特征》,李斯译,武汉大学出版社 2010 年版,第 301 页。

　　④ J. Sprute, "Moral Sense bei Shaftesbury und Hutcheson", *Kant-Studien* 71, 1980, S. 221 - 237.

　　⑤ F. Hutcheson, *An Inquiry into the Original of Our Ideas of Beauty and Virtue in Two Treatises*, Indianapolis: Liberty Fund Inc., 2004, p. 24

的道德学说往往强调道德体验的情感因素，而非像康德那样提出抽象理性的社会义务原则。

<h2 style="text-align:center">第三节　审 美 和 秩 序</h2>

道德的美也与自然秩序有着内在关联。"活的自然"激发了人类先天的美感，使和谐秩序在内在形式逐渐展开的过程里成形于心灵之中。"美"从不存在于物质中，而是存在于形式、赋形的力量以及理念之中。我们所看到的"美"和"真"乃是绝对的"美"和"真"的影子，它们都在所有美与善的源头和源泉里汲取力量，完全可以回溯到神性灵魂之源初的深处。所有的特殊"形式"虽然受统于普遍单一的原则，自身却仍然拥有其内在的天赋。这些形式的内在力量，仅仅通过行动和生命才能表现出来，并同时展现出它们独特的美。宇宙是生气蓬勃的统一有机体，它由富于创造性的"生命原则"即内在形式贯通其中，各部分精巧复杂而又和谐一致。整个自然都是"神的艺术作品"，使之拥有音乐般的和谐与建筑般的平衡。由此，沙夫茨伯里以新柏拉图主义的和谐圆满形而上学为根基，运用他的热情和审美感受力构想出作为整体的宇宙生命图景，这也有利于新时期历史主义的产生①。这一近乎审美式的宇宙，无论宏大还是微小的一切事物都指向相互关联、统一与整体，所有部分之间具有鲜活联系与同情共感，又将彼此带向一个共同、和谐与至善至美的内在目的。

在沙夫茨伯里看来，世界是被美铸造的，所谓"风景"正是自然与文化相和解的象征，它看上去原始自然却被不可见的手所造形。"田野一片翠绿，远景无限美好，天际宛若镀金，晴空放出紫光，一轮落日之下，自然美景丰富无比。"②他这

---

①　梅尼克在《历史主义的兴起》里指出，莱布尼茨(1646—1716 年)、沙夫茨伯里(1671—1713 年)和维科(1668—1744 年)彼此独立而分别地从特殊的个体性前提和环境中创造出相似的思想种子，西方文化的内在统一性也由此显示出来。沙夫茨伯里和维科可能在那不勒斯接触过；较年长的莱布尼茨和年轻的沙夫茨伯里则有过思想交流。莱布尼茨阅读了 1709 年面世的《道德主义者们》，从中欣喜若狂地发现了自己在 1710 年出版的《神正论》的几乎所有观点，二者的思想传播在七年战争之后共同促生了德意志运动。参[德]梅尼克：《历史主义的兴起》，陆月宏译，译林出版社 2009 年版，第 5 页。

②　[德]梅尼克：《历史主义的兴起》，陆月宏译，译林出版社 2009 年版，第 242 页。

样谈"世界之美","它是这样地建立于对立面之上,由这些丰富多样和相互矛盾的原则却生长出一个包罗万象的和谐"①。这种美,显然具有一种斯多亚式混杂而生机勃勃的色彩②。"快乐与痛苦、美与丑、善与恶……在哪里都是彼此纠缠,难分彼此的。……花朵与大地很奇怪地连成一体,看上去不符合规则,带有彼此矛盾的颜色,看上去图案失常,但总起来看还是自然天成,浑然一体。"③在这一宇宙中,喜悦与痛苦、美与丑在我之前显现出来。它们在一切自然、社会领域里相互交织,犹如一张用不规范手工编制的五色斑驳的地毯,却仍然呈现出一种总体上的美丽效果。宇宙的美丽完全以矛盾为根据,普遍的和谐来自多样性与矛盾性的法则。"只有从较低级的发展到较高级的事物的秩序中,我们才赞美这个世界的美好,因为它基于相互矛盾的事物上。就在这样相互区别和彼此矛盾的原则上,一种普遍的和谐才得以建立。……因此,地球上的种种形状构成的多重秩序中,就需要有一种顺从,一种牺牲和不同本质之间相互的妥协。"④这种对立和矛盾不仅存在于事物彼此之间,也存在于它们自身之中。正是因为这种对立和矛盾,万事万物才呈现为美与善的,最终所有一切事物无论大小都"隆起"为宇宙和谐圆满的整体。

此宇宙的统一性和多重性处于圆满和谐之中,而又环环相扣地构造起来,是一个令人狂喜出神的宇宙。个体作为小宇宙,与大宇宙息息相关、同声相应、同气相求,这近似于天人合一、万物相通的境界。对沙夫茨伯里来说,一种无法观入无限的精神将不能完美地进行观照,尽管对他而言将会呈现诸多不完善的事物,但这些事物就其本身而言确确实实是完美无缺的。在这种审美性的历史观照下,整个自然呈现为拥有严密秩序的体系,万事万物联结为整体,每一物种及其个体都在整体中拥有恰当的位置。它如同坚实的金字塔结构:个体构成物种,这个物种又从属于更大的物种,层层上升到至高整体,这个整体就是每种生

---

① Shaftesbury, *Moralisten*, in *Standard Edition*, Band II/3, Stuttgart: frommann-holzboog, 1998, S. 186.

② 沙夫茨伯里与斯多亚主义哲学宇宙观的相似处也引起学者的注意,因为斯多亚派恰恰持有以种子为范例的动态有机体自然观。参 E. A. Tiffany, "Shaftesbury as Stoic", *Publications of the Modern Language Association*, 1923, Vol. 38, pp. 642-684.

③ [英]沙夫茨伯里:《人、风俗、意见与时代之特征》,李斯译,武汉大学出版社 2010 年版,第 246 页。

④ [英]沙夫茨伯里:《人、风俗、意见与时代之特征》,李斯译,武汉大学出版社 2010 年版,第 254 页。

命的终极目的："存在着一种所有生命构成的系统，即生命的秩序或组织，基于这种秩序或组织，生命的活动才得以协调和安排。"①在这一根基上，人类社会也是有机的整体，每个看似孤立的个体，实际上正是置身于整体之中并为了整体的目的而生存，即使个体并没有意识到这个目的。

在中世纪基督教神秘主义传统里，库萨的尼古拉将这种渴求理解为追求"一"、追求整体。而新柏拉图主义者菲奇诺则认为，潜在的无序自由可以通过洞悉神圣的秩序来约束自身："心灵必须以大得多的程度被导向某个有秩序的目标，在其中，心灵根据其最真诚的渴求而得到完善。正如[人的]生活的单一部分，即思考、选择和能力，都指向单一目标（因为其中任何一个都朝向其自身的目标，就好像朝向它自身的善），所以[人的]整个生活也以类似的方式朝向普遍的目标和善。那么，既然任何东西的各个部分都服务于整体，各个部分彼此之间的固有秩序就从属于它们相对于整体的秩序。进而可知，它们关于特定目标的秩序取决于整体的某种共同秩序，这种秩序特别有助于整体的共同目标。"②沙夫茨伯里也从这种古老的新柏拉图主义传统出发，认为"一切不过是神性：一切都是一，一切都归集于它自身之内，它在更为简单和更为完美的状态下生存"③。整个世界存在着终极目的，最高的精神支配着自然和人类全体的生活。他仰望着宇宙整体及其斑驳杂陈的内容，探察自身和宇宙的各个角落，将一切形式和个体看作来自神之渊源的"流溢"，看作对神圣光源的反光和折射④，并洞察到所有部分之间的相互联系。这种联系使它们形成美好而又活生生运动着的巨大整体，这个整体同时又存在于这种超时间、自身超历史的思想之中。

总体来看，在当时波澜壮阔的欧洲思想史进程中，沙夫茨伯里独到的道德哲学和美学思想就如一束光，自身虽隐匿不可见，却照亮了远处的墙壁。面对着日

---

①　Shaftesbury, *Characteristics of Men*, *Manners*, *Opinions*, *Times*, London：Cambridge University Press，1999，p. 169.

②　M. Ficino, "Five Questions Concerning the Mind", E. Cassirer, P. O. Kristeller and J. H. Randall (eds.)：*The Renaissance Philosophy of Man*, Chicago：University of Chicago Press，1971，p. 197.

③　[英]沙夫茨伯里：《人、风俗、意见与时代之特征》，李斯译，武汉大学出版社 2010 年版，第 344 页。

④　这一审美的宇宙构想也在莱布尼茨处引起共鸣。《单子论》（*Monadologie*）第 56、57 节指出，每一个单子都是宇宙活生生的镜子，通过每一个单子不同的角度，都表现出独一宇宙景观的无数不同的图像。

常知觉的世界和科学知识的世界,人们愈来愈意识到有必要通过审美的自然进路来对抗人类世界日益加剧的机械化①。沙夫茨伯里对内在形式、道德感、审美力以及共通感的思考,给当时德国的精神思辨以及浪漫主义的进展都打下了深刻烙印。而情感与教化之关系,尤其是这一道德哲学和审美话语思辨的核心。而且今日主流道德理性主义的基本预设也在不断被认知心理学的进展所挑战,人类的"道德能力"不再仅仅被视为一种纯粹的理性能力,而恰恰是情感因素被认为在道德规范实践和规范遵循里具有首要性②。这种内隐自发、难以言明的技艺知识甚至是直觉而非事实知识,才是人类道德认知体系的关键③。尽管面对一系列现代道德哲学思辨的根本性问题,例如阐述道德判断的本质和工作机制、为人类道德行动提供辩护和解释、解决内在主义与外在主义之争……沙夫茨伯里的内在形式说及其道德哲学对此没有提供直接的解答,但对其理论的重新探察和反思却为我们提供了回归问题本源的路径。

---

① 1750 年鲍姆加登《美学》(*Aesthetica*)断言,除了逻辑真理还存在着审美真理;洪堡的巨著《宇宙》(*Kosmos*)指出,科学知识的进步正威胁我们面对自然时所体验到的自由乐趣;康德《判断力批判》对科学和审美的两种自然进路的区别做了界定,举例说海洋不能从地理学或气象学角度,而是"必须像诗人那样,完全按照目睹的样子去沉思它,平静时像是一面仅以天空为界的光亮水镜,不平静时则像一个要吞噬一切的深渊"。Kant, "Kritik der Urtheilskraft", *Kant's Gesammelte Schriften V*, Berlin: Georg Reimer, 1913, S. 270.

② M. C. Nussbaum, *Upheavals of Thought: The Intelligence of the Emotions*, Cambridge: Cambridge University Press, 2001.

③ J. Greene, "How (and Where) Does Moral Judgment Work?", *Trends in Cognitive Sciences* 6 (12), 2002, pp. 517 – 523.

第十六章　沙夫茨伯里对德国
教化观念的影响

　　英国美学家沙夫茨伯里继承了新柏拉图主义传统,发展出自己独特的"内在形式"说。在18世纪沙夫茨伯里著作的德译传播过程中,inward form被译为德语的Bildung(教化)。通过莱布尼茨、斯帕尔丁和厄廷格尔等人的评介和翻译,沙夫茨伯里的自然神论对18世纪德国的精神生活产生了深刻的影响,引起了德国思想界的大量探讨和辩论,推动了德国个体内在体验传统的发展,并对早期"教化"观念从神秘主义向现代审美和教育维度的转化发挥了作用。这激发和引导了德国教化观念早期思辨历史的部分流向,成为正从神秘主义向现代教育学和美学转向的教化观念的多样世俗化欧洲思想根基之一。然而,沙夫茨伯里的内在形式说与德语教化观念内在联系、相互转化这一比较独特、重要的思想史现象,在中文学界仍处在隐而未明的状态之中。沙夫茨伯里的"内在形式"说及其对德语教化观念的影响,恰恰揭示出后者所拥有的深厚、古老而又更新的道德哲学和美学根基,折射出对人性和自然本身秩序的渴求是人类恒久弥新的主题。厘清这一观念变迁的线索,有助于给教化思想之反思和深入研究提供新的视野。

第一节　"内在形式":从柏拉图到沙夫茨伯里

　　若追寻沙夫茨伯里"内在形式"说的来龙去脉,可以看到这一精神流脉如同一条纽带和链条,使我们追溯西方从古代到现代的整个柏拉图和新柏拉图主义化的思想道路:往前是柏拉图、普罗提诺、尼撒的格列高利、中世纪的爱克哈特大师和波墨,也经由 17 世纪后半叶英国剑桥学派(Cambridge Platonism)、沙夫茨伯里、莱布尼茨而通达歌德和兰克等。在沙夫茨伯里的时代,古老的自然法观念以及知识主义、理性主义在英国哲学中仍起着重要作用,而同样源远流长的柏拉图—新柏拉图主义则通过剑桥大学哲学流派①传承下来。虽然沙夫茨伯里有可能并未直接阅读过普罗提诺的著作,而是通过惠茨科特(B. Whichcote)接受了古老的新柏拉图主义②。但最早和较为系统地研究沙夫茨伯里与新柏拉图主义关系的卡西尔则认为,在风起云涌的启蒙时代,沙夫茨伯里"可能是 18 世纪唯一一个英国思想家,对他来说古典时代还具有当代现实的精神意义"③。

实际上,近代新柏拉图主义的复兴在剑桥学派之前就开始了,"内在形式"也始终是涌动在文艺复兴时期自然观和艺术观里的潜流④。这个概念与艺术的关系,首先来源于亚里士多德所指的"形式"对质料的提升;但在"活动的力及其目的"的内涵上,则与亚里士多德的"隐德来希"($\dot{\epsilon}\nu\tau\epsilon\lambda\dot{\epsilon}\chi\epsilon\iota\alpha$)和斯多亚派的"道的种子"($\lambda\acute{o}\gamma o s\ \sigma\pi\epsilon\rho\mu\alpha\tau\iota\kappa\acute{o}s$)观念有着较为紧密的联系。在普罗提诺那里,他用雕刻的隐喻区分出两种形式:雕刻家精神里的形式,即先于在质料里起作用的形式,是隐藏其内的"内在形式"($\tau\grave{o}\,\dot{\epsilon}\nu\delta o\nu\ \epsilon\hat{\iota}\delta o s$);岩石分有了内在形式才显现为"美",这是"体现出来的形式"。这两种形式彼此一致而自身为"一",但也有着本质的区别,即"内在形式"清晰而单纯地是"一"(即未被分有的),而"体现的形式"则与多样性密不可分。在此,"内在形式"是"体现形式"的前提,并使其有可能作为"美"而存在。我们将其判断为"美",因为我们在其身上注意到了一种"形式"将"多样性环闭地统合",并将"体现出来的形式"与"我们本已内在的真实原型"相联系,

---

① 1892 年,赫尔特岺(G. v. Hertling)才在著作中首次提及活跃于 1630—1680 年的"剑桥学派"(Schule von Cambridge),参见 G. v. Hertling, *John Locke und die Schule von Cambridge*, Freiburg, 1892.

② 据查,沙夫茨伯里的图书馆目录里没有普罗提诺的著作,参见 Dirk Grossklaus, *Natürliche Religion und aufgeklärte Gesellschaft: Shaftesburys Verhältnis zu den Cambridge Platonists*, Heidelberg: C. Winter, 2000, S. 167.

③ E. Cassirer, "Shaftesbury und die Renaissance des Platonismus in England", *Vorträge der Bibliothek Warburg 1931/32*, Berlin, Leipzig: Teubner, 1932, S.141.

④ T. Otabe, "Die Idee der 'inneren Form' und ihre Transformation", *Prolegomena*, 2009,8 (1): 5-21.

以此质料所"体现的形式"被净化而返回到"内在形式"①。这里存在着相应于本体论循环的两种形式间的循环：一切存在者因"太一"的"流溢"而形成，而这些流溢出的存在须再次"流返"回到"太一"。人类的审美活动就被置于这种"太一"的流溢和流返结构里，也因此获得形而上学的辩护。

　　这种新柏拉图主义的"内在形式"说在文艺复兴时期成为艺术理论的基础，艺术被视为可与神创世的活动相比拟②。在这一语境下，具有深厚新柏拉图主义渊源的"内在形式"说体现了更多的神秘主义色彩。而沙夫茨伯里活生生而世俗化的"内在形式"观念之所以能够形成，则借助了虔敬主义对情感生活的解放以及时代精神的内在化世界转向，这使新柏拉图主义在他的学说里像酵素一样也发挥了热情而生动的作用。像文艺复兴时期的布鲁诺那样，沙夫茨伯里要求对人类灵魂深处进行探察并汲取力量，认为人存在着一种内在的"赋形的形式"（forming form）。沙夫茨伯里将这种创造性的"构形力"或"赋形力量"（forming power）称为"内在形式"。它的展开乃是如同道之流溢和回返的过程，含纳着三重内在融合统一的形式："死的形式"即外在形态，"赋形的形式"即持续塑造个体的力量，"赋予能赋予形式的形式本身"即创造力之整体。沙夫茨伯里将仅由自然或人类以技艺构造起来，不能自主运作而缺乏精神纽带的造物显相王国看作"死的形式"。"它们本身不具备赋予形式的力量，没有行动，也没有理智"，如山川草木、雕像、宫殿、马车、房产、金属或者石头等，都是"可怜之物"。它们区别于能够内在持续产生作用并进行塑造的"赋形的形式"，因为后者"有理智，有行动，有创造……死的形式才有了自己的光彩和美的意义"。在此，无与伦比地高居于一切受造物之上乃是神性流变的创造力量，"不仅赋予我们通常所谓的简单形式，而且还赋予能赋予形式的形式本身"③。他就此将目光转向世界的内在，发展出自己独特的"内在构形"哲学，其根基正是永恒而本源的创造之力。

　　这一对内在形式的理解使他并不赞成传统的新柏拉图主义观点，后者将艺

────────────

　　① Plotin, *Plotins Schriften* (*1 – 6*), Hamburg: Felix Meiner, 1956 – 1971, 1；9；3：35.

　　② W. Kemp, "Disegno. Beiträge zur Geschichte des Begriffs zwischen 1547 und 1607", *Marburger Jahrbuch für Kunstwissenschaft*, Marburg, 1974, S. 219 – 240.

　　③ Shaftesbury, *Characteristics of Men*, *Manners*, *Opinions*, *Times*, London: Cambridge University Press, 1999, p.323.

术作品僵硬地区分为内在形式和外在形式,认为外在形式会因材料的抵抗而不可避免地堕落,因此偏向于前者。例如文艺复兴晚期的意大利画家祖卡里(F. Zuccari)将对应于精神的"内在形式"称为 disegno interno,而将对应于身体的"体现形式"称为 disegno esterno。艺术家们更尊崇未受材质玷污的内在形式即精神,这也体现在此后席勒对"无手的拉斐尔"(Raphael ohne Hände)的描述上。在这一方面,沙夫茨伯里与文艺复兴时期的主流观点产生了分歧。在沙夫茨伯里这里,内在形式观念被世俗化了。神圣的自然显现为涌动的内在形式之力量,赋予人以善、美德和理性,而这些又以情感能力的形式显现出来。世界呈现为有机联系的活生生整体,生命原则生气勃勃地贯穿其中。沙夫茨伯里以"内在形式"为根基的"活的自然"体现着美善价值和神圣秩序,神学与人类学正在这一点上结合起来。在沙夫茨伯里之后,"内在形式"概念明显更为流行化了,在歌德对"塑形力"(Bildungstrieb)和原始形式的阐述里能看到它的踪迹,洪堡的语言哲学则赋予其核心预设的精神意义。18 世纪后期,"内在形式"逐渐泛化为美学、艺术、文学科学和语言哲学的概念,但是对它的理解也明显多样化了①。

第二节 "内在教化":从莱布尼茨 到厄廷格尔

　　法国启蒙思想的先锋培尔(P. Bayle)和孔斯特(P. Coste),他们最早使沙夫茨伯里的思想在欧洲大陆得以传播而闻名。两人都与莱布尼茨有紧密的书信联系,并将《道德主义者们》(*The Moralists*)和《人、风俗、意见与时代之特征》(*Characteristics of Men*, *Manners*, *Opinions*, *Times*,以下简称《特征论》)引荐给他,从而使沙夫茨伯里被德语圈所认识。1720 年后,莱布尼茨以法文多次发表对沙夫茨伯里思想的评论,但他尚未使用德语的 Bildung 一词,而是将 formation

---

① 1897 年,米诺尔(Jakob Minor)最早结合 1783—1836 年的德语文献,较为系统地研究了"内在形式"观念。参见 Jakob Minor, "Die innere Form", *Euphorion*, Bd. 4, 1897, S. 205 – 215;卡西尔则探究了歌德的"内在形式"理念。参见 Ernst Cassirer, "Goethes Idee der inneren Form", ders., *Nachgelassene Manuskripte und Texte*, hrsg. von Klaus Christian Kähnke et al., Bd. 10, Hamburg 2006, S. 15 – 55.

转写为 humaniser 和 education。同时,沙夫茨伯里的《特征论》一书,自 1711 年以 3 卷本形式首次出版后被多次编辑,并从英语译为法语和德语,尤其自 1738 年以来,该书节译本在德国大量出版,1776—1779 年则出版了首个完整译本[①]。在沙夫茨伯里的德译传播进程里,厄廷格尔(Ch. Oetinger)、戈特舍德(J. Ch. Gottsched)和斯帕尔丁(J. J. Spalding)等虔敬主义神学家起了核心作用,他们将沙夫茨伯里著作推向更广阔的公众,并使其论题和理论在德语圈的讨论富有成果。1740—1790 年间,被卡西尔称为"德国真正的神学更新者"的埃本哈德(J. A. Eberhard)也从沙夫茨伯里处受益甚多,他与斯帕尔丁创造了很多德语新词,对浪漫主义神学家施莱尔马赫的影响至关重要。

在 1738 年和 1745 年该书的德文译本中,新教神学家厄廷格尔和斯帕尔丁在译名上进行了一些富有意义的探索:例如沙夫茨伯里的"内在形式"(inward form)被译成德语的"内在教化"(innere Bildung),"文雅性格的养成"(formation of a genteel character)被译为"教化、教养"(Bildung),"良好教养"(good breeding)译为"自我教化"(Selbstbildung),"赋形的形式"(forming forms)被译为"成形的形态"(bildende Gestalten)[②]。可以发现,这些德语词多少还是有些迟疑地初次出现在当时沙夫茨伯里文本的德语翻译中。因为直接对应 form 或 formation 的德文推导词乃是 Form、Formierung(塑形)或 Formation(成形),它们都有着拉丁词源的根基。而 forma 这个拉丁词从文艺复兴时期的亚里士多德主义以来,一直被以纯粹能动的自然方式加以解释,完全脱离了原来技术性的意义。尽管如此,在长时期的彼此竞争之中,"教化"对"形式"一词的胜利并非偶然。因为 Bildung 里包含 Bild(象):Bild 既可指 Nachbild(摹本),又可指 Vorbild(范本);而 Form 概念则不具有这种神秘莫测的双重关系[③]。

中古德语的 bildunge(即 Bildung 的早期形式)观念,归根究底可以说形成于基督教神秘主义"人神肖似性"学说的语境中。尽管这个词,因其神秘的"波墨

① H. Sperber, "Der Einfluß des Pietismus auf die Sprache des 18. Jh.", *Dtsch. Vjschr. Lit.-Wiss.*, 1930(8), S. 497–515.

② P. Ziertmann, "Beiträge zur Kenntnis Shaftesburys", *Archiv für Geschichte der Philosophie*, 1904 (17), S. 480–499.

③ [德] 伽达默尔:《真理与方法》,洪汉鼎译,商务印书馆 2007 年版,第 21 页。

式"自然主义思辨的负担而被虔敬主义所回避,但在宗教改革之后,面临16—17世纪时代精神之转折时,德国路德派神学家约翰·阿尔恩特(J. Arndt)仍将新柏拉图主义的"铸造自我"(heauton plattein)主题与爱克哈特的教化思想联系起来。他指出,"按照神的样子被构成",就是"更新的"人的"内在的渴求和冲动",必须"与基督成为一样的",并且使"人"由此变得更好,亦即变得更加完美和完善。灵魂就像一颗内蕴神的形式的种子,"形象""典范"和"精神性的事实"都必须被"印入","形象受孕诞生……内在的人从中成长起来,美德也被培植起来"。这样"在一个精神果实中"才能成长出"美而崭新的神的形象"①。阿尔恩特最终援引柏拉图的观点,认为人类的灵魂作为被造的形象、作为艺术作品,应该按照最高的艺术家即"神"的形象才能被构造而成。

　　与此不同,沙夫茨伯里重新构造了具有新柏拉图主义思想根基的"内在形式"理念,并在《特征论》里将这种当时具有神秘主义宗教色彩的"成形"观念转化为世俗化的审美和道德活动。神是善和美的最高源泉,神性的光辉显现于万事万物之中。人类个体作为小宇宙,也与大宇宙同声相应、同气相求而万物相通,因为审美感、道德感注定会使高尚的人类心灵同神性和谐震动,并指向最高的道德法则,即"自然的善"(natural goodness)。道德哲学在此成为美德宗教,这一哲学架构也必然带入了如何将个体培养成为"绅士"和相应的"文雅哲学"的问题,而审美活动、情感陶冶和伦理生活在其中尤其占有重要地位。他指出,"所谓'有风尚的绅士',我理解,就是指,或者具备天然的良好才具,或者具备良好教育所教授的能力,能知道什么是文雅的和得体的。有些是单纯来自天赋,另一些则出自艺术和实践"②。自我认知不仅是发展的目的,也是在完成个体的社会使命,即个体的内在形式展开的过程。而在沙夫茨伯里的世俗化宗教构想里,成形或教化理念的体现即是"文雅的绅士"。关键在于,通过践行而使"神性的美德光辉照耀着你",从个体的"外在形式"(outward form)恰恰可见其内在的灵魂状态,外在形式揭示了内在形式的发展以及个体教化的效果。沙夫茨伯里始终强调在共同体里个体锻炼的积极作用,"教化"正意味着个体在共同体里消极成形和积极

---

　　① J. Arndt, *Sechs Bücher vom wahren Christentum I*, Königsberg: J. H. Hartung, 1733, S.134.

　　② Shaftesbury, *Characteristics of Men, Manners, Opinions, Times*, London: Cambridge University Press, 1999, p. 62.

构形的连续过程。宇宙是不断变化的艺术作品,造物主正是以美的形式显现,道德艺术家必须通过审美教育来承担起启蒙人性的责任。

　　这一受到人文主义影响的世俗化"内在教化"理想,此后在赫尔德、维兰德(Ch. Wieland)、舒尔茨(J. Sulzer)、歌德、席勒和洪堡那里仍然发挥着作用。这里所体现的深厚人文精神,对席勒将审美观念由断片引向完整的思想有所启发,而将道德置于审美之上的设想则对康德影响很大。在莱辛《论人类的教育》(*Erziehung des Menschengschlechts*)里,"教化"被进一步阐释为达到人性的自我教育。德国的古典主义者如温克尔曼等则清晰地将教化观念与古希腊的"至善至美"(καλοκἀγαθία)理念融合起来,认为它指示着美丽体形、良好教养和道德的善的合一。从沙夫茨伯里开始的内在伦理化的教化活动与"美的灵魂"的想象相联系,一直向后世延伸到浪漫主义。也正是在这一时期,德国教化观念从爱克哈特和波墨的那种生僻的神秘主义概念,变成一个普遍化的时代流行词语,并逐步地哲学化、美学化和教育学化。但也正是在这里,神学家施莱尔马赫恰恰误解了沙夫茨伯里的意图,并给予他严厉的批评①。

第三节　"普遍的人":德国古典
教化观念的核心

　　沙夫茨伯里的思想在英国、法国和德国的传播情况各异。他在英国首先被视为哲学家和政治家,自然神论激起了以神学家S.巴特勒(S. Butler)为代表的很多人的异议和反对。在法国最先被翻译出版的是《论激情的信》(*Letter Concerning Enthusiasm*,1709)、《共通感》(*Sensus Communis*,1710)和《赫拉克拉斯的判断》(*Judgment of Hercules*,1712)。在1750年左右,沙夫茨伯里在英法的热度逐渐消退的时候,对其著作的译介和评论却在德国达到高潮,对狂飙突进运动、古典主义的美学思想以及启蒙思想都产生了影响,并且受到莱布尼茨、

---

① Schleiermacher, *Grundlinien einer Kritik der bisherigen Sittenlehre*, Berlin: Realschulbuchhandlung, 1803, S. 51ff.

哈曼、莱辛、维兰德、门德尔松和温克尔曼等人的赞扬。最早将沙夫茨伯里引荐给德语圈的莱布尼茨，认为《道德主义者们》是"最伟大的哲学的圣坛"，并指出德国思想界欣赏接受沙夫茨伯里的原因，是他对立于洛克并提供了一种经验地与形而上学传统相联系的哲学。沙夫茨伯里意识到人类灵魂与神之间的内在联系，并以此构造出新的历史认识工具。莱布尼茨认为自己的"神正论"与沙夫茨伯里的思想有很多近似之处，但在看待机智、嘲讽、真理、神和宗教的观念上仍有很多不同。赫尔德则甚至称沙夫茨伯里为"欧洲深爱的柏拉图"①。相比维柯的深邃，似乎显白的沙夫茨伯里在此时如同一束照亮远处墙壁的光线，对探索自我的德国思想界产生了强烈的吸引力。

当时，德国青年一代对沙夫茨伯里著作的翻译和探讨成为一股热潮。例如厄廷格尔节选编译沙夫茨伯里的《道德主义者们》和《共通感》，1753 年以《共通感的真理》(*Die Wahrheit des Sensus Communis*)为名结集出版；1755 年哈曼翻译出版沙夫茨伯里的《关于热情和共通感的信》(*Letter concerning Enthusiasm and Sensus Communis*，1708)一书；门德尔松节选了《共通感》一书以《机智和情绪之自由的尝试探讨》(*Versuch über die Freyheit des Witzes und der Laune*)为名出版；赫尔德在 1800 年从《道德主义者们》编译出版了《神：论斯宾诺莎体系的几次谈话》(*Gott. Einige Gespräche über Spinoza's System*)等②。沙夫茨伯里对内在形式、道德感、审美力以及共通感的思考，给德国 18 世纪的精神思辨以及浪漫主义的进展打下了深刻烙印。霍尔拉赫(R. Horlacher)因此特意提出这个问题并试图回答，为什么恰恰是沙夫茨伯里在当时的德国思想界获得了如此反响?③

在笔者看来，其原因首先在于，沙夫茨伯里以绅士为理想的教化哲学，已经能看到个体性哲学的先声。从 Bildung 的观念史来看，只有将人类"个体"置于活生生的历史发展领域，它才能从宗教神学的神秘领域真正向哲学、美学和教育学

---

① E. Cassirer, *The Philosophy of the Enlightenment*, Princeton: Princeton University Press, 1951, p. 176.

② O. F. Walzel, "Shaftesbury und das deutsche Geistesleben des 18. Jahrhunderts", *Germanisch-Romanische Monatsschrift*, 1909(1), S. 416–437.

③ R. Horlacher, *Bildungstheorie vor der Bildungstheorie: Die Shaftesbury-Rezeption in Deutschland und der Schweiz im 18. Jahrhundert*, Würzburg: Königshausen & Neumann, 2004, S. 22, S. 30.

的普遍精神领域过渡与扩展,莱布尼茨在其中尤其起了核心的作用。与沙夫茨伯里热情洋溢、丰富饱满的审美想象力和感情的气质相比,莱布尼茨更加冷静宏阔,他以自己独特的"单子论""复原一切事物"的口号掘出新的传统源流,认为"教化"是一种能动或推动性的精神,即有机物内部特种潜力的发展或展开。在沙夫茨伯里学说里映射的世俗化了的新柏拉图主义传统,在"单子论"等中介下与中世纪神秘主义教化传统合流,对当时德国哲学性、普遍性和历史性的"教化"观念之形成产生了特殊影响①。

其次,正是通过沙夫茨伯里等人作品的译介,英国自然神论思想传入德国,并进一步推动了虔敬主义的个人内在体验传统的发展②。路德宗教改革之后,德国新教和虔敬主义为"个体"观念的形成及其发展赋予崭新的意义,"内在化"原理不断滋养和持续作用于德国思想。沙夫茨伯里具有新柏拉图主义根源的"内在形式"学说,恰恰契合德国神秘主义和虔敬主义注重内在性和个人体验的传统,对他学说的译介评论也部分促成了教化观念从晦涩的宗教修辞转向美学化、情感化和教育学化的契机。

最后,"内在形式"说之所以对具有深厚理性主义和宗教改革传统的德国思想界具有强烈的吸引力,也因为它超越了当时流行的笛卡尔机械式的法国启蒙哲学。在德国思想家看来,把经验主义发展为"感觉主义"(Sensualismus)和"唯物主义"(Materialismus)的法国启蒙精神恰恰孕育着"启蒙"的局限。随着教化观念的进展,在 18 世纪的启蒙与教化之争中,以沙夫茨伯里为代表的英国自然神论更对德国启蒙思想家的反思起到了推动作用:"自然神论完成对英国基督教瓦解的工作后,移至欧洲大陆。借着霍布斯、赫伯特、沙夫茨伯里、波令若布克和休谟的作品潮流,自然神论进入法国百科全书派、卢梭和伏尔泰的作品中,并借着这些著作,自然神论进入了德国。在法国、英国自然神论让位于怀疑主义和无神论,然而在德国却成为理性主义。"③

意味深长的是,在这一波澜壮阔的思想史进程里,最初恰恰是德国的哲学

---

① F.-P. Hager, *Aufklärung*, *Platonismus und Bildung bei Shaftesbury*, Bern: Haupt, 1993, S. 202f.

② Chr. F. Weiser, *Shaftesbury und das deutsche Geistesleben*, Leipzig: Teubner, 1916, S. 554 - 559.

③ [美] 克劳治:《基督教教义史》,胡加恩译,台湾"中华"福音神学院出版社 2002 年版,第 421 页。

家、语言学家、神学家和美学家结合中世纪玄奥的神秘主义传统来接受和探讨沙夫茨伯里的内在形式及其道德哲学，而不是倡导理性精神和社会改造的启蒙者与教育家。因为当时的教育话语为泛爱主义或儿科医生所主导，关注教育的功用及其实用效应的泛爱主义者对沙夫茨伯里并不感兴趣，启蒙者和教育家的思考是如何超越被视为障碍的传统、非理性和多样的民族性，以形成一种普遍理性的、甚至可以说是抽象的新的人类学。而在文学艺术特别是美学领域，"教化"活动与精神—灵魂之美、与情操品味的培育关系密切，也由此涌现出很多相关的教化理论，并最终汇为德国教化观念的主流。18世纪下半叶，德国的教化观念发展出美学、伦理学、文学理论和教育学的维度，还产生了大量的脍炙人口的教化小说①。此后，以"普遍的人"为理想的具有人文主义色彩的教化理念，逐渐超越法国式的"启蒙"思想，成为德国古典时期哲学、美学、历史学和教育学最为核心的观念之一。总体来看，Bildung虽被称为"德语里最明显不可翻译的概念之一"，并被看作独特的德意志民族精神的代表。但从思想史的角度来考察，这个观念本身并非完全是德国中世纪神秘主义宗教自我演进的历史产物，而是受到近代欧洲多样世俗化思想根基的滋养，如沙夫茨伯里、卢梭等。这成为一条独特的德意志精神史的成长之路。

然而如今，现代人类整体的伦理生活世界，正面临着后现代主义和解构主义滥觞所带来的虚无性危机，并被日渐分离。一方面，在第二次世界大战后整体时代话语转换的语境下，尽管伽达默尔和罗蒂等人不断呼吁，尽力张扬教化传统，试图使其在这个后现代的时代重新焕发新的活力。追求人类个体与共同体之统一的"教化"理念，却也在德国本土无可避免地持续走向衰落。而对沙夫茨伯里的自然和教化思辨的重新考察，有助于我们追索教化思想的根基，反思它所指向的人性和自然本身的秩序，以及人类命运共同体价值观的建设问题。另一方面，第二次世界大战后英美盛行的主流道德—政治哲学理性主义者如罗尔斯等，推崇的是认知、推理和判断等理性慎思能力和认知（epistemic）能力。沙夫茨伯里这种以自然、情感和教化为核心的有机道德哲学与美学，甚至被认为过于浅白而

---

① 英国的迪斯雷利伯爵（Benjamin Disraeli）在自己教化性的自传小说里，将德语的Bildung又译回英语的self-formation一词。参见 Heiner Hastedt, *Was ist Bildung*? Stuttgart: Philipp Reclam, 2012, S. 138.

过时了。但随着近期的实验心理学进展和认知主义革命,情感因素作为人类道德能力(moral competence)的核心成分而非次要成分却重新得到了承认①。而沙夫茨伯里以情感为基础的道德哲学恰恰展现出近代道德哲学建构的根基,并为人类共同体的价值观提供了内在的辩护。这也迫使我们重新思考在目前道德哲学里占支配地位的理性主义的可信性,并质疑其地基是否坚实。

---

① J. Haidt, "The Emotional Dog and Its Rational Tail: A Social Intuitionist Approach to Moral Judgment", *Psychological Review*, 2001, 108 (4), pp. 814 – 834.

第十七章　内在之路：从神的肖像
　　　　　到自我教化

1770—1830 年间，狄尔泰和诺尔（Herman Nohl）所称的"德意志运动"（Deutsche Bewegung）①在青年一代中不断拓展出新的生命观、历史观和世界观，它对德国美学、艺术、哲学和教育学等所有领域都产生了深入和积极的影响，并造就了富有人文精神和德意志民族特色的古典教化（Bildung）理论。这场强调个体性而波澜壮阔的精神运动，标志着曾被重重束缚的德意志精神从当时普遍发展的欧洲精神，特别是从张扬理性主义的法国启蒙精神中挺立出来，其成果乃是个体论、多元论、过程论、历史论和泛神论相融合的德国观念主义。此前，路德宗教改革的初衷是为了反对罗马教廷的腐败荒唐，但是当批判的锋芒指向罗马教廷时，德意志民族国家的意识便开始抬头了，虔诚而又独断的新教则与刚刚萌动觉醒的德意志民族意识共同成长起来。饱受宗教战争之苦后，德意志民族在法国大革命的冲击下更是有着建立强有力的统一民族国家的冲动。

在这一时期，德国思想家将对德意志民族特有的身份感和优越感的期许，灌注到古典教化理想之中，许诺个体的教化将会使人类迈向更高的自由和解放。自由主义的"启蒙"被牢牢地等同于法国人，而政治保守主义和浪漫主义则被等同于较高级的德意志民族主义，内含精神上的高傲。正是在这样幽明交织的历

---

① Herman Nohl, O. F. Bollnow und F. Rodi（hg.）, *Die Deutsche Bewegung. Vorlesungen und Aufsätze zur Geistesgeschichte von. 1770 - 1830*, Göttingen: Vandenhoeck & Ruprecht, 1970.

史画面之中，"教化"成为具有德意志民族特色的意识形态和乌托邦，这种意识形态乃是不同于法国和其他欧洲民族国家的德意志民族身份的象征。在这一时期，"教化"观念逐渐摆脱宗教神秘主义和自然思辨的神秘内涵，向哲学、历史、美学和教育学的普遍精神领域不断扩展。它反思法国启蒙主义的教育理想，赋予人性以情感和审美等层面更为深层的内容，进而超越了启蒙运动唯理性的至善论。从"神的肖像"到"自我教化"，古典教化观念的核心理念之形成既展现出"德意志运动"的内在精神之路，也承载着德意志民族特殊道路的进展。

第一节　教化观念的源起

教化作为一种带有宗教色彩的生命理想，伽达默尔在《真理与方法》中将其从黑格尔和赫尔德追溯到莱布尼茨与沙夫茨伯里，而从 17、18 世纪的虔敬主义还可以再往前追溯到中世纪的基督教神秘主义、新柏拉图主义直至《圣经·创世记》。就如迈耶—德拉维指出的，"'教化'（Bildung）指向形象（Bild），并可追溯到在当今时代仍然被关注的……《创世记》篇章，神按照他自己的形象创造了人类。与此同时，[人作为]造物也被禁止了制作神的肖像"①。《旧约·创世记》描述了这一创世故事："神说，我们要照着我们的形像，按着我们的样式造人，使他们管理海里的鱼、空中的鸟、地上的牲畜、和全地、并地上所爬的一切昆虫。神就照着自己的形像造人，乃是照着他的形像造男造女。"然而，这里呈现出一个悖论，尽管信众始终尝试"为神创造出可见的象征"，以此来使人类与不可见的神灵在世界上共同存在、共同生活，但这些此前的描绘从未曾清晰地显现神的面容。

在中世纪基督教语境中，爱克哈特大师以"人神肖似性"为根基，融合"神的肖像"神学、新柏拉图主义的流溢说以及再融合说发展出自己独特的神秘主义教化学说。对中古德语 bildunge（即 Bildung 的早期形式）一词进行历史性探查，会发现该词首先通过 13、14 世纪的神秘主义者才从仅仅是感官性的具体涵义层面

---

① Käte Meyer-Drawe, "Zum metaphorischen Gehalt von 'Bildung' und 'Erziehung'", *Zeitschrift für Pädagogik*, 45, Nr. 2, S. 161 – 175, hier S.162.

转化进入精神性的神学层面,并作为"神的肖像"(imago-die)或"人的肖神性"学说里的专用术语而走上历史舞台。这些词语,即"成形"(bilden)、"教化"(Bildung)、"肖神性"(Gottesebenbildlichkeit),在德语词语构成和概念形成史上彼此关涉而映射,其核心乃是"Bild"(形象、图象、原型或象),而 Bildung 则是动词 bilden 的名词化形式。在这一传统基础上形成的"成形—教化"观念,含括了摹本(Abbildlichkeit)和原型(Urbildlichkeit)之间的整个跨度,也指向 imago(形象)和 similitudo(模仿)观念上的高度统一①。晚期古高地德语就已将"创造"(Schöpfung)称作 bildunga,这里的宗教背景乃是创世论中的神人关系,即"当上帝造人的日子,他照着自己的形象造人",人"是上帝的肖像和光荣"。人是按照上帝的形象创造的,人在自己的灵魂里就带有上帝的形象,从而形成"人神肖似"的内在联系,人也必须在自身中去造就这种形象。

在 1410—1460 年间,教化观念在德语中迎来第一次爆发性的使用热潮,其内涵也逐步扩展到古典人文主义,尤其指向了伊拉斯谟的这一格言:"人不是生而为人,而是教而为人"(homines non nascuntur, sed finguntur)②。它的核心是强调真正的人类并非由神所造就,而是人自己的作品。这种解释离开了教化最初的宗教涵义,体现出一种新的人类学模式,即人类需要改善自己的本性,将自己造就为自身真正的"杰作"。在这一设想中,个体的人应该经过复杂的人生经历而最终寻求到自我。与此相应的是古代希腊、罗马研究以及教化小说(Bildungsroman)的兴起,使得教化从难以企及的上帝的神性形象以及相应的道德完美,转向在人的意义上可界定亦可达到的世俗完美。此后,鉴于 1618—1648 年间三十年战争的摧毁性,夸美纽斯寄希望于从人的童年开始就引导富有人性的行为,从而重新建立世界的和谐秩序。由此,教化观念也被引入了教育学的理想。当时夸美纽斯使用拉丁词语 eruditus,从词源上来说是指"去除—野蛮的",对应于后来德语的"有教养的"(gebildet)、"受启蒙的"(aufgeklärt)。夸美纽斯在 1631 年《语言入门》(Ianua linguarum reserata)中认为只有以此为开端,人类才

---

① Ernst Lichtenstein, *Zur Entwicklung des Bildungsbegriffs von Meister Eckhart bis Hegel*, Heidelberg: Quelle & Meyer, 1966, S.4–6.

② Desiderius Erasmus, *Declamatio de pueris ad virtutem ac literas liberaliter instituendis idque protinus a nativitate*, 1529.

能摆脱源生的野蛮残酷状态。

在文艺复兴时期，新生命活力的激荡已广泛地呈现于欧洲所有民族，渗透到西方文化的所有领域。莱布尼茨、沙夫茨伯里和维柯彼此独立地从特殊的个体性前提和环境中，创造出相似的新思想种子，这也显示了西方精神脉络的内在统一性。此后，德国诗人克洛普施托克以其感伤主义（Empfindsamkeit）①宣告了新德国诗歌的发轫。它深刻地呈现着新颖个体生命感受的兴起，以洛可可式的风格暗中对抗着法国启蒙运动的僵硬理性主义，并带有虔敬主义的内在情感烙印。此时，一种新的虽然有点狭隘的对于中古德国诗歌作品和往昔生命的欣赏意识正在潜行增长，这也显示出与略早一些的英国前浪漫派之间的相似。在这一思想框架中，当时未受启蒙的德国仍被看作是倒退、褊狭和鄙俗的。但在1756—1763年的欧洲七年战争之后，这条从莱布尼茨、伏尔泰、孟德斯鸠、维柯和柏克开始的思想道路，已经直接贯通到了辉煌壮阔的"德意志运动"的内在核心之处。当时德国人曾对1789年法国大革命寄予巨大希望，然而很快就被它的恐怖专制所震惊而感到失望。在德意志运动中这一法国式的启蒙理念受到深刻反思。他们认为真正的"启蒙"无法通过社会的革命性循环来达到，而是要通过"教化"来实现个体，进而是人类共同体的内在改变。"德意志运动"吸收了迄今为止在欧洲其他部分看到的这场运动的萌芽，并且远远地超越它们全体。这是独特的近代德国精神史的黄金时代。

第二节　德意志运动与教化观念的普遍化

伽达默尔将教化定义为人文主义的主导观念之一，是"人类发展自己的天赋和能力的特有方式"，并指出"教化这个概念，的确是18世纪的伟大思想，在当时获得了统治性地位"②。实际上，"教化"一词在德语中也是相对晚近才被广泛应用的。1784年，门德尔松还感觉"教化"是一个"我们语言里的新生儿……目前仅

---

① 英法早在1700年开始就已出现感伤主义的倾向，但1740—1790年才进入正式的诗歌发展阶段。
② Hans-Georg Gadamer, *Wahrheit und Methode*, Tübingen：J. C. B. Mohr (Paul Siebeck), 1986, S. 15.

仅出现在书面语言里"①,亦即与日常交际相区别的语言里。此前,bildunge 并没有直接进入人文主义的学院语言。在当时并行的宗教神秘主义和古典人文主义线索中:拉丁语 formare(成形、塑造)从未对等地指称"精神性的教化",而是指涉夸美纽斯 eruditus 和 erudire 那样的涵义即"去除—野蛮";而古典人文主义的常用拉丁格言如"animum, mentem, mores conformare"(形成精神、思想和道德),指的是与某种作为"模型"的"形式"相协调一致,"formam et figuram dare"(赋予形式和形态)则指借助艺术从素材里造型出一个更美而尊贵的造像。这些意义域相近的拉丁语观念,虽然经过爱克哈特在精神内涵上的改造,但在 18 世纪初对 Bildung 的意义构造仍没有可证实的直接影响。

这个德语观念直到 18 世纪后半叶才真正从宗教神秘主义向人文主义扩展,并被界定为对世界和文化的新态度、新经验和新解释。此时,"教化"以其世俗化的涵义迅速流行,发展出文化哲学、美学、教育学的精神维度而传播为新的时髦词语。此时,"神"似乎变成了"世界灵魂","上帝不再与世界分离,而是变成自然的一股力量","教化"正是借由与社会互动而发展出独一无二之人类自我的过程。在这一时代精神背景下,"教化"观念从宗教神秘主义和自然思辨神秘主义向普遍精神意义的领域扩展。但这并不像人们通常以为的是在 18 世纪中叶忽然发生的,而是在此之前已经有了长时间的准备;这一历程也不可以简单地将其理解为世俗化。例如阿诺德(G. Arnold)的《无偏见的教堂史和异教徒史》(*Unparteiischen Kirchen- und Ketzerhistorie*)和《神秘主义神学的历史和描写》(*Historie und Beschreibung der mystischen Theologie*)里所描绘的,从 17 世纪转向 18 世纪时,神秘主义文学广泛传播于德国、法国和英国,并导致了神秘主义的普遍化和理性化。基督教尤其是新教意识的"内在性"在哲学上获得解释,并与近代数学—机械性的世界理解相抗争。同时,虔敬主义作为德国精神生活的反理性潜流,从社会心理和语言创造性上都为 18 世纪伦理化、美学化、情感化的教化观念做好了准备②。

---

① Moses Mendelssohn, *Mendelssohns Schriften zur Philosophie*, *Ästhetik und Apologetik*, hrsg. von Moritz Brasch, Bd. II, Leipzig, 1880, S. 246.

② H. Sperber, "Der Einfluss des Pietismus auf die Sprache des 18. Jahrhunderts", *Deutsche Vierteljahrsschrift für Literaturwissenschaft und Geistesgeschichte*, Halle, 1930 (8).

　　此前，无论是文艺复兴、人文主义、巴洛克运动还是古典主义运动，德国人始终是追随者。而在德意志运动期间，德国人在文学诗歌领域掀起了狂飙突进运动、魏玛古典主义运动和浪漫主义运动，最终在哲学上融合形成了恢弘的德国观念论。德意志运动并不仅限于诗学和文学，而是将柏拉图主义—新柏拉图主义的世界情感和人格化理想紧密交融，对所有领域都产生了巨大的影响。一种新的生命观、历史观和世界观由此兴起，并促成了伟大而内在的精神革命。这一时期群星璀璨：默泽尔、赫尔德和浪漫主义诗人发掘古代历史世界和德国中世纪精神的价值；温克尔曼、歌德、席勒和荷尔德林提倡与古希腊文化重新相遇；哈曼、赫尔德、格林兄弟和威廉·冯·洪堡进行着广泛而深入的语言研究；费希特、阿恩特、雅恩促成了德意志民族意识的兴起；洪堡和施泰因男爵更进而构想了国家理念。这些彰显着德意志民族精神自我实现的思想，对其后欧洲近代精神历史的形成和发展影响深远。

　　在这样的思想狂飙下，教化观念在 1870 年后忽然成为德国文化界最流行的词语之一。随着以启蒙和科学范畴来思考的人类形象逐渐普及，18 世纪末，教化概念在各个领域广泛扩展的同时日益离开其最初的基督教神秘主义内涵。它的概念界限也因此变得模糊了：一方面，神秘主义宗教和自然哲学思辨的涵义在渐渐淡薄；另一方面，又融入了最为多样具有时代特色的阐释。具体来说，在当时流行的新人文主义和古典主义文化语境里，教化观念具有丰富的意义多面性：是按照范型来进行自我塑造的美学教化，也是道德教化，代表为苏尔泽的《美的艺术通论》(*Allgemeine Theorie der schönen Künste*) 和盖勒特从 1744 年到 1769 年的道德讲座；是"对市民的教化"，如巴斯道的泛爱学校实践、莫泽尔《爱国主义的想象力》(*Patriotische Phantasien*)；是人性之改善和美化，也是在学校意义上的教育课程，如策德利茨著名的演讲《论在一个本来是君主制国家里民众教学的设立》(*Über die Einrichtung einer Volkslehre in einem eigentlich monarchischen Staat*)；是人类的自我完善化、觉悟和启蒙，也是维尔德所称"性灵的陶冶"(*cultura animi*)。这些对教化的构想都以人类向善的可教育性为出发点，其目标为真正的"人性"即美、善和真。

　　这一时期并未产生狭义上的现代教育学理论，但却产生了富有人文精神和德意志民族特色的教化理论。由于这些教化理论与德国古典哲学、文学关系密切,因此也可将其称为德国古典教化理论,这段时期也被称为德国教育学的古典时期或古典教育学时期。在德意志运动中,温克尔曼、洪堡和歌德等人认为,正是在希腊古典文化里能看到这种教化理想的现实化:古典时代的希腊人既作为个体也作为共同体,将他们的力量全面而和谐地发展了。这也是古典教化观念被进一步扩展到美学与历史哲学维度的具体思想背景。此时人类面临的真正现实是人类自身正在被社会分工所割裂,个体因为专业化而被紧紧限制在按照专业来归类的特定行为和能力上。与此相应,在人类自己身上也显示出一种情感和理智、义务和倾向、思维和行动之间的分裂。因此在教化观念的设想中,人类并非只具有单一的美德,如宽容和邻人之爱,而更应该追求"和谐"与"整体"这样的理念。所有的人类力量和能力都应该获得教化,包括情感和理智、艺术创造的感性和科学的思考、理论把握和实践转化的能力。此外,这些特性也不应该被置于彼此对立压制的情境,而是应该形成和谐的统一整体。这一伦理化、美学化和历史化的整体教化观念最终超越"启蒙"观念,成为 18 世纪体现德意志民族特色的关键概念。

第三节　自我教化：德意志运动的内在精神之路

教化之所以能够成为新的关键词,并在 18 世纪末 19 世纪初的德国思想界相当流行,甚至催生出大量的教化小说,这首先是因为这一时期的教化观念将人类个体生命视为可完美化和完善化的存在,即可塑、可教化的存在,可以按照人性的理想范本加以铸造,这呈现出"止于至善"的新的生命人格理想。它的所有涵义,从赋形性的构造和创造性的活动,从发展、生长到最终成形,从奠基到结构,从某种特定能力的培训和确立到知识的获取,都不是为了达到任何外在目的,而是以自身为内在目的,这标志着人类个体从自身进行内在建构的过程。在此基础上,这一时期的教化理论也保留了启蒙运动和教育改革的很多方面,例如强调学生"独立地使用自己的理性"。但与泛爱主义教育不同,古典教化理论不再把"教育"或"教化"看作提高和发展社会公益的手段。德意志运动时期的思想家们认为，教化的核心理念乃是自我教化以及尽可能和谐地发展完整的个体人格，它内在地体现着以最高形式完善个人和社会共同体的要求。

最终完成这种教化观转向的，是对浪漫主义产生巨大影响的赫尔德。他在《人类历史哲学的理念》（*Ideen zur Philosophie der Geschichte der Menschheit*）中指出，人的教化主要不是基于知识，也不是启蒙运动倡导的理性，而是基于一种道德情感，最终要"达到人性的崇高教化"（Emporbildung zur Humanität）。瑞士教育家裴斯泰洛齐《隐者夜话》（*Die Abendstunde eines Einsiedlers*）和席勒《审美教育书简》（*Über die ästhetische Erziehung des Menschen*）也持同样看法，后者被认为是体现教化理想和文化理想的基本文本。席勒尤其着重描绘了旨在全面发展的人的教化理念，认为如果只是单向度地关注道德义务或自私自利的爱好，那人其实是"未被教化的"、近乎野人。在这一语境中，他指出恰恰"游戏"可以克服康德所谓义务和爱好间纠结不开的对立①。洪堡则认为："把人类所有力量最高可能而和谐地发展为整体……这是人的真正目的。"②这也是当时德国新人文主义者普遍认可的古典教化观念的基础，其核心理念主要为以下三点：

首先，教化乃是个体的自我教化。这一理念发端于沙夫茨伯里的"内在形式"说与莱布尼茨的单子论，经由赫尔德在历史维度上的深化而决定性地处在教化理论的核心。"人性的教化"（Bildung der Menschheit）也因此与特定机构、客观实体化的教育设施或培训场所，如大学和学校的专门教育区分开来，尽管后者在现代德语中已经等同于被泛化和客体化的教化概念。一方面，通过自我教化使整体人格获得成长，这并不遵循任何前定或先验的模式，而是在通达本己的路途上发展并提升个体性。这种教化的形成在认知理论上是神秘的，同时也与近代形成的个体主义内在连贯。另一方面，自我教化不是隔离于世界，而是个体在充满命运的遭遇中使对世界多面性的内在经验不断成为教化的契端。教化正是要凭借超越个体的约束力如传统和经典，使个体性在共同体中得到提升。由此对经典和古典的讨论也被提上日程，因为后者恰恰关系到教化的实质内容。同时，自我教化不仅仅代表着个体的自主改变，还同时允诺要通过发展完善了的个

---

①　F. Schiller, "Nutzen als Idol der Zeit", Heiner Hastedt（hg.）, *Was ist Bildung: Eine Textanthologie*, Stuttgart: Reclam Verlag, 2012, S. 116 - 123.

②　[德]洪堡：《论国家的作用》，林荣远、冯兴元译，中国社会科学出版社 1998 年版，第 30 页。

体来改善世界。

其次,教化乃是完整人格的构形和发展。教化的理想并不限定在人类的单项技巧或能力的发展上,即单向度和专门化的发展,而是关涉到整体性的个体人格。在德意志运动时期的新人文主义者那里,有机体的和谐隐喻乃是教化思想的典范,而作为专家之为专家的人反而被归为缺乏教化的人。因为关于特定事物的单项技能和知识,在人的内心之中无助于自我醒悟,也无助于自我教化。这种自我醒悟类似于佛教的"觉悟",整个人格都被吸纳其中,只是二者的被动性、主动性仍稍有不同。教化思想也因此区别于传统的生命理念:后者要求人类谦卑地适应社会关系、人和宇宙的关系;前者则以乐观方式,认为自己的生命与他人的生命都是可以改变、完善的,由此生长的过程将优先于非生长的过程。这种重新建构的有机体隐喻揭示着教化观念的核心,即无论是与世界还是他人的对抗交往,都不是人类个体的原地踏步,而是在"渐生渐长地"完善自我。

最后,教化关系到人类学的贫乏和"生长",同时也是克服异化的历程。对赫尔德来说,教化作为文化的一部分是至关重要的。人类就自身来说并非完美地适应于生态学上的定位,他依然是未定型的兽类和带有缺陷的可怜生物。因此,人类必须继续发展自身和教化自己。没有教化,他将陷入绝境;依靠教化,他还能有一个幸存的机会,找到开辟人类世界本身的道路①。这种人类学上的缺憾和需求,使教化不是人类生活的随意装饰,而是人类成长的必要经历;同时它关心的并非直接目的和直接的有用性,而是指向完整和完善的人。伴随着18世纪的启蒙运动,人们逐步认识到满足人类学上这种需求的可行性。但洋溢着理性精神的乐观主义认为人类可以不断完善和进步,这种进步的趋势是压倒性的。就如康德1784年《对一个问题的回答:什么是启蒙?》里表达的,要将对教化问题的考虑引入启蒙语境,它乃是"人摆脱自我亏欠的不成熟状态的出路"。反之,彻底反思了理性启蒙精神的黑格尔则更重视"障碍"在教化中的作用,并将其风格化

---

① 在德国古典教化观念的奠基者那里,赫尔德与洪堡之间有一个重要的区别。赫尔德对事实的多样性有着强烈的兴趣,认为旅行经验能使个体有力地获得教化;而洪堡则专注于古代文化,为教化奠定阐释的范例以使个人合尺度地被教化。这也被定义为人文主义的教化,它尤其体现在完全中学的古拉丁语和古希腊语教学中。但这样一来,人文主义完全中学在今天的衰落,也必然总体上指示着相应的教化观的沦落。

地表述为通过异化的阶段。借助对异化的克服，个体才得以"成长"。教化是"自我异化之精神的世界"①。如果有谁能够毫无困难地在生命里前行，或许他很有天赋，却绝不会真正地获得教化。

在德意志运动之前，教化观念仍有着深刻的神秘主义宗教气息，教化的目标乃是定位于人类对神的复形以达到"人神肖似"的完满状态。而现在，人类被定位于在世俗的社会共同体中生活。教化的目标就是将"毛坯"造形为"真正的人"，使其成为社会的有益成员。在这样一个造形过程中，个体的天赋资质得以全面发展。这样一种教化理论，主要是基于对英法启蒙运动尤其是法国大革命的反思：一方面是渴求使个体的人得到更好、更全面的发展，另一方面则是出于德意志民族文化身份的自觉。正是因此，从康德、门德尔松、费希特到黑格尔为代表的德国古典哲学中，人们已经以不同的方式系统地接受了教化理念，对启蒙与教化关系进行了更加深入的思考。总体而言，在德意志运动时期发展起来的古典教化观念凸显了个体性、内在性、整体性和历史性这几个特征，具有强烈的德意志民族特色。在此，"教化"观念承载着德意志精神的形成和发展，就如诺尔所指出的，个体只有在受过教化的民族生活中才能实现其统一性的教化：

> 我们德意志人拥有精神世界之中更高存在（此在）的这种统一性，它体现于我们的古典诗学和古典哲学的德意志运动之中。正如从中曾经产生了一种我们民族的统一性，它们因此也将永远是我们信仰的统一性的基础……这里存在着一种统一的德意志存在（此在），这种存在源于历史的不同源泉，但它现在仍然作为原初、自享、其根本特性不再会消解的德意志生命，存在我们面前，它的确是一个独特的世界，一种最高的民族的教化就是直接建立在它的上面。②

从教化观念的历史发展来看，它确实体现了德意志民族在近代历史舞台

① G. W. Hegel, "Der ungebildete Mensch denkt abstrakt", Heiner Hastedt（hg.）, *Was ist Bildung: Eine Textanthologie*, Stuttgart: Reclam Verlag, 2012, S. 125-135.
② Hermann Nohl, "Die neue deutsche Bildung", *Zur deutschen Bildung*, Göttingen, 1926, S. 8-9.

上独特的生命理想：它带有新柏拉图主义和基督教神秘主义的色彩，强调人类个体的内在性和精神觉悟，认为人的潜力的发展带有自发性；它强调人的精神和理性能力的发展、精神的超迈和自由，它也强调人的情感、特别是审美情感对人的更高和谐发展的作用；它不关注直接的社会功用和政治性的公民培养，这呈现出强烈的人文主义色彩；它认为教化本身是最高目的，而不是其他目的的工具。经过 19 世纪浪漫主义洗礼的教化理念，尤其强调在与共同体的关联中形成独一无二的个体，共同体的基础乃是超个体又源于个体的精神力量，并最终体现在民族精神之中；人类是众多民族精神相互斗争并发展的产物，但这种发展并非机械的线性进步，而是活生生的、合目的的人类不断完善的过程。

在这样一个政治文化语境里，法国式的"启蒙"与德国式的"教化"的分歧显露出来。启蒙教育学往往带有理智主义或功利精神，强调理性和功用，而教化理论则重视情感和直觉，更为强调人的整体发展或自身目的；启蒙精神倡导人"独立地使用自己的理性"，却似乎忽视人的理性发展的艰难途径，而教化理论则认为人必须与世界或文化接触，要经过异化和复归的无尽辩证过程才能逐渐走向自主；从形式教育和实质教育的角度而言，启蒙教育学更注重形式即理性能力，而教化理论则强调实质即文化内容。在这一反思的基础上，德国后起的启蒙运动和浪漫主义运动皆将平衡和谐的"完整的人"作为生命理想，这是一种为了人的更高发展、迈向人的自由和解放的生命理想。形式不能离开内容，内容也不能离开形式，真正的教育应该是形式和内容的统一。

古典教化理论作为德意志运动的成果之一，其根基乃是强调人类个体生命的整体和谐发展，这主要是为了纠正法国启蒙运动所张扬的唯理性主义和强烈的功利精神。同时它也赞同康德所主张的人类要独立使用理性、敢于自主思考的启蒙精神，认为一切有教养之人或受过教化之人都不应屈从于外在权威，只有自己合理而深入地反思并改善宗教、道德、社会和政治问题等，才能迈向更高程度的人类自由和精神解放。在这一历史语境下形成的古典教化理论，实际上并未抛弃启蒙者倡导的勇于批判社会现实的精神，而是在更高的人性层面上使其批判带有审美性和历史性。也就是说，教化应该是启蒙和文化的统一，这恰恰是启蒙的批判者门德尔松的洞见。总体而言，德意志古典教化理想的形成和发展，始终包含着德意志民族身份寻求的强烈关怀①。也因此，教化观念不仅蕴涵了一种批判性的潜能，成为德国与启蒙理性主义相对立的所有思潮的通用语，也是揭示德意志运动这一波澜壮阔的精神运动之内在理路的关键之一。

---

① 斯普朗格(E. Spranger)1915 年仍然认为，杜威所代表的美国实用主义实际上是停留在经济、技术层面上的庸俗关注，因此在精神层面上要低于德国传统的教化理想。G. Kerschensteiner, E. Spranger, *Briefwechsel 1912 – 1931*, L. Egenlert (hg.), München：Oldenbourg/Teubner, 1966, S. 30.

附录：被卷入难民危机里的"康德"

　　2024 年是康德诞辰 300 周年,德国学界正紧锣密鼓地筹备盛大的纪念活动。在联邦政府文化与媒体特别委员会、柏林—勃兰登堡科学院等机构牵头下,2016 年 6 月 6 日,德国历史博物馆曾召开康德 300 周年诞辰纪念筹备研讨会。研讨会不乏亮点,如英国女哲学家欧诺拉·奥尼尔(Onora O'Neill)的特邀报告《为什么我们总是要"回到康德"?》、奥特弗利德·赫费(Otfried Höffe)的讨论报告《康德和政治》和维奥勒塔·威柏尔(Violetta Waibel)的《康德和文化的任务》。除了《法兰克福汇报》副刊编辑帕特里克·巴讷斯(Patrick Bahners)主持的嘉宾讨论激起很多火花外,现场穿插其间的是米拉·兰根(Mira Lange)的古钢琴演奏,演奏曲目是波德别尔斯基(Podbielski)在 1780—1783 年间创作的系列钢琴奏鸣曲,正是康德同时代的音乐。在会议间隙的静谧中,钢琴的声音如行云流水,是 18 世纪的友爱善意和生机勃勃的时代精神的凝结。与会议现场一墙之隔的展览是《越来越彩色:作为移民国家的德国》,以及《小广告:从 1880 年到今天的反犹和种族主义招贴画》。德国的辉煌灿烂的文化历史与现实社会的混乱局面之对比,使人惆怅,亦使人深思。

　　近年来,德国主导的欧盟接连陷入乌克兰危机、欧元危机和难民危机,尤其是 2015 年以来的难民危机仍在持续发酵。德国在默克尔政府的主导下,短短一年多内接收了近 140 万穆斯林难民,国内民怨沸腾,民众对政府和媒体的信任度都降到历史最低点,欧盟在英国脱欧公投后也面临着风雨飘摇的命运。正是在这样的现实背景下,在会议最后一个讨论环节即"康德对当代欧洲的意义",在场学者关注的问题焦点居然完全是民主之困境、难民危机、文化断裂、移民融合甚至死刑问题。然而，当哲学家的思想与社会政治现实相遇，康德哲学是否能够解决这些问题，又能给我们这一充满了困惑的后现代和全球化的当代提供什么样的解答呢？奥尼尔重提19世纪20世纪之交的哲学口号即"回到康德"，同时特别指出康德尤其善于将理想化的目标与现实的状况相统一，而今天我们已经丧失了这一特质，这是一种极其委婉地对当代知识分子的批评。赫费则说，我们要问一问，康德会如何回答难民危机这一问题，会如何回答今天民主的困境问题？"对康德和他对全球的和平秩序之梦想的省思，有助于我们厘清世界政治中的现实挑战，并继续我们欧洲的道路——一条和平、民主和人权的道路"。然而，在这样的主流论调下，仍然有一些学者私下里跟笔者说，他们认为并不是所有我们当代面临的问题，都能在康德那里找到答案。

实际上，在难民危机初始，康德就已经卷入了德国应该欢迎难民还是不欢迎难民的漩涡。《时代》《法兰克福汇报》和德国文化广播电台都组织过以"难民—康德"的专题讨论。作为启蒙哲学家，康德深刻地给德国和欧洲精神历史打上了烙印。康德的思想和他的哲学观点，他对理性、权利和责任的思考，他的伦理学和政治理论，似乎都在给我们指示着一条道路。然而，"天下大乱，礼崩乐坏"，在不断的政治和经济风暴中，欧洲正在走向分崩离析吗？欧洲的价值观和欧洲的尊严是否正在被现实的危机所打破？政治正确的左翼意识形态，是否已经让整个欧洲变得盲目，而对持续增长的危险丧失了警觉能力？一些学者指出，现在欧洲危机重重的局面，正是起源于左翼过分乐观的理论构想和现实政策。欧盟作为一个拥有28个国家的超级共同体，是人类以和平方式进行的最大的乌托邦政治实验。然而当下的现实，就像康德所警告的，"通过所谓的欧洲的势力均衡而来的持久的普遍和平，只是一场幻觉罢了。就好像斯威夫特的那所房子一样，它由一位建筑师根据全部的平衡定律建造得那么完美，以致于当只不过是一只麻雀栖息在那上面的时候，它马上就倒塌了"。这就重新变成了这样一个老问题，"这在理论上可能是正确的，但在实践上是行不通的？"

"人之尊严不可侵犯"是德国基本法的第一条，也是宪法爱国主义者所引以为傲的根本；对人的尊严、自由、民主、平等、法治国家的尊重以及对人权的维护，以及由此推演出的欧盟无国界、人权高于主权等左翼价值理念，被视为现代德国、欧洲以及欧盟价值观的基石。德国总统高克、希腊前财政部长瓦鲁法基思，都曾引证康德《永久和平论》以及《世界公民观点之下的普遍历史观念》来为2015—2016年欧洲的难民政策辩护；学者们则从康德的友善（Hospitalität）观念——即"陌生人的权利，在他人的土地上，陌生人的到来不会被怀有敌意地对待"——推导出德国在难民危机里秉持的"欢迎文化"（Willkommenskultur），从世界公民（Weltbürger）概念推导出了非法移民在德国所应自动获得的居留权和迁徙权，即"客居权"（Gastrecht）。然而，这里关系到一个问题，被看作普遍主义者的康德是否已经发展出了人权理论，或者说康德对"永久和平"的设想实际上是否也已经有了像今天联合国那样政治实体的具体考虑。赫费指出，康德没有构想出人权，而只是设想了一种独一无二的人的权利，也就是自由的权利，这种自由权与其他权利相兼容。这种权利存在于这种人类秩序中，就像康德在《道德形而上学》中所说，按照这种秩序，"一个人的意志和其他人的意志可以按照普遍的自由法则统一起来"。他同时也指出："像从造就成人类的那么曲折的材料里，是凿不出来什么彻底笔直的东西的。大自然向我们所提出的，也就是朝着这一观念接近而已。"按照康德的思考，我们在现实生活中需要的是勇气和理性，人性如同曲木，要正视人类的弱点和缺陷。

康德从来不是一个极端的乐观主义者，他早在《论永久和平论》中就已经看到了个体性和普遍性、国家宪法和人的权利之间的辩证法。对康德来说，在普遍性的世界主义和分割林立的国家现实之间存在着一种结构性的、同时在实践上不可能清除掉的紧张。大自然通过语言和宗教区隔了各个民族，这使得民族之间很难真正混合。林立的国家世界，被康德认为是一种不被期望的利益对立并因此是战争的源泉，即使这样，他也认为国家林立的状态要好于一个彼此消融的大一统的霸权国家。对此，柏林—勃兰登堡科学院康德委员会主任福尔科尔·格哈德（Volker Gerhardt）小心翼翼地指出，按照康德的观点，欧洲国家毫无疑问有义务去清除产生难民潮的原因，战争不可能导向进步。然而，并不能由康德的永久和平论与世界公民理念，就直接推导出"康德想把居留权给所有人"以及"只要有居留的愿望就有相应权利诉求"的结论。毋宁说，按照康德的观点，每个人都有"探访的权利，而不是作为这个国家长久的客人的权利"。恰恰是康德强有力的权利概念，禁止任何一种人道主义的"驱逐想象"（Enteignungsphantasie）。即使是从最善意的角度来解释，也会得出意愿和能力是有着"界限"的结论。而界限和国界，在极端左翼的意识形态中乃是一种骇人听闻的要求。在实践中对无尽涌来的难民要求一种绝对的接收义务，那就意味着对本可被界定的人民和领土的保护允诺扩展到整个人类世界。这就会触发那种结构性的紧张，即在个别的、受限制的权力机构和普遍的人权理念之间的紧张。由此，法治国家民主的稳定会受到损害，对人权和单个人尊严的尊重也不会因此受益，国家共同体的内在秩序将会无法承受，反而是独裁和专政将会获益并成长起来。在此基础上，很难想象在理念和现实之间有着审慎平衡反思的康德，会基于"世界公民"的理念而拒绝爱国主义，或认为在全球化的今天爱国主义已经是"昨日之雪"；也很难想象来自哥尼斯堡、1945 年后改称加里宁格勒的康德，会宁可自己被称为是一个世界主义者而不是一个德国人，或者由此推导出 Volkstod（民族死亡）这些德国极端左翼式的诉求。

康德曾在《永久和平论》中展现了他对人类前景的乐观判断。他不会想到，在他辞世的一个世纪以后，人类爆发了空前惨烈的两次世界大战，文明一度处于崩溃消亡的危险边缘。虽然格哈德的最后总结是"我们必须思考着康德一路前行"，但是隐藏其内的仍然是深深的隐忧。海面平静下暗涛汹涌，表面的平静下滋长着战争的萌芽。18 世纪以深邃和锐利的思考而凝结起来的那些现代民主社会最基本的观念，无论是人权、人的尊严还是民主、自由、宽容，在今天已经变成了政治正确的硬壳，没有人敢越出雷池，去反省突破这些观念，尽管欧洲正面临着前所未有的问题和危机，也迫切需要勇敢直面问题的回答。时代精神的潜流在哪里？我们这个时代，可能需要重新去提出和解答这些问题，需要重新在地基上建构，而不仅仅是后现代式的摧毁，甚至需要重新审视我们的地基究竟在何处。因循守旧的操持让文明越来越精致，以至于忽略了人类的兽性，文明也愈加脆弱。这个时代，让人想起罗马帝国被野蛮的日耳曼族攻陷轰然倒塌的时代，想起茨威格写《昨日的世界》的时代。无论如何，在这个星球的灾难、战争和恐怖之中，我们却不敢说时代将走向何方，余晖将照向何处，深藏心中的，只是对人类未来挥之不去的忧虑。我们不禁要问，在这样一个政治正确的时代，康德还能够再次成为那位"摧毁一切的人"（Alleszermalmer）吗？

2016 年 6 月 26 日

参考文献

中文部分：

［法］阿多：《伊西斯的面纱：自然的观念史随笔》，张卜天译，华东师范大学出版社 2015 年版

［德］埃克哈特：《埃克哈特大师文集》，荣震华译，商务印书馆 2003 年版

［美］艾兰：《水之道与德之端》，张海晏译，上海人民出版社 2002 年版

［美］艾兰等主编：《中国古代思维模式与阴阳五行说探源》，江苏古籍出版社 1998 年版

［法］巴什拉：《火的精神分析》，杜小真、顾嘉琛译，三联书店 1992 年版

巴新生：《西周的德与孔子的仁：中国传统文化的泛血缘特征初探》，《史学集刊》2008 年第 2 期

［古希腊］柏拉图：《理想国》，顾寿观译，岳麓书社 2010 年版

蔡方鹿：《朱熹经学与中国经学》，人民出版社 2004 年版

晁福林：《先秦时期"德"观念的起源及其发展》，《中国社会科学》2005 年第 4 期

陈鼓应编：《道家文化研究》第三辑，上海古籍出版社 1993 年版

陈鼓应：《〈庄子〉内篇的心学：开放的心灵与审美的心境（上、下）》，《哲学研究》2009 年第 2、3 期

陈国庆编：《汉书艺文志注释汇编》，中华书局 1983 年版

陈辉：《论早期东亚与欧洲的语言接触》，中国社会科学出版社 2007 年版

陈立胜：《王阳明"万物一体"论》，华东师范大学出版社 2008 年版

陈嘉映：《从移植词看当代中国哲学》，《同济大学学报》(社会科学版)2005 年第 4 期

陈嘉映：《海德格尔哲学概论》，三联书店 2005 年版

陈来：《古代宗教与伦理：儒家思想的根源》，三联书店 1996 年版

陈来：《古代思想文化的世界：春秋时代的宗教、伦理与社会思想》，三联出版社 2002 年版

陈廷湘、周鼎：《天下·世界·国家：近代中国对外观念演变史论》，上海三联出版社 2008 年版

陈赟：《困境中的中国现代性意识》，华东师范大学出版社 2004 年版

陈荣捷：《王阳明与禅》，学生书局 1984 年版

陈中梅:《柏拉图诗学与艺术思想研究》,商务印书馆1999年版

[美]成中英:《中国哲学中的知识论(上)》,曹绮萍译,《安徽师范大学学报》(哲学社会科学版)2001年第5期

崔大华:《庄学研究》,人民出版社1992年版

道原:《景德传灯录译注》,上海书店出版社2009年版

[美]狄百瑞:《中国的自由传统》,李弘祺译,贵州人民出版社2009年版

董志刚、张春燕:《审美化的政治话语:夏夫兹博里的美学解读》,《哲学动态》2010年第4期

[日]渡辺信一郎:《中国古代的王权与天下秩序》,徐冲译,中华书局2008年版

段玉裁:《说文解字注》,上海古籍出版社1981年版

[美]芬格莱特:《孔子:即凡而圣》,彭国翔、张华译,江苏人民出版社2002年版

冯友兰:《中国哲学简史》,天津社会科学院出版社2007年版

[英]葛瑞汉:《中国的两位哲学家:二程兄弟的新儒学》,程德祥译,大象出版社2000年版

葛荣晋:《中国哲学范畴通论》,首都师范大学出版社2001年版

葛兆光:《思想史研究课堂讲录》,三联书店2005年版

贡华南:《味与味道》,上海人民出版社2008年版

顾文炳:《庄子思维模式新论》,上海社会科学院出版社1993年版

郭静云:《幽玄之谜:商周时期表达青色的字汇及其意义》,《历史研究》2010年第2期

郭沫若:《金文丛考》,人民出版社1954年版

郭庆藩:《庄子集释》,王孝鱼点校,中华书局1961年版

郭象注,成玄英疏:《南华真经注疏》,中华书局1998年版

[德]海德格尔:《路标》,孙周兴译,商务印书馆2000年版

[德]海德格尔:《形而上学导论》,熊伟、王庆节译,商务印书馆1996年版

[德]海德格尔:《在通往语言的途中》,孙周兴译,商务印书馆1999年版

[爱尔兰]汉拉第:《灵知派与神秘主义》,张湛译,华东师范大学出版社2012年版

[美]汉密尔顿:《希腊精神:西方文明的源泉》,葛海滨译,辽宁教育出版社2005年版

[美]郝大维、[美]安乐哲:《孔子哲学思微》,李志林、蒋弋为译,江苏人民出版社1996年版

[德]洪堡:《论国家的作用》,林荣远、冯兴元译,中国社会科学出版社1998年版

洪业:《考利玛窦之世界地图》,《禹贡》1936年第5卷,第3、4期合刊

胡永辉、周晓露:《艾克哈特对"空"义的阐释及其与僧肇之差异》,《宗教学研究》2013年第2期

[英]霍克斯:《结构主义与符号学》,瞿铁鹏译,上海译文出版社1987年版

[德]伽达默尔:《论倾听》,潘德荣译,《安徽师范大学学报(哲学社会科学版)》2001年第2期

[德]伽达默尔:《真理与方法》,洪汉鼎译,上海译文出版社2004年版

[德]伽达默尔:《真理与方法》,洪汉鼎译,商务印书馆2007年版

姜志勇:《前孔子时代之"德"观念:中国民族"德"观之起源与演变》,《原道》2009年

荆门市博物馆:《郭店楚墓竹简》,文物出版社1998年版

[德]康德:《论教育学》,赵鹏、何兆武译,上海人民出版社2005年版

［德］康德：《判断力批判》，邓晓芒译，人民出版社 2002 年版

［英］柯林伍德：《自然的观念》，柯映红译，华夏出版社 1999 年版

劳思光：《新编中国哲学史》，广西师范大学出版社 2005 年版

黎靖德编：《朱子语类》，中华书局 1986 年版

李道平：《周易集解纂疏》，中华书局 1994 年版

李明辉编：《儒家经典诠释方法》，台湾大学出版中心 2004 年版

李明辉编：《中国经典诠释传统（一）：通论篇》，台湾大学出版中心 2004 年版

李明辉编：《中国经典诠释传统（二）：儒学篇》，台湾大学出版中心 2004 年版

李清良：《黄俊杰论中国经典诠释传统：类型，方法与特质》，《中国诠释学》第 1 辑，山东人民
出版社 2003 年版

李晓英：《个体性：先秦思想界对"德"之诠释》，《中州学刊》2008 年第 6 期

连劭名：《论〈周易〉中的"德"》，《周易研究》2007 年第 6 期

林安梧：《关于中国哲学解释学的一些基础性理解——道、意、象、构、言》，《安徽师范大学学
报》（人文社会科学版）2003 年第 1 期

林义正：《论中国经典诠释的二个基型：直释与旁通，以〈易经〉的诠释为例》，《台大哲学评论》
1995 年第 31 期

刘建：《佛教东渐》，社会科学文献出版社 1997 年版

刘翔：《中国传统价值观诠释学》，上海三联书店 1996 年版

陆九渊：《陆九渊集》，中华书局 1980 年版

吕建福：《佛教世界观对中国古代地理中心观念的影响》，《陕西师范大学学报》（哲学社会科学
版）2005 年第 4 期

马士远：《〈尚书〉中的"德"及其"德治"命题摭谈》，《道德与文明》2008 年第 5 期

毛峰：《神秘主义诗学》，三联书店 1998 年版

蒙培元：《理学范畴系统》，人民出版社 1989 年版

［德］梅尼克：《历史主义的兴起》，陆月宏译，译林出版社 2009 年版

［美］默顿：《十七世纪英格兰的科学、技术与社会》，范岱年等译，商务印书馆 2000 年版

潘德荣：《诠释学导论》，五南图书出版有限公司 1999 年版

潘德荣：《诠释学的经典与经典诠释学》，《甘肃社会科学》2012 年第 2 期

潘德荣：《语音中心论与文字中心论》，《学术界》2002 年第 2 期

皮锡瑞：《经学历史》，中华书局 2004 年版

［日］平川弘：《利玛窦传》，刘岸伟等译，光明日报出版社 1999 年版

钱穆：《阳明学述要》，正中书局 1990 年版

［英］沙夫茨伯里：《人、风俗、意见与时代之特征》，李斯译，武汉大学出版社 2010 年版

僧肇：《肇论校释》，中华书局 2010 年版

石敏敏、章雪富：《古典基督教思想的"自我"观念》，中国社会科学出版社 2010 年版

史成芳：《诗学中的时间概念》，湖南教育出版社 2001 年版

释慧皎：《高僧传》，中华书局 1992 年版

释果朴：《罗什前〈维摩经〉之流行与文献再探》，《正观杂志》1997 年第 1 期

释僧祐：《出三藏记集》，中华书局 1995 年版

[日] 实藤惠秀：《中国人留学日本史》，谭汝谦、林启彦译，三联书店 1983 年版

司马迁：《史记》，裴骃集解、司马贞索引、张守节正义，中华书局 1959 年版

汤用彤：《汉魏两晋南北朝佛教史》，武汉大学出版社 2008 年版

万金川：《宗教传播与语文变迁：汉译佛典研究的语言学转向所显示的意义（之二）》，《正观杂志》2002 年第 20 期

王葆玹：《今古文经学新论》，中国社会科学出版社 1997 年版

王夫之：《船山全书》，船山全书编辑委员会编校，岳麓书社 1991 年版

王海林：《三千大千世界：关于佛教宇宙观的对话》，今日中国出版社 1992 年版

王明编：《太平经合校》，中华书局 1960 年版

王先谦：《荀子集解》，沈啸寰、王星贤点校，中华书局 1988 年版

王焱：《庄子道境中的物：以庄书中的两段对话为切入点》，《浙江社会科学》2009 年第 11 期

王阳明：《王阳明全集》，上海古籍出版社 1992 年版

王元化：《文心雕龙创作论》，上海古籍出版社 1984 年版

[英] 维特根斯坦：《论确实性》，张金言译，广西师范大学出版社 2002 年版

吴江、徐敬修：《经学常识》，大东书局 1933 年版

[美] 希尔斯：《论传统》，傅铿、吕乐译，上海人民出版社 1991 年版

谢大宁：《儒学的基源问题："德"的哲学史意涵》，《鹅湖学志》1996 年第 16 期

徐复观：《中国经学史的基础》，台湾学生书局 1982 年版

徐震堮：《世说新语校笺》，中华书局 1984 年版

徐复观：《中国人性论史·先秦篇》，湖北人民出版社 2009 年版

颜洽茂：《佛教语言阐释：中古佛经词汇研究》，杭州大学出版社 1997 年版

杨儒宾：《水月与记籍：理学家如何诠释经典》，《人文学报》第廿一廿一期合刊，1988 年 12 月/1989 年 6 月

杨胜良：《论儒家"成物"思想》，《孔子研究》2009 年第 3 期

杨泽波：《孟子性善论研究》，中国社会科学出版社 1995 年版

叶国良编：《文献及语言知识与经典诠释的关系》，台湾大学出版中心 2004 年版

余国良：《轴心文明讨论述评》，《二十一世纪》2000 年第 1 期

于迎春：《以"通儒"、"通人"为体现的汉代经术新变》，《中州学刊》1996 年第 4 期

余英时：《中国知识阶层史论》，联经出版事业公司 1980 年版

臧克和：《中国文字与儒学思想》，广西教育出版社 1999 年版

张灏：《从世界文化史看枢轴时代》，《二十一世纪》2000 年第 2 期

张国安：《先秦"德"义原始：兼论"乐教"成为"德教"之可能》，《江苏社会科学》2005 年第 3 期

张立文：《中国哲学逻辑结构论》，中国社会科学出版社 1989 年版

张静庐辑注：《中国近代出版史料二编》，中华书局 1957 年版

张曦：《道德能力与情感的首要性》，《哲学研究》2016 年第 5 期

张玉书等：《康熙字典》(标点整理本)，汉语大词典编纂处整理，汉语大词典出版社 2002 年版

赵汀阳：《没有世界观的世界》，中国人民大学出版社 2003 年版

郑玄注：《周礼》，高时显、吴汝霖辑校，中华书局 1998 年版，四部备要汉魏古注十三经影印本

周伯戡：《评 CBETA 电子大正藏》，《佛学研究中心学报》2002 年第 7 期

周大璞：《训诂学要略》，湖北人民出版社 1984 年版

中华电子佛典协会(CBETA)：《电子大正藏》，2002 年版，http：//tripitaka.cbeta.org/

朱庆之、梅维恒编：《荻原云来〈汉译对照梵和大字典〉汉译词索引》，巴蜀书社 2004 年版

朱熹：《朱熹集》，四川教育出版社 1996 年版

邹振环：《晚清西方地理学在中国：以 1815 至 1911 年西方地理学译著的传播与影响为中心》，
　　上海古籍出版社 2000 年版

宗白华：《美学与意境》，人民出版社 2009 年版

宗白华：《中国美术史论集》，安徽教育出版社 2000 年版

外文部分：

CChr. F. Weiser, *Shaftesbury und das deutsche Geistesleben*, Leipzig：Teubner, 1916

大正新修大藏经刊行会：《大正新修大藏经》，东京大藏出版株式会社，1988 年版

Dietrich Benner, Jürgen Oelkers, *Historisches Wörterbuch der Pädagogik*, Weinheim/Basel：
　　Beltz Verlag, 2004

Hans-Georg Gadamer, *Wahrheit und Methode*, Tübingen：J. C. B. Mohr (Paul Siebeck),
　　1986

Eric Voegelin, *Order and History：The Ecumenic Age* (Vol. 4), Columbia：University of
　　Missouri Press, 2000

Ernst Lichtenstein, *Zur Entwicklung des Bildungsbegriffs von Meister Eckhart bis Hegel*,
　　Heidelberg：Quelle & Meyer, 1966

Friedrich L. Weigand, *Deutsches Wörterbuch*, Berlin：Walter de Gruyter, 1968

F.-P. Hager, *Aufklärung, Platonismus und Bildung bei Shaftesbury*, Bern：Haupt, 1993

G. Bertram, "Der Begriff der Erziehung in der griechischen Bibel", Heinrich Bornkamm hg.,
　　Imago Dei. Beiträge zur theologischen Anthropologie, Gießen：Alfred Töpelmann, 1932

河村照孝：《卍新纂大日本续藏经》，东京株式会社国书刊行会，1975—1989 年

Herman Nohl, O. F. Bollnow, F. Rodi (hg.), *Die Deutsche Bewegung. Vorlesungen und
　　Aufsätze zur Geistesgeschichte von. 1770 - 1830*, Göttingen：Vandenhoeck & Ruprecht,
　　1970

I. Schaarschmidt, *Der Bedeutungswandel der Worte "bilden" und "Bildung" in der
　　Literaturepoche von Gottsched bis Herder*, Elbing, Phil. Diss. Königsberg, 1931

Joachim Ritter, Karlfried Gründer, Gottfried Gabriel, *Historisches Wörterbuch der Philosophie* (*HWPh*), Basel: Schwabe Verlag, 1971‒2007

Karlheinz Barck, Martin Fontius und Friedrich Wolfzette, *Ästhetische Grundbegriffe*, Stuttgart: J. B. Metzler Verlag 2005

Lawrence E. Klein, *Shaftesbury and the Culture of Politeness: Moral Discourse and Cultural Politics in Early Eighteenth-Century England*, Cambridge: Cambridge University Press, 1994

Mathew Fox (hg.), *Breakthrough: Meister Eckhart's Creation Spirituality in New Translation*, New York: Doubleday, 1980

M. Heidegger, "Das Ding", *Vorträge und Aufsätze* (Gesamtausgabe, Band 7), Frankfurt am Main: Vittorio Klostermann, 2000

Otto Springer, *Etymologisches Wörterbuch des Althochdeutschen*, Band II, Vandenhoeck & Ruprecht, 1998

Petra Hoeninghaus-Schornsheim, *Die Entstehung des Bildungsgedankens in der deutschen Mystik*, Duisburg, Univ., Diss., 1994

平川彰编:《佛教汉梵大辞典》,东京灵友会 1997 年版

R. Horlacher, *Bildungstheorie vor der Bildungstheorie: Die Shaftesbury-Rezeption in Deutschland und der Schweiz im 18. Jahrhundert*, Würzburg: Königshausen & Neumann, 2004

S. George, *Der Naturbegriff bei Shaftesbury*, Frankfurt am Main : Johann Wolfgang Goethe-Universität, 1962

Shaftesbury, *Characteristics of Men, Manners, Opinions, Times*, London: Cambridge University Press, 1999

R. Schwinger, *Innere Form*, Diss. Leipzig, 1934

Werner Jaeger, *Paideia: the Ideals of Greek Culture*, New York: Oxford University Press, 1986

Wolfgang Klafki, *Beiträge zur Geschichte des Bildungsbegriffs*, Weinheim: Beltz, 1965

图书在版编目(CIP)数据

世界、诠释与教化 / 鲍永玲著 .— 上海 : 上海社
会科学院出版社，2020
ISBN 978 - 7 - 5520 - 2051 - 9

Ⅰ.①世… Ⅱ.①鲍… Ⅲ.①阐释学—文集 Ⅳ.
①B089.2 - 53

中国版本图书馆 CIP 数据核字(2020)第 203885 号

世界、诠释与教化

著　　者：鲍永玲
出 品 人：佘 凌
责任编辑：董汉玲
封面设计：夏艺堂艺术设计
出版发行：上海社会科学院出版社
　　　　　上海顺昌路 622 号　邮编 200025
　　　　　电话总机 021 - 63315947　销售热线 021 - 53063735
　　　　　http://www.sassp.cn　E-mail：sassp@sassp.cn
排　　版：南京展望文化发展有限公司
印　　刷：上海颛辉印刷厂有限公司
开　　本：720 毫米×1000 毫米　1/16
印　　张：16
字　　数：246 千字
版　　次：2020 年 11 月第 1 版　　2020 年 11 月第 1 次印刷

ISBN 978 - 7 - 5520 - 2051 - 9/B · 291　　　　　定价：78.00 元